Conflicts and Governing:

Research and Analysis of Mass Events in China

四川省哲学社会科学重点研究基地资助项目（JBK120410）

西南财经大学中央高校基本科研业务费资助项目（JBK130404）

冲突与治理：

中国群体性事件考察分析

王赐江／著

人民出版社

目　录

第一章 导 论

一、中国处于群体性事件高发期

毋庸讳言,中国的群体性事件正呈现出"易发"、"多发"态势。2008 年 12 月 15 日,中国社会科学院发布的《2009 年中国社会形势分析与预测》透露:全国群体性事件在 2005 年一度下降,但从 2006 年起又开始上升,2006 年全国发生各类群体性事件 6 万余起,2007 年上升到 8 万余起。"2008 年的形势仍不容乐观"[1],"2009 年上访和群体性事件仍然呈现数量增多的态势"[2]。

整体上,中国群体性事件呈现出发生起数、参与人数"双增多"的态势。从 1993 年至 2003 年这 10 年间,群体性事件数量急剧上升,年均增长 17%,由 1994

---

[1] 汝信、陆学艺、李培林主编:《2009 年中国社会形势分析与预测》,社会科学文献出版社 2008 年版,第 10 页。

[2] 汝信、陆学艺、李培林主编:《2010 年中国社会形势分析与预测》,社会科学文献出版社 2009 年版,第 8 页。

年的 1 万起增加到 2003 年的 6 万起，增长 5 倍。规模不断扩大，参与群体性事件人数年均增长 12%，由 73 万多人增加到 307 万多人；其中，百人以上的由 1400 起增加到 7000 起，增长 4 倍。❶

从理论上看，由于政治制度、经济水平、社会发展和文化传统等方面的差异，中国在社会转型期日渐增多的群体性事件需要本土化的理论诠释。面对形式多样的群体性事件，单纯运用或原样照搬西方"风险社会"、"社会冲突"、"危机管理"和"集体行动"等理论，已无法获得科学认知，也难以有效指导政府管控实践，更不能据此采取有针对性和前瞻性的治理措施。随着社会形势的发展变化，国内对群体性事件的研究结论也需要进一步深化，对层出不穷并呈现出新特征、新趋向的群体性事件，如何在掌握大量第一手材料的基础上进行细致入微的剖析，从中总结出具有普遍意义的演变规律和处置策略，以达到"依托个别、指导一般"的目的，已成为迫切需要解决的理论命题。

从现实角度看，中国正处于"矛盾凸显期"，2012 年 11 月中共十八大报告再次作出了"社会矛盾明显增多"❷的基本判断。在经济发展仍有较大不确定性的情况下，社会风险因素增多，治安形势更趋复杂，如何遏制重大群体性事件多发态势已属现实难题。引人关注的是，进入 21 世纪后，一方面发生了大量"有利益诉求、有利害关系"的群体性事件，如四川"汉源事件"（2004）、湖南"吉首事件"（2008）、吉林"通钢事件"（2009）、江苏"通安事件"（2010）、广东"乌坎事件"（2011）、四川"什邡事件"（2012）、江苏"启东事件"（2012）、浙江"镇海事件"（2012）等；另一方面，又越来越多地发生了"无利益诉求、无利害关系"的群体性事件，如重庆"万州事件"（2004）、安徽"池州事件"（2005）、四川"大竹事件"（2007）、贵州"瓮安事件"（2008）和湖北"石首事件"（2009），以及广东接连发生的"潮州事件"（2011）、"增城事件"（2011）和"中山事件"（2012）；等等。

一般民事纠纷或普通利益诉求，最终却演变成为夹杂着暴力活动的大规模群体性事件。无论是冲突的激烈程度还是造成的实际损失和负面影响，上述事

---

❶ 参见汝信、陆学艺、李培林主编：《2005 年中国社会形势分析与预测》，社会科学文献出版社 2004 年版，第 235 页。

❷ 2012 年中国共产党第十八次全国代表大会报告：《坚定不移沿着中国特色社会主义道路前进　为全面建成小康社会而奋斗》。2010 年《中共中央关于制定国民经济和社会发展第十二个五年规划的建议》，出现了"社会矛盾明显增多"的表述。

▶ **2**

件都是 21 世纪以来比较严重的。这些暴力事件已明显突破了"日常抵抗"、"依法抗争"或"以法抗争"的范畴,在深入考察的基础上对其进行比较分析无疑具有重大现实意义。

而 2008 年 6 月 28 日发生的贵州"瓮安事件",由于其暴烈程度和处置方式的与众不同,更被学者称为 21 世纪之初的"标本事件"。"认定其为'标本'的凭据在于:一、'瓮安事件'暴力暴烈程度较以往的大规模群体事件大大提升,具有警示意义;二、贵州省领导处置群体事件露出了'亮点',首开自责、问责先例,为各地作出了榜样,具有推广意义"❶。笔者认为,"瓮安事件"的"标本意义"更在于:它当属中国迅速增多的"不满宣泄"型群体性事件中极具典型意义的案例。无论是从现实考察还是学理分析角度看,"瓮安事件"都很有研究价值。

本书将以"解剖麻雀"的方式,在深入调查后掌握的第一手材料基础上,对贵州"瓮安事件"的演变过程和深层原因进行详细阐述,借助西方"集体行动"等理论资源予以观照,试图厘清其发生机制并提出新的解释框架。在对中国典型群体性事件的比较分析和归纳提炼中,进行新的类型化尝试,揭示其发展规律和趋势,并在多个维度探寻破解之道。

二、群体性事件研究现状评述

在国外尤其是西方学者的学术语境中,对群体性事件的表述一般使用"集体行动(collective action)"的概念,中国有学者将其译作"聚合行为"、"集合行为"、"集群行为"或"群动"等。下面对国内外相关研究状况进行简要梳理和评析:

(一)群体性事件界定及分类

在很大程度上,"群体性事件"并不是严格意义上的学术概念,尽管此类事件由来已久,但正式字眼最初出现在一些官方文件中。这一颇具中国特色的表

❶ 单光鼐:《新群体事件观——贵州瓮安"6·28"事件的启示》"序",新华出版社 2009 年版。

述方式"是 20 世纪 90 年代后才出现的"❶，是对当时国内发生的聚众上访、阻工、堵路和围攻党政机关等行为的统称，也包括群体间的械斗等冲突。

此前，在特定的政治背景下，"阶级斗争"、"敌我矛盾"的意识在人们头脑中根深蒂固，对一些群体冲突事件有明显的"泛政治化"解读倾向。有些则被贴上"群众闹事"的标签，如 20 世纪 50 年代中期一些地方发生的工人罢工请愿、学生罢课游行、农民要求"退社"等聚众行为，还有乡村之间因水源、矿藏、林地等权属争议引发的群体冲突，等等。

改革开放后尤其是 20 世纪 90 年代以来，随着市场经济的发展和人们权利意识的增强，中国群体性事件呈多发态势，相关研究迅速增多，视角也日渐客观、理性和全面。

1.概念界定

尽管人们已习惯于在党政文件和日常生活中谈及"群体性事件"，但较少进行概念分析和语义界定，似乎这已是一种约定俗成的表述。综合看来，对其内涵和外延的现有探讨可谓千差万别，从观察问题的出发点和着眼点来看，主要有以下几种：

（1）违法说或暴力说。这主要在一些部门出台的规范性文件中得以体现，着重从行为特征方面来予以定性：2000 年公安部颁发的《公安机关处置群体性治安事件规定》提出了"群体性治安事件"的概念，将其定义为"聚众共同实施的违反国家法律、法规、规章，扰乱社会秩序，危害公共安全，侵犯公民人身安全和公私财产安全的行为"。2004 年，中央预防和处置信访突出问题和群体性事件联席会议制定《关于积极预防和妥善处置群体性事件的工作意见》，称群体性事件是"由人民内部矛盾引发、群众认为自身权益受到侵害，通过非法聚集、围堵等方式，向有关机关或单位表达意愿、提出要求等事件及其酝酿、形成过程中的串联、聚集等活动"。河北省《关于积极预防和妥善处置群体性事件的实施办法（试行）》规定，"群体性事件是指公众参与人员较多，违反国家法律、法规、规章，扰乱社会秩序，危害公共安全，侵犯公民人身和公私财产安全，以及对社会造成较大不良影响的活动和行为"❷。

---

❶ 杨和德：《群体性事件研究》，中国人民公安大学出版社 2002 年版，第 1 页。
❷ 周保刚：《社会转型期群体性事件预防、处置工作方略》，中国人民公安大学出版社 2008 年版，第 36 页。

显然,党政机关对"群体性事件"的界定侧重于表述群体行为的"违法性"和"危害性",带有很强的治理立场和管制色彩,这与其角色和地位是吻合的。对党政机关及其工作部门来说,维护社会稳定是其重要职责,多人参与的群体活动尤其是主要以党政机关为诉求对象的聚众行为无疑属于挑战执政权威的"不安定因素",一旦发生就须尽快予以平息,以免产生连锁反应,造成社会动荡乃至危及政权巩固。然而,有学者认为这些定义"在中国的语境里,一味强调群体性事件的危害性、违法性特征,甚至认为这种事件同一般的'群体利益的表达行为'有本质的区别,在经验上和学理上是经不起推敲的"❶。而且,在 2007 年福建厦门"PX 事件"和 2008 年上海"磁悬浮事件"中,市民表达诉求的主要方式为"集体散步"和"集体购物",这种理性、平和的抗议活动既与暴力无涉,也无明显的违法性。因此,需要对"群体性事件"给出更为严谨、更有容量的界定。

(2)人民内部矛盾说。中共中央党校副校长、教授王伟光在相关著作中谈到和谐社会构建时认为,一定要妥善协调各方面的利益关系,正确处理人民内部矛盾。群体性事件"是指主要由人民内部矛盾引发的,一定数量群众参与的游行、示威、静坐、上访请愿、聚众围堵、冲击、械斗、阻断交通,以及罢工、罢课、罢市等严重影响、干扰乃至破坏社会正常秩序的事件"❷。还有人直接将其归之于"人民内部矛盾"的范畴,"所谓群体性事件是指因人民内部矛盾而引发,或因人民内部矛盾处理不当而积累、激发,有部分公众参与,有一定组织和目的,采取围堵党政机关、静坐请愿、阻塞交通、集会、聚众闹事、群体上访等行为,并对政府管理和社会秩序造成影响或潜在影响的群体性行为"❸。

"人民内部矛盾"这一表述来自 1957 年毛泽东在最高国务会议上的讲话,他认为:社会主义社会存在着敌我矛盾和人民内部矛盾这两类性质完全不同的矛盾,在剥削阶级作为阶级消灭以后,人民内部矛盾处于突出的地位,敌我矛盾需要用强制的、专政的方法来解决,人民内部矛盾只能用民主的、说服教育的方法,也就是团结——批评——团结的方法去解决。现在一般认为,"人民内部矛

---

❶ 王国勤:《社会网络视野下的集体行动——以村镇群体性事件为案例的研究》,中国人民大学博士论文 2008 年,第 5 页。

❷ 王伟光:"妥善协调各方面的利益关系 正确处理人民内部矛盾",王伟光主编:《提高构建和谐社会能力》,中共中央党校出版社 2005 年版,第 98 页。

❸ 叶姝静:"从群体性事件看当前党群关系",《湘潮(下半月)》2011 年第 10 期。

盾"是指人民群众在根本利益一致基础上产生的矛盾，为非对抗性的矛盾。应该说，"人民内部矛盾"虽然带有较强的阶级分析意味，但在今天对执政者分清不同性质的问题进行区别化处理，从而促进政权巩固、维护社会稳定仍有十分重要的意义。不过，从学理上看，对"群体性事件"的分析应该偏重于其运行特征，而不能提前为其设定讨论框架、被政治话语所困扰。而且，"人民内部矛盾说"也无法解释 2008 年西藏"3·14"事件和 2009 年新疆"7·5"事件——它们显然属于"敌我矛盾"范畴内的群体性事件。

（3）目的说或组织说。持这种观点的人很多，如有学者认为，"所谓群体性事件，是指一定的群体基于某种目的，形成一定的组织，在特定的环境下实施的危害社会治安秩序，造成公私财物损失或重大社会影响的事件"[1]。2002 年中国行政管理学会课题组提出了"群体性突发事件"的概念，认为它"因人民内部矛盾而引发，由部分公众参与并形成有一定组织和目的的集体上访、阻塞交通、围堵党政机关、静坐请愿、聚众闹事等群体行为，并对政府管理和社会造成影响"[2]。北京大学教授邱泽奇认为，群体性事件是"为达成某种目的而聚集有一定数量的人群所构成的社会性事件，包括了针对政府或政府代理机构的、有明确诉求的集会、游行、示威、罢工、罢课、请愿、上访、占领交通路线或公共场所等"[3]。

可以看出，在很多人眼中，群体性事件是由有明确目的并呈现出一定组织性的群体实施的行动。这种界定明显忽略了那些并无明确目的，也未发现策划者和组织者的群体性事件，而且此类事件在近些年呈现越来越多的态势。如：2004 年重庆"万州事件"、2005 年安徽"池州事件"、2006 年浙江"瑞安事件"、2007 年四川"大竹事件"、2008 年贵州"瓮安事件"和 2009 年湖北"石首事件"等。它们都是由与初始纠纷当事人无利害关系的多个阶层民众实施的无明确利益诉求的暴力活动，参与者的行为具有很强的自发性和表现性。本书将在下面的相关章节中对这些事件进行比较分析。

笔者认为，长期研究社会冲突问题的中国社科院教授于建嵘对"群体性事

---

[1] 邱志勇等著：《群体性涉访事件处置研究》，群众出版社 2006 年版，第 6 页。
[2] 中国行政管理学会课题组："我国转型期群体性突发事件主要特点、原因及政府对策研究"，《中国行政管理》2002 年第 5 期，第 7 页。
[3] 邱泽奇："群体性事件与法治发展的社会基础"，《云南大学学报》2004 年第 5 期。

件"的概念界定最具包容性,并同时考虑到了"群体"和"事件"这两个关键要素。他认为,"群体性事件是指有一定人数参加的、通过没有法定依据的行为对社会秩序产生一定影响的事件"❶。这一定义大体上有四个方面的规定性:其一,事件参与人数必须达到一定的规模。根据我国现行的有关法律法规,5人以上应是一个最低标准。比如,《信访条例》第十八条就规定,"多人采用走访形式提出共同的信访事项的,应当推选代表,代表人数不得超过5人",而超过了5人就被视为非正常上访,属信访事件。其二,群体行为在程序上没有明确的法律规定,有的甚至是法律法规明文禁止的。其三,聚集起来的人群并不一定有共同的目的,但有基本的行为取向。其四,这些事件对社会生产秩序、生活秩序和管治秩序产生了一定的影响。

2.类型化

相比于"群体性事件"的概念界定,对其种类划分更是五花八门,分类标准和方法的不同直接影响到对事件性质的准确把握和对事态发展的妥善处置。

最早在实践中对群体性事件作出分类并以规范性文件形式确定的为公安部门。2000年4月,公安部制定的《公安机关处置群体性治安事件规定》明确了"群体性治安事件"的类别:(1)人数较多的非法集会、游行、示威;(2)集会、游行、示威和集体上访活动中出现的严重扰乱社会秩序或者危害公共安全的行为;(3)严重影响社会稳定的罢工、罢课、罢市;(4)非法组织和邪教等组织的较大规模聚集活动;(5)聚众包围、冲击党和国家机关、司法机关、军事机关、重要警卫目标、广播电台、电视台、通讯枢纽、外国驻华使馆、领馆以及其他要害部位或单位;(6)聚众堵塞公共交通枢纽、交通干线,破坏公共交通秩序或者非法占据公共场所;(7)在大型体育比赛、文娱、商贸、庆典等活动中出现的聚众滋事或者骚乱;(8)聚众哄抢国家仓库、重点工程物资以及其他公私财产;(9)较大规模的聚众械斗;(10)严重危害公共安全、破坏社会秩序的其他群体性行为。

可见,公安机关的界定采取了详细列举的方式,这主要是为了便于部门管理,以分门别类制定相应的处置预案,为实践应对提供明确依据。除此之外,其他分类标准也是形式多样:(1)按问题发生的领域和诱因,可分为政治类、经济类、社会类、法治类及思想文化类群体性事件;(2)按当事方之间的关系,可分为

❶ 于建嵘:《抗争性政治:中国政治社会学基本问题》,人民出版社2010年版,第44页。

群体与组织、群体与群体、群体与个人之间的群体性事件；(3)按表现形式和最终目的，可分为聚集表达诉求、扰乱社会秩序、发生肢体冲突、实施共同犯罪类的群体性事件；(4)按发生规模，可分为小规模、一般规模和大规模群体性事件；(5)按处理难度，可分为简单、一般、复杂类群体性事件，等等。

整体看来，上述分类方式侧重于群体性事件的表现方式和具体形态，显示出简单化、表面化的特征，在很大程度上只具有实践上的可操作性而缺乏学理上的严谨性和规范性。只有对群体性事件的核心诉求、发生机制、运行逻辑和目标取向等方面进行深入的综合考量，才能作出科学合理的类型化诠释。理想类型是"通过片面突出一个或更多的观点，通过综合许多弥漫的、无联系的、或多或少存在和偶尔又不存在的个别具体现象而形成的，这些现象根据那些被片面强调的观点而被整理到统一的分析结构中"❶。类型化处理是学者为了分析现象、理解现实而建构的理论范式，重在透过纷繁芜杂的现象把握其本质，得出具有概括力和说服力的结论。

于建嵘"根据参与者的身份特征及所指向的目的、事件发生机制、发展逻辑及社会后果等方面，把目前中国发生的群体性突发事件分为四大类，即维权抗争事件、社会纠纷、有组织犯罪和社会泄愤事件"❷。而维权抗争事件是目前中国社会群体性事件的主要类型，约占全国群体性突发事件的80%以上，其中又可以具体分为农民的"以法抗争"、工人的"以理维权"和市民的"理性维权"。维权抗争事件有三个方面的基本特征：主要是利益之争，而非权力之争，经济性大于政治性；规则意识大于权利意识，但随着从个案维权向共同议题转变，权利意识有所增强；反应性大于进取性，具有明显的被动性。应该说，这种分类细致入微地把握住了各种群体性事件的不同内核，几乎所有的群体性事件都可以从中找到"归宿"。

南开大学博士宋维强借鉴美国社会学家蒂利对"集体行动"的分类方法，认为，"根据农民集体行动的原因和目标的不同特征，可把农民群体性事件划分为三种基本类型，即竞争性农民群体性事件、反应性农民群体性事件和先发性农民群体性事件"❸。竞争性农民群体性事件主要表现为两个群体因资源或权利归

---

❶ ［德］马克斯·韦伯：《社会科学方法论》，杨富斌译，华夏出版社1999年版，第186页。
❷ 于建嵘：《抗争性政治：中国政治社会学基本问题》，人民出版社2010年版，第45页。
❸ 宋维强：《转型期中国农民群体性事件研究》，华中师范大学出版社2009年版，第180页。

属而发生冲突,如宗族、家族、社区和村庄之间的集体械斗等;反应性农民群体性事件是指群体因既有的资源或权利受到侵犯而奋起抗争;先发性农民群体性事件主要发生在农民与政府之间,其根源在于农民对新的资源和权利的争取。显然,这种划分标准主要是基于群体行为自觉性和目标指向的差异,对超出农民主体范围的其他群体性事件也有很大的适用性。"竞争性"、"反应性"和"先发性"可以涵盖那些围绕利益和权利而发生的群体性事件,但对贵州"瓮安事件"这类并无利益诉求的群体性事件却难有解释力。

(二)集体行动研究概述

在学理上,分析中国"群体性事件"最为接近和可用的学术资源来自于西方的"集体行动"理论,本节将对国内外研究状况予以概述。

在最广泛的意义上,集体行动是指由多数人参与的所有行动。在政治上,如政府进行公共决策、提供公共产品的行为。甚至有学者认为,"一种最典型、最重要的集体行动是政府的公共管理行为,现代社会里,政府公共管理的基本任务包括公共产品和公共服务的配置或提供、对公民的收入保障和收入转移、制定实施经济规则、经济管制等方方面面的内容"❶。这显然是一种可以"包罗万象"的解释,概念的泛化易使相关研究因缺乏针对性而丧失确切性和适用性。

还有学者从有共同利益的个人形成的组织尤其是经济组织的角度,来考察个人在组织中的行为选择。美国经济学者奥尔森侧重分析了集体行动中的"搭便车"现象,认为,"实际上,除非一个集团中人数很少,或者除非存在强制或其他某些特殊手段以使个人按照他们的共同利益行事,有理性的、寻求自我利益的个人不会采取行动以实现他们共同的或集团的利益"❷。法国学者克罗齐耶和费埃德伯格则重点考察了个人与组织系统之间的关系,试图厘清集体行动中至关重要的"合作问题"❸。

芝加哥大学社会学系教授赵鼎新将集体行动看作与社会运动、革命同一范

❶ 苏振华:《集体行动理论范式的比较研究——从社会契约论到社会选择》,浙江大学博士后研究工作报告 2006 年,第 3 页。
❷ [美]曼瑟尔·奥尔森:《集体行动的逻辑》,陈郁、郭宇宽、李崇新译,上海人民出版社 1995 年版。
❸ [法]米歇尔·克罗齐耶、埃哈尔·费埃德伯格:《行动者与系统——集体行动的政治学》,张月等译,世纪出版集团上海人民出版社 2007 年版。

畴的三个概念。他认为，集体行动就是有许多个体参加的、具有很大自发性的制度外政治行为；而社会运动是有许多个体参加的、高度组织化的、寻求或反对特定社会变革的制度外政治行为；革命则是有大规模人群参与的、高度组织化的、旨在夺取政权并按照某种意识形态对社会进行根本改造的制度外政治行为。❶它们都被看作制度外的集体性政治行为，从而得以与选举、政府会议和官方集会等制度内政治集体行动相区别。与革命和常规政治行为相比，集体行动的制度化、组织化和所追求的社会变革程度都很低。赵鼎新对"集体行动"的表述可以称为狭义概念，这一概念类似于中国社会广泛使用的"群体性事件"范畴。

尽管赵鼎新坦承这一定义也带来一些问题，但是"很大自发性"、"制度外"的表述无疑很贴近中国多发的"群体性事件"内核。"制度外"将"集体行动"与选举、政府会议和官方集会等制度内政治集体行动区别开来。但是，"很大自发性"的界定显然也无法涵盖现实社会中有较强组织性、无政治诉求，并不属于"社会运动"和"革命"范畴的集体行动形式，如前些年中国比较突出的"退伍军人维权活动"。而且，"政治行为"的限定在很大程度上缩小了"集体行动"的适用范围。比如，在中国城市中兴起的"业主维权活动"显然属于与自身利益密切相关的"经济行为"，并无政治诉求。因此，"集体行动"、"社会运动"与"革命"三者之间的区分，应主要体现在规模和诉求目标上。

如无特殊说明，本书所用的"集体行动"涵义侧重于赵鼎新的解释，将其作为研究当前中国社会冲突的一个统摄性概念，并将结合具体案例对其作类型化分析和研究，在厘清相关概念的基础上尝试给出新的区分和解释框架。

1.国外研究概况

有关社会运动的研究肇始于第二次世界大战时的欧美社会，尤其是 20 世纪 60 年代以来美国出现了许多规模较大的社会运动，如民权运动、新左派运动、反越战运动、女权运动、同性恋运动，欧洲也兴起了和平运动。❷ 然而，对于集体运动的探讨，至少可以追溯到 19 世纪 20 年代法国社会心理学家勒庞关于"乌合之众"的开创性研究。

在数十年的研究过程中，一般而言，除运用风险社会、社会冲突和危机管理

---

❶ 参见赵鼎新：《社会与政治运动讲义》，社会科学文献出版社 2006 年版，第 2 页。
❷ 参见冯仕政："西方社会运动研究：现状与范式"，《国外社会科学》2003 年第 5 期。

等理论进行考察分析外,西方学者对集体行动的研究主要根植于他们丰富的社会运动理论研究传统。具体到对"集体行动"的学术观照上,主要有以下几种理论:

(1)价值累加理论。美国社会学家斯梅尔塞(N.J.Smelser)借助经济学描述产品价值增值的术语,提出了一个解释群体行为的社会学理论——"价值累加理论"❶,认为所有集体行动、社会运动甚至革命的发生都是 6 个方面因素相互作用的结果:①有利于社会运动产生的结构性诱因(structural conducivenss),即特定的集体行为更容易发生在特定的社会结构条件下;②由社会结构衍生出来的怨恨、剥夺感或压迫感,有学者称之为结构性紧张(structural strain);③一般化信念(generalization for action),指由结构性紧张转化成的对问题发生原因及解决办法的共同认知;④触发因素(precipitation),即引发事件的直接要素或"导火索";⑤行动动员(mobilization),指事件的组织领导、策略选择、方式步骤等过程要素;⑥社会控制(operation of social control),即政府对社会冲突的把握和处置能力。斯梅尔塞认为,这些因素自上而下形成的程度越强,发生集体行动的可能性越大,如果 6 个因素都具备的话集体行动就必然发生。

(2)动员模型理论。美国哲学家梯利(C.Tilly)将集体行动置于历史社会学的视野下予以考察,认为一个成功的集体行动是由以下几个因素决定的:运动参与者的利益驱动(interest)、运动参与者的组织能力(organization)、社会运动的动员能力(mobilization)、个体加入社会运动的阻碍或推动因素(repression/facilitation)、政治机会或威胁(opportunity/threat)、社会运动群体所具有的力量(power),它们通过特定的组合对集体行动的形成和进程产生影响。由于该模型的核心是社会运动的动员,因此这一理论被称为"动员模型"❷。在梯利看来,社会运动是斗争政治的一种特殊形式。具体而言,所谓斗争,即表明社会运动本身包含了集体性主张(claim),一旦这些主张能够顺利实现,就会导致与其他团体利益的冲突。

(3)相对剥夺感理论。英国社会学家格尔(T.Gurr)在《人们为什么造反》一书中,从社会心理的角度提出了"相对剥夺感"❸概念,认为:每个人都有某种价

---

❶ Neil J.Smelser.Theory of Collective Behavior . New York:Free Press.1962.

❷ Charles Tilly.From Mobilization to Revolution .New York:Random House.1978.

❸ Ted Gurr.Why Men Rebel.Princeton:Princeton University Press.1970.

值预期，而社会则有某种价值能力，当社会变迁导致社会价值能力小于个人价值预期时，人们就会产生相对剥夺感。相对剥夺感越大，人们造反的可能性就越大，造反行为的破坏性也就越强。格尔将相对剥夺感分为三个类型：如果一个社会中人们的价值预期没有变化，但社会提供某种资源的价值能力降低了，就会产生"递减型相对剥夺感"；如果社会能提供的价值总量未变化，但人们的价值预期变强了，就会产生"欲望型相对剥夺感"；当一个社会的价值能力和人们的价值期望均在提高，但社会的价值能力由于某种原因而有所跌落，从而导致价值期望与价值能力之间的落差扩大时，就会产生"发展型相对剥夺感"。

（4）聚众失控理论。法国社会心理学家勒庞（Lebon）在其著作《乌合之众——大众心理研究》❶中认为：人群集时的行为本质上不同于人的个体行为，此时人的行为明显具有反理性和非理性的特点。在群集情况下，个体放弃独立批判的思考能力，而让群体的精神代替自己的选择，进而放弃了责任意识乃至各种约束，最有理性的人也会像动物一样行动。聚集成群的人，他们的感情和思想全都采取同一个方向，他们自觉的个性消失了，形成了一种集体心理。当人们聚集成一个群体时，一种降低他们智力水平的机制就会发生作用。犯罪群体的一般特征与我们在所有群体中看到的特征并无不同：易受怂恿、轻信、易变、把良好或恶劣的感情加以夸大、表现出某种道德，等等。在勒庞看来，当聚集在一起时个体很容易受群体心理和行为的感染，从而丧失理性、行为失控，甚至从事具有很大破坏性的活动。

（5）资源动员理论。这一理论最早源自于美国经济学家曼瑟尔，后经多名学者不断完善而成。基本观点为：社会上存在的剥夺感、挫折感和压抑感基本可以看作一个常量，决定社会运动消长的重要因素是社会运动组织在一个社会中所能利用的资源总量的多少，所能利用的资源和政治机会越多，社会运动发生的可能性和规模越大。这种理论认为，社会运动参与者必须有效运用其既有的有限资源，并努力争取外部资源的支持。动员是指运动参与者运用其资源以争取目标实现的行为。可供人们使用的资源主要有：能够自由支配的时间；参与者的数量；开展行动所需的财源；外部团体的支持；共同信奉的价值观念；领导团体或骨干力量；参与者之间的沟通渠道。能否有效占有、调动和运用这些内外资源对

---

❶ ［法］古斯塔夫·勒庞：《乌合之众——大众心理研究》，冯克利译，广西师范大学出版社2007年版。

社会运动的成败起着决定性的作用。❶

　　以上述理论为框架,西方学者对中国改革开放以后的社会运动和集体行动有一个大致的、较为普遍的分类,即"异议者的抗争"和"普通的抗争"(dissident resistance and ordinary resistance)。前者参与者主要为体制内或体制外的知识分子,并诉诸于某种政治目标;后者参与者主要是普通大众,并诉诸于某种小范围的具体利益。西方学界长期占主流的是对中国"异议者的抗争"的研究,而且这类研究大多带有较强的意识形态色彩。从 20 世纪 90 年代后期开始,越来越多的学者开展对"普通的抗争"的研究,并已经形成了一定的学术规模。如:美国著名智库卡内基国际和平基金会资深华裔研究员裴敏欣,以托克维尔经典命题——镇压的减少和抗争的兴起之间有一定的关联——为参照,认为中国有限的改革为局部、小规模集体行动的兴起创造了充分的公共空间;基于对集体行动与政治系统之间的关系研究,一些学者对中国集体行动现象还提出了"道义经济抗争"(W.赫斯特、K.J.欧博文)、"依法抗争"(K.J.欧博文、李连江)和"机会主义的制造麻烦策略"(陈曦)等理论。

　　整体看来,国外对中国"集体行动"研究的突出之处在于它以丰厚的西方社会运动理论为资源,围绕着社会变迁与集体行动的关系、集体行动的象征纬度、集体行动的社会网络和组织因素以及集体行动同政治结构的互动等核心问题进行讨论,在某种程度上可以说把握住了当前中国集体行动的一些关键特征。❷但是,这些研究在总体上仍然停留在对社会运动等经典理论的诠释上,大多数只是进行概括式的或粗线条的静态描述,未能开展详尽阐述集体行动微观机制和运行过程的案例研究,这无疑削弱了其说服力和权威性。而且,当今中国形式多样的"集体行动"主要基于经济利益这一诉求,对现存政治制度和社会结构并无改变意图,呈现出弱组织化、无明显价值追求的特征,与"社会运动"还相距甚远。

　　"如果我们将西方学者研究他们社会中的社会运动所提出的学术问题完全当作中国的问题,并简单按照西方发展起来的一套方法来研究这些问题的话,那么我们对社会现象所做出的分析在外行看来只能是隔靴搔痒。"❸可以说,无论

---

❶　参见朱力、韩勇、乔晓征:《我国重大突发事件解析》,南京大学出版社 2009 年版,第 42~43 页。

❷　参见王国勤:"西方关于当代中国集体行动研究述评",《国外科学前沿(2008)》第 12 辑。

❸　赵鼎新:《社会与政治运动讲义》,社会科学文献出版社 2006 年版,第 2 页。

是从学者和论著的数量还是从研究维度（广度、深度和高度）来说，西方学界对中国集体行动的研究仅处于起步阶段。

2.国内研究现状

改革开放尤其是 20 世纪 90 年代以来，伴随着经济的快速增长和社会的急剧变迁，中国主要集中在经济利益层面的新型社会矛盾和冲突逐渐增多，引起各界高度关注。这方面的基础性研究近些年来呈快速增强态势，学者们在不断学习和借鉴西方社会运动等理论的同时，也在致力于本土化理论的建构。

在赵鼎新看来，任何集体行动特别是社会运动或革命，其发生和发展都离不开变迁、结构和话语这三个因素。每个因素都应该被看作一种超级机制，即一种包含着许多低层机制的复合机制。❶ 的确，这三个因素包含着非常丰富的内容，不过在中国社会这个特定的语境内，基本上可将其归结为动力机制（原因）和策略技术（方式）两大类，国内也有学者提出了"话语系统"的概念，即集体行动参与者所信守和追求的意识形态和价值体系（参与者的认同、口号或话语策略）等。但国内集体行动主体在"话语系统"上还没有达到宏大的"意识形态"和"价值体系"层面，在行动的某个环节提出的基本上是零碎的口号，带有很强的"策略"、"手段"性质。因此，本书在这一章节着重梳理、评析国内学者对集体行动"动力机制"和"策略技术"的研究。

第一，对集体行动动力机制的研究。

（1）压迫性反应。2000 年，我国较早研究社会冲突问题的中国社会科学院教授于建嵘，在对几起村民对抗基层政府的群体性事件进行观察、分析后认为，利益分化和冲突及基层政府行为失范造成的农村权威结构失衡，是农村社会政治性冲突的基础性根源；而制度错位使地方性权威膨胀在体制外造成的一批农民利益"代言人"，是这些事件最为中坚的力量。❷ 2006 年于建嵘提出了"压迫性反应"的概念，认为奥尔森的"选择性激励"理论不能完全解释当代中国农民维权抗争的经验事实，中国农民所进行的维权抗争主要不是根据"集团"内部"奖罚分明"所进行的"选择"，而是对"集团"外部"压迫"的反应，"基层政府及

---

❶ 参见赵鼎新：《社会与政治运动讲义》，社会科学文献出版社 2006 年版，第 23 页。

❷ 参见于建嵘："利益、权威和秩序——对村民对抗基层政府的群体性事件的分析"，《中国农村观察》2000 年第 4 期。

官员的压迫是农民走向集体行动最为主要的动力"❶。

应该说,于建嵘的解释框架整体上是契合 20 世纪 90 年代农民在负担过重情况下被迫"自力救济"的情形的,那时农民针对基层政府所采取的集体行动在大多数情况下实属"无奈之举"。"压迫性反应"很大程度上修正了"选择性激励"在中国语境下的适用范围,在解读由政府与民争利引发的集体行动时尤其具有说服力。由于中国的政治制度、法律规定和社会环境并不允许集体行动组织的存在,奥尔森以集团中的个人理性算计为核心的"集体行动逻辑",与中国多以零散的农民为主体的集体行动形式并不吻合。

(2)怨恨的生产和解释。北京大学社会学系教师刘能认为,怨恨变量(怨恨的生产和解释)、动员结构变量(积极分子及其组织力)和潜在参与者的理性算计,是影响集体行动发生可能性的核心变量。"其中,怨恨的生产是利益表达和需求保卫的导火索,它既可以是对现行社会问题和社会不公正的关注,也可以是个体或群体正在遭受着的苦难体验,也可以是对某种潜在的社会危机的担忧和关心。而对怨恨进行解释的结果,便是一个集体行动框架的建构:这个框架既界定了问题,又对责任进行了归因,并且指出了行动的必要性,因此成为集体行动的催化剂"。❷ 刘能在对中国都市情境中的怨恨生产进行分析后认为,"单就怨恨生产的规模这个分析维度而言,当前中国都市地区已经达到了这样一种局面:种类多样的怨恨正处于高度积累并且极容易爆发成为集体行动的临界水平"。

20 世纪 90 年代中后期,"三提五统"和各种赋税造成农民负担沉重,随着国企改革步伐加快,城镇失业和下岗工人数量也急剧增加,同时社会保障制度还很不健全,分配不公导致收入差距迅速扩大,"怨恨"的表述是比较切合当时农民、工人这两大社会阶层的心理状态的。但是,十多年来,社会形势已发生了很大变化,刘能阐述的"怨恨"得以产生的因素已逐渐被各级政府"关注民生"的多种政策措施所消解。在此情形下,"怨恨"赖以生长的土壤是否存在、还是又有了新的产生和解释方式呢?

(3)情感。广东商学院人文学院教师郭景萍认为,"情感是影响集体行动的

---

❶ 于建嵘:"集体行动的原动力机制研究——基于 H 县农民维权抗争的考察",《学海》2006 年第 2 期。
❷ 刘能:"怨恨解释、动员结构和理性选择——有关中国都市地区集体行动发生可能性的分析",《开放时代》2004 年第 4 期。

关键变量"❶。集体行动是多维的，情感所采取的形式作为对集体行动性质的表征建构起来。无论是基于团结需要或冲突需要，集体行动都必须有情感的唤起。情感因素具有强烈的价值色彩，它对集体行动的作用是显而易见的。如果仅由利益引导而缺乏情感等价值的支撑，集体行动者难免各自算计、一盘散沙。利益总会引起情感的悸动，反过来情感的存在又是维系利益的纽带。集体情感程度与触犯人们利益需要和核心价值观的程度正相关，与社会控制程度负相关，这是集体行动变化有可能呈现的逻辑规律。集体行动情感兼有对社会有利和不利两种可能后果，对集体行动情感的合理化调控是预防情感风险和维持社会和谐的需要。

可以说，任何人在参与集体行动过程中都有"情感"因素。郭景萍的分析视角为我们展现了由许多个体聚集、融合而成的"群体情感"，在集体行动的发生、发展和变化过程中所起的重要作用，这一点勒庞在《乌合之众》中有淋漓尽致的描绘。但是，"情感"只是社会现实在个体心理上的反应，引起情感波动和变化的因素显然比情感本身更重要，因此将"情感"作为研究集体行动的关键变量未免有夸大其功能之嫌。而且，作者的研究基本上是一种理论推导和逻辑归纳，缺乏对具体个案的详尽描述也使得这一解释框架难有说服力。

（4）"气"。中国政法大学社会学系教授应星认为，"利益冲突—集体行动"范式、资源动员范式和政治过程范式都难以真正解释中国乡村十多年来居高不下的集体行动浪潮，需要另觅思路。在对数十个集体行动案例进行分析后他得出了以下结论：当代中国乡村集体行动再生产的基础并非利益或理性，而是伦理。这种伦理在中国文化中有其独特的概念："气"——在蒙受冤抑、遭遇不公、陷入纠纷时进行反击的驱动力，是中国人不惜一切代价来抗拒蔑视和羞辱、赢得承认和尊严的一种人格价值展现方式。应星着重从农民与基层政府的互动角度，分析了"气"在乡村集体行动再生产过程中的作用机制，指出基层政府对行动精英惯有的强力打压引发了反弹，使农民的抗争变成了为获得人格尊严和底线承认的殊死斗争❷。

"气"的解释框架从中国文化中的价值伦理层面弥补了"利益表达—集体行

---

❶ 郭景萍："集体行动的情感逻辑"，《河北学刊》2006年第2期。

❷ 参见应星：" '气' 与中国乡村集体行动的再生产"，《开放时代》2007年第6期。

动"范式的不足,为我们考察分析一些与利益无关的集体行动提供了新的视角。但是,"气"并不会凭空产生,一般来说其来源也有不甘于利益受损的因素。"蒙受冤抑、遭遇不公、陷入纠纷"后"为'气'而斗争"的抗拒行为,其实并未跳出于建嵘所说的"压迫性反应"范畴,"气"所蕴含的"不满"也类似于刘能所说的"怨恨"。另外,"气"的概念与对农民行为方式和特点的解释密切相关——"道义小农"还是"理性小农",也许只有结合具体的情境和案例才能得出符合某些实际的结论。

综上所述,我们可以看出,"怨恨"、"情感"和"气"带有强烈的心理体验色彩,"情感"相对中性,"怨恨"和"气"只是丰富"情感"中的不同表现形式。但是,物质决定意识,"感觉是客观世界、即世界自身的主观映象"❶,社会现实的变动是思想意识赖以发生变化的决定性因素。"怨恨"、"情感"和"气"这些"意识要素"在集体行动发生过程中可能会起到催化剂的作用,甚至会在某个环节成为决定性因素,为我们全面详尽地考察集体行动的演变过程提供了工具性资源;但是,将其归之为整个集体行动的"关键变量"和发生原因,显然有些本末倒置。"压迫性反应"立足于客观存在的外部因素(农民赋税负担沉重、基层政府和官员的压迫)对农民群体的影响,在很大程度上纠正了上述解释框架过于注重个人或群体意识的"先天性缺陷"。

值得注意的是,随着公民社会的发育和人们权利意识的增强,主动寻求权益实现的集体行动越来越多,需要新的解释框架予以观照。同时,必须认识到,动力机制只是促成集体行动的必要条件而非充分条件,任何集体行动的最终发生都是多种因素共同作用的结果。

第二,对集体行动策略技术的研究。

(1)依法抗争。香港中文大学政治与行政学系教授李连江认为,在20世纪90年代中期前10年的时间跨度内,中国许多农村地区出现了一种新型的农民抗争,可称之为"以政策为依据的抗争(policy-based resistance)",后来李连江将其进一步概括为"依法抗争"❷。依法抗争的特点是,农民在抵制各种各样的"土政策"和农村干部的独断专制和腐败行为时,援引有关的政策或法律条文,

---

❶　《列宁全集》第十八卷,人民出版社1988年版,第118页。
❷　李连江、欧博文:"当代中国农民的依法抗争",吴国光主编:《九七效应》,香港太平洋世纪研究所1997年版。

并经常有组织地向上级直至中央政府施加压力，以促使地方官员遵守有关的中央政策或法律。当时，中央制定的一些促进农村经济发展的政策在许多地方并未得到落实。中央政策与地方政策的分歧就为农民进行依法抗争提供了空间，中央的政策成了他们抗拒乡村干部的政治武器。

在"依法抗争"的表述中，"法"（中央政策和国家法律）是一种行为约束框架，虽然农民抗争的对象是各地的"土政策"和基层政府的"不法行为"，但是最终目的仍是维护自己的合法权益——它们已被国家层面的相关政策法规明确赋予。从这种意义上说，农民基本上局限在法律框架内的"抗争"具有很强的正当性。这种描述和分析基本上符合 20 世纪八九十年代中国农村赋税沉重的社会情境，也与长期习惯于逆来顺受的中国农民，在权利意识逐渐觉醒的早期行为选择倾向相符。

（2）以法抗争。2004 年，于建嵘发表论文认为，中国农民的维权活动在方式上发生了许多值得注意的演变，更值得关注的是那些新型的更具有主动性的抗争方式和手段，据此提出了"以法抗争"❶的解释框架。1998 年以后，农民的抗争实际上已进入"有组织抗争"或"以法抗争"阶段。这种抗争是以具有明确政治信仰的农民利益代言人为核心，通过各种方式建立相对稳定的社会动员网络，抗争者以其他农民为诉求对象，他们认定的解决问题的主体是包括他们在内并以他们为主导的农民自己，抗争者直接挑战他们的对立面，即直接以县乡政府为抗争对象，是一种旨在宣示和确立农民这一社会群体抽象的"合法权益"或"公民权利"的政治性抗争。

显然，在"以法抗争"中法律和政策更多地带有"工具"色彩，农民还有超越现实利益之外的政治诉求。观照农民维权方式，我们应当注意其提出的时代和社会背景，在 20 世纪 90 年代，中国广大农民为"三提五统"和基层自行设定的各种税费所累，很多家庭甚至达到入不敷出的地步，再加上催费收税的乡村干部为完成征收任务方式简单粗暴，从而引发了众多农民抗争事件。当时，农村地区尤其是中西部农村的确出现了农民协会、减负小组之类的组织，只是处于草创状态，尚不具备一个正式组织所需的完整架构。

（3）沉默的抗争与权力的宽容（沉默的共谋）。上海大学社会学系翁定军博

---

❶　于建嵘："当前农民维权活动的一个解释框架"，《社会学研究》2004 年第 2 期。

士以 S 市三峡移民的生活适应为例,探讨了冲突策略的选择问题。他认为,移民的抗争对象主要是当地政府,当地政府就是当地社会的权威,代表着国家权力。作为底层群体的移民不可能针对这种权威本身提出挑战,他们也不具有挑战这种权威的能力和资源。弱者的地位决定了移民的抗争具有特殊性:从事非法营运生意,向村委会借钱以及不交水电费等。面对移民的沉默抗争,地方政府很难采取强制的方式予以制止。移民通过自己的行动在建构一种生活空间,这个空间的底线是"基本的生活条件"。而这个空间会否被压缩、能否维持或扩展,离不开权力的宽容。就此意义上讲,这个空间不仅是底层争取到的,也是上层让出的,实际上是得到了权力的默认,是沉默的抗争与权力的宽容共同建构的,是一种"沉默的共谋"❶。

应该说,"沉默的抗争"与美国学者斯科特提出的"弱者的武器"很相似,它们都是相对消极的"抗争"方式,从表面上看不会对社会构成破坏性的冲击。无论是以偷懒、怠工、偷盗、纵火和诽谤等形式呈现的"弱者的武器",还是采取从事非法营运、向村委会借钱、不交水电费等"沉默的抗争"方式,行为主体往往以个体的面目出现,只是大家都在这样做,从而形成了一种群体状态。就所展现的形式而言,"弱者的武器"隐含着行为主体的"不满"和"怨恨",而"沉默的抗争"更多的是出于维持生计的无奈选择。

(4)草根动员。2007 年,应星发表文章认为,研究农民群体利益的表达机制是事关社会稳定和社会和谐的一个重大问题。社会运动职业组织及其专业化的动员,被看作西方社会运动的显著特点。但中国社会现在几乎完全不具备社会运动职业组织化的制度环境,"草根动员(grassroots mobilization)"❷而非专业化动员,是中国群体利益表达行动的一个基本特征。它是底层民众中对某些问题高度投入的积极分子自发地把周围具有同样利益、但不如他们投入的人动员起来,加入群体利益表达行动的过程。草根行动者所进行的草根动员,使农民群体利益表达机制在表达方式的选择上具有权宜性,在组织上具有双重性,在政治上具有模糊性;草根动员既是一个动员参与的过程,同时也是一个进行理性控制并适时结束群体行动的过程。

❶ 翁定军:"冲突的策略:以 S 市三峡移民的生活适应为例",《社会》2005 年第 2 期。
❷ 应星:"草根动员与农民群体利益的表达机制——四个个案的比较研究",《社会学研究》2007 年第 2 期。

　　"草根动员"在一定程度上克服了底层研究范式的碎片化特征，注意到了底层积极分子在农民群体利益表达机制中所发挥的作用。尽管应星在文章中认为"以法抗争"的表述夸大了农民抗争的组织性尤其是政治性，带有强烈的情感介入和价值预设，但是他对"草根动员者"的描述与于建嵘教授提到的"维权精英"有许多类似之处。也许是为了刻意与"以法抗争"中的"政治性"划清界限，应星将草根动员过程中表现出的较强组织化贴上了"去政治性"的标签——它在进行有限动员的同时也在努力地控制着群体行动的限度特别是政治的敏感性和法律的界限。这无疑高估了乡村动员者的政治认知、法律意识和掌控能力，而且必须承认：无论目标取向有多大的差异，"组织化"过程中的动员策略和方式都有很大的共性。

　　总而言之，国内学者坚持从中国现实出发来提出一些概念或解释框架，对集体行动策略技术进行了可贵的探讨。这些研究关注到了中国集体行动的一些基本特征，也开始同西方社会运动理论形成了某种程度的对话。其实，"依法抗争"、"以法抗争"、"沉默的抗争"和"草根动员"等关于农民抗争方式的多种表述，对正处于转型期的中国社会均有适用性，都可在不同时点找到众多具体的佐证实例，在丰富多彩的社会现实面前并不存在"放之四海而皆准"的解释框架。但是，它们均未观照到无明确利益诉求和利害关系、夹杂着暴力活动的群体性事件，如本书将要着重探讨的 2008 年贵州"瓮安事件"。

　　值得注意的是，与以往多发的群体性事件相比，"瓮安事件"已表现出一些新的特征和趋势：一是事件最终爆发有较长时间的演变过程和某些本有回旋空间的关键环节，这已不同于安徽"池州事件"和重庆"万州事件"——它们均由偶发因素迅速发展成为带有骚乱性质的群体性事件；二是参与者最终采取了打砸抢烧的"暴力抗争"方式，行为明显违法，不再属于"日常抵抗"、"依法抗争"或"以法抗争"的范畴；三是攻击对象直指党政机关及其工作人员，目标取向单一，并不像社会骚乱那样破坏行为波及各个方面。这些新的特征迫切需要本土化的解释框架。

　　本书以辩证唯物主义和历史唯物主义为指导，主要采用实证研究方法，在国内外相关理论的指导下，结合对具体个案的详尽考察和比较分析，力求做到以理论诠释现实生活、从典型案例中寻求理论突破。基本素材主要通过实地调查、人物访谈获得，在掌握大量第一手资料的基础上着重在两个方面进行阐述和分析：

一是对"瓮安事件"的演变过程予以梳理,探讨其发生机制和策略技术,以及政府行为在关键环节的得失;二是对相关群体性事件进行比较分析,归纳其异同,力求提出有普遍指导意义的解释框架,并据此提出治理思路和对策。

第二章 "瓮安事件"演变过程

　　贵州省瓮安县地处乌江中游,黔中腹地,黔南北部。南距黔南布依族苗族自治州州府都匀 120 公里,西距省城贵阳 174 公里,北距历史名城遵义 150 公里。县域面积 1974 平方公里,全县辖 9 镇 14 乡、247 个行政村、18 个居委会。总人口 47 万,以汉族人口为主,苗、布依、土家等少数民族人口占 4.3%。瓮安是革命老区县、全国绿化造林百佳县、全省双拥模范县、全省社会治安综合治理平安工作红旗县。❶

　　在新中国成立的历史上,瓮安曾留下红军"三进三出"的光辉足迹。1934 年 12 月 28 日至 1935 年 1 月 25 日,中央红军长征过瓮安,在瓮安召开了中央政治局会议,史称"猴场会议"。会议作出《关于渡江后新的行动方针的决定》,基本上结束了"左"倾冒险主义领导者的军事指挥权,为遵义会议的胜利召开在思想上、政治上和军事上作了准备。❷ 同年,中国工农红军在瓮安建立了长征路上第

---

❶　来源于瓮安县政府门户网站 http://www.wengan.gov.cn。
❷　参见李良旭、潘英:"提升幸福指数　实现持续发展——红色历史激励瓮安加快建设步伐",《贵州日报》2011 年 6 月 21 日。

一个人民政权——桐梓坡农会。

2008年6月28日,这座有着光荣革命传统、党和群众曾结下深厚情谊的偏僻小县,因一起女中学生"溺水身亡"引发、直接针对党政机关的大规模群体性事件,而成为国内外关注的焦点。当天15时至次日凌晨3时左右,其间一些人因对公安机关的"自杀"鉴定结论不满而上街游行,上万民众聚集在县委县政府和县公安局门口请愿,一起普通民事纠纷最终演变成为打砸抢烧事件,其间很多围观者却欢呼雀跃。

同年7月1日,贵州官方举行新闻发布会称:在"6·28"事件中,县委大楼被烧毁、县政府办公大楼104间办公室被烧毁,县公安局办公楼47间办公室、4间门面房被烧毁,刑侦大楼14间办公室被砸坏,县公安局户政中心档案资料全部被毁,42台交通工具被毁,数十台办公电脑被抢走;150余人不同程度受伤,无人员死亡。而据公安部新闻发言人透露,"事件中不同程度受伤的警察、干部和群众多达258人" ❶。

一起普通的少女溺水死亡事故,为何最终演变成上万人聚集、数百名不法分子打砸抢烧党政机关的暴力事件?2008年7月,笔者深入贵州省瓮安县多个乡村、厂矿和党政机关,与数十名死者家属、各界群众和领导干部进行了访谈,试图弄清事件的演变过程、发生机制及深层次原因。

一、谣言扩散

各种谣言的滋生、传播、蔓延在"瓮安事件"的发生发展过程中,发挥着凝聚和激发公众不满的关键作用,它们主要围绕"李树芬死因"和"李秀中被打"展开"想象的翅膀"。

(一)传言滋长

2008年7月18日傍晚,笔者乘出租车冒雨从瓮安县城颠簸近30公里来到死者李树芬的家乡——玉华乡雷文村泥坪组。也许是为了防止不明身份者挑起

---

❶ 武和平:《打开天窗说亮话——新闻发言人眼中的突发事件》,人民出版社2012年版,第70页。

事端,在前往死者家的必经之地——雷文村和泥坪组路口,均有当地警察和其他党政机关工作人员 24 小时值守。

在颇费了些周折后,当天夜晚李树芬的父亲李秀华、母亲罗平碧和哥哥李树勇接受了访谈❶。从他们的诉说中得知:17 岁的李树芬生前为瓮安县三中初二学生,6 月 21 日 20 时经同学王娇相约出去和两名社会青年陈光权、刘言超一起玩耍,22 时许李树勇接王娇电话通知,说李树芬当晚将留宿她家。至次日零点多,李树勇再次接到王娇电话,对方称李树芬已跳河。家属赶至现场并打捞起李树芬后,发现其已死亡。由于对李树芬的真实死因存在争议,因此李家将女儿遗体一直停放在事发地点——县城旁的西门河边。

6 月 22 日晚,瓮安县公安局法医对李树芬进行了尸检,鉴定结论认为,"根据案情及尸体检验所见,死者李树芬尸表有双眼结合膜出血、左鼻腔内有大量夹杂泥浆的血液性溢出、口唇及双手指甲有重度发绀等溺水死亡的典型特征,据此可认定李树芬系溺水死亡"。而在此前,被警察带走问话的王娇和两名男青年已被释放。

但是,死者亲属并不认可这一鉴定结果,加之认为警方放纵犯罪嫌疑人,为讨要说法他们将李树芬的尸体装在一口冰棺内停放在大堰桥头,直至 7 月 1 日将其运回安葬。在此期间,关于"李树芬死因"的各种传言随着"看热闹"的人流迅速扩散。

以下文字比较详细地描绘了传言滋生、蔓延的脉络❷:

事件的发生在最初并无征兆。李树芬死亡当天,她的家人并没有更多的质疑。同一天上午,三名事发时在场的当事人因被警方认为没有作案嫌疑,而被释放。

当李的家属去派出所找当事人时,发现都已经不在派出所。几乎同时,这三个人开始出现在传言中,"元凶是县委书记的亲侄女,另两个男生和派出所所长有亲戚关系,死者是被奸杀"。"亲人都陷于沉痛的悲哀中,一直没考虑到死者溺水前的关键性疑点,故没有提出剖腹及对下部分身体尸

❶ 李树芬家人访谈录(2008 年 7 月 18 日)。
❷ 丁补之:"瓮安溯源",《南方周末》2008 年 7 月 10 日。

检。"李秀华如此描述最初的状态。

为保存遗体,李树芬的"干爹"谢青发为她租了一口冰棺,每天 120 元,冰棺被摆放在出事的大堰桥桥头。这座宽不到 1.5 米的水泥桥,两侧护栏高约半米,桥下约数十米宽的西门河流过,河中水草摇曳,最深处超过两米。河边并没有开阔地,冰棺被放在一个临时搭建的油布棚内。

有围观者信誓旦旦说暗夜里听到过令人毛骨悚然的凄厉"救命"声;有人说在岸边看到避孕套和血迹;河沿的一处青草地,被认为是作案现场。

少女李树芬之死,和官员、无良警察、冤情的传言裹挟在一起,传遍了这个不大的县城。

李树芬的家人开始认为有冤情存在,他们在 6 月 23 日提出再度尸检。现场见证尸检过程的外婆陆素珍肯定地说,尸检时"肚子里没有水,咽喉处有药丸"。

越来越变形的传言,流传在瓮安的大街小巷:"16 岁的李树芬,因考试没给同班的一个女生抄写而被杀害";"死者脖子多处伤痕! 显然是被掐死的";"瓮安副县长的儿子伙同另一个社会青年把瓮安县三中一女生淫秽强奸并残忍杀害丢入瓮安县西门河……"这个逼仄的地方,成为了一个舞台。从早到晚,闻讯而来的人群络绎不绝。人们带着自己生活中的不满来看这个死因不明的女孩。

他们慷慨解囊,在她的身上寄托了寻求公正的愿望,拿出或多或少的钱捐给李树芬的家属。多位市民对记者称,他们听说有人最多捐了三千。"那人对她的亲属说'钱你拿去打官司,我们支持你到底,不打官司的话就退给我'。"如同亲眼所见。

捐款者包括贩夫走卒。"有的农民,卖一天的菜,也没有多少钱,十块八块的全部拿了出来。"一位目击者说,捐款总数过万。6 月 25 日,发生了新的意外。在公安局,李树芬的幺叔李秀中和民警张明发生冲突。事后,官方的材料说"两人发生扯皮李被打伤并不存在",而李秀华在申诉上却说,他的弟弟李秀忠(笔者注:据当面求证,应为"李秀中",以下均予改正)"在接受公安干警询问前就惨遭警察施以警棍与脚击伤"。

接着,李秀中被主管单位县教育局叫去问话。随之在瓮安保险公司附近,李秀中又遭到飞来横祸:他被几个身着便装的人暴打一顿。

李秀华自己在《加急申诉》中写道："李秀中被打……七孔流血，昏迷不醒，生命垂危。"并称，"爱女李树芬被他杀溺水，公安不予立案侦破……"这段经过又马上出现在传说中："死者家属去报案，公安局反将死者亲叔叔打成重伤，放出后再唆使黑社会毒打，致其下午4时许医治无效死亡。""冤情"愈发渲染扩大，传言愈烈，但这些被政府明显忽视了。西门河水无声流淌，没有人注意到这里发生了什么，但一些幽微的变化却在酝酿积蓄之中。

（二）政府辟谣

当地政府对铺天盖地流言的针对性、全面性回应姗姗来迟。2008年7月1日晚，贵州省政府新闻办、省公安厅、黔南布依族苗族自治州在贵州电视台举行"瓮安'6·28'严重打砸抢烧突发性事件新闻发布会"。新闻发布会以答记者问的方式对相关谣言进行了澄清，而此时距"6·28"严重打砸抢烧突发性事件已有3天时间。以下为根据电视直播整理的相关内容：

记者：瓮安县三中女学生李树芬死亡，议论较多的是该女生是被"奸杀后投入河中"，请问情况是否属实？

王代兴（都匀市公安局法医）：6月25日11时30分许，我接州公安局通知，委托都匀市公安局派出法医前往瓮安县城，对李树芬遗体进行检验，鉴定其死亡原因。经检验死者系生前溺水窒息死亡，生前未发现有性行为。提取阴道分泌物，未检出精斑。

记者：有传闻说，被害女生的叔叔、爷爷、奶奶被打住院抢救，妈妈说话含糊，已失去理智，婶婶被剪去头发关押到派出所。还有传闻说，李树芬的叔叔在与公安人员的争执中被公安人员打死，请问真实的情况是怎样的？

周国祥（瓮安县公安局副局长）：死者的爷爷奶奶被打伤的事实不存在。婶婶被剪头发，关在公安局的事也不存在。其叔叔与民警发生扯皮被打伤也不存在。但是从派出所调查出来后，教育局办公室通知其协助做工作。之后，在保险公司门口被打，县公安局已成立专案组，案件正在调查中。

记者:有传闻说,元凶是县委书记的亲侄女,另外两个参加行凶的男生和派出所所长有亲戚关系。还有传闻说元凶是副县长的孩子,请问是这样的吗?

罗毅(黔南州委常委、政法委书记):经我们了解,县委书记王勤不是瓮安本地人,夫妇二人在瓮安没有任何亲戚关系。经公安机关调查,事发时和死者一起玩耍的陈某、刘某、王某三人父母均在农村务农。因此上述说法不存在。

记者:有传闻说,公安局曾多次硬抢遗体,破坏现场,企图掩盖事实,请问有这样的事情吗?

肖松(瓮安县副县长):我是瓮安县副县长,叫肖松。自2006年开始分管公安工作至今。据我了解,从未发生过公安机关硬抢遗体破坏现场的情况。

记者:请再详细介绍一下死者及在场当事人的身份。

周全富(贵州省公安厅刑侦总队副总队长):李树芬,女,汉族,1991年7月生,瓮安县玉华乡雷文村泥坪组人,瓮安三中初二年级学生。父亲李秀华,母亲罗平碧,均为瓮安县玉华乡雷文村泥坪组村民。

陈某,男,1987年6月出生,汉族,瓮安县草塘镇那乡村岩门组人,在瓮安县纸厂打工。其父母均为瓮安县草塘镇那乡村岩门组村民。

刘某,男,1990年1月出生,汉族,与陈某同村,现在瓮安县纸厂打工。其父母均为瓮安县草塘镇那乡村岩门组村民。

王某,女,1992年7月出生,汉族,瓮安县三中初二年级学生。其父母均为瓮安县天文镇贾家坡村贾家坡组村民。

瓮安相关部门更早时候的辟谣主要在网络上展开,但由于方式零散、范围狭窄而收效甚微。6月29日,瓮安成立"6·28"事件应急指挥部,下设8个工作组,而宣传组的主要任务是组织人员上网跟帖,反驳在难以计数的网络论坛、博客里迅速传播的各种"小道消息"。从县机关、学校选调来的十几名熟悉网络的人员负责收集信息、澄清事实,黔南州下属市、县宣传部也安排"网评员"跟帖引导舆论。然而，面对浩瀚无垠的网络世界，这种由数十人进行的被动回应力量显然非常微弱。

实际上，无论是网络跟帖还是新闻发布，事后对早已扩散开来并最终促使事件发生的谣言予以澄清，对"6·28"事件本身来说已毫无意义，尽管它也许有利于遏制事件在平息后的再次反弹。

（三）谣言如何传播

笔者在瓮安实地走访发现，谣言在当地的传播并不是借助于互联网和手机短信完成的，而是主要经由西门河大堰桥头的停尸地点聚集、放大并扩散出去的。其实，当时谣言的传播可以分为两个路径，它们以不同的方式展现出来：一是内部传播，指在瓮安这座小县地域内的扩散，这主要是通过"熟人社会"间的口口相传（人际传播）完成的；二是外部传播，指向超出瓮安地域的社会面的扩散，这主要是通过互联网和手机短信等现代媒介（大众传播）完成的。

从 2008 年 6 月 22 日李树芬溺水死亡至 6 月 28 日事件爆发，长达 7 天的时间内，在瓮安这个偏僻、闭塞的西南小县，"少女被奸杀"现场对当地人有着强烈的吸引力，每天都有成百上千人来到大堰桥头探视、看热闹，他们甚至开始为李树芬一家捐款助其"讨回公道"，各种"李树芬被杀害"、"警察包庇疑犯"、"李秀中被警察打死"的版本随着人流四处扩散，更多的人知道了流言并成为新的传播者，对警方和政府的不满情绪随之蔓延。正如《中国新闻周刊》所描述的那样，"自此，河边已经不仅仅是个看热闹的案发点，而是一个失意者的阵营，县城里真正的市民广场。这些年瓮安发展引发的一系列问题，在小河边，在那两天，得以万花筒式的呈现。那些矿权纠纷中吃亏的乡民、那些移民拆迁中失意的流离者、那些为治安忧心忡忡的市民，再就是那些狂热的年轻人。他们在河边找到了共鸣"❶。

可以说，西门河大堰桥头这个出事、停尸地点已成为谣言的集散地和不满情绪的发酵器，也可称之为"观点的自由市场"或"市民广场"。"观点的自由市场"最早是由英国政论家、文学家约翰·弥尔顿提出的，后经美国政治家托马

---

❶ 钱真："探寻暴力之源"，载于"瓮安事件调查"，《中国新闻周刊》2008 年第 25 期。

斯·杰斐逊以及英国哲学家约翰·斯图亚特·密尔发展改进。弥尔顿认为真理是通过各种意见、观点之间的自由辩论和竞争获得的,而非权力赐予。必须允许各种思想、言论、价值观在社会上自由流行,如同一个自由市场,这样才能让人们在比较和鉴别中认识真理。将"观点的自由市场"理论化的第一人是英国哲学家约翰·斯图亚特·密尔。他在《论自由》一书中指出:"我们永远不能确信我们所力图窒闭的意见是一个谬误的意见,假如我们确信,要窒闭它也仍是一种谬误。"

"观点的自由市场"以及与之相关的"观点的自我修正"理论后来被称为自由主义新闻学的理论根基,也是西方新闻自由的理论根基。尽管在 20 世纪 50 年代受到了来自美国社会责任理论的修正,但至今仍对西方新闻界产生着强大而持久的影响。而在 2000 多年前的古希腊,"市民广场"不仅仅是人们休闲娱乐、放松身心的场所,还是人们谈论国家大事、参政议政的信息交流和传播之地。

本书在这里使用"观点的自由市场"和"市民广场"概念主要表示,瓮安民众在大堤桥头聚集所谈论的主题,已不再仅仅局限于对"李树芬之死"和"李秀中被打"的猜测,也有由移民安置、矿产资源开发、房屋拆迁和社会治安状况所引发的对党政、司法机关的不满和愤恨,甚至还包括对整个社会制度及其运行机制的质疑。停尸现场已成为人群聚集地、谣言传播地、事件策源地,"但当地党委、政府、公安机关和相关部门反应迟钝,麻木不仁,无动于衷,全然不知。无人搜集情报信息,无人到现场查看,更谈不上信息研判预警"❶。

2008 年 7 月 23 日傍晚,笔者在李树芬"溺水死亡"的西门河边遇到了一位遛鸟的老者,在闲谈中这位县卫生局的退休干部说:当时,大堤桥头围观者越聚越多、谣言越来越多、影响也越来越大,这时政府官员就应该出来安抚死者家属、疏散民众,以免事态扩大❷。7 月 24 日,瓮安新任县委书记龙长春在与笔者交谈时也认为:国人有同情弱者的传统,李树芬这名花季少女突然死亡后停放在桥头,没人管、不安葬,"上千人去看,谁不同情啊? 这时就应该将问题及时处理掉,不要让它老刺激大家,结果摆了一个多星期处理不下去,谣言满天飞,网民开

---

❶ 崔亚东:"从贵州瓮安'6·28'事件看新形势下群体性事件的预防与处置",《公安研究》2009 年第 7 期。

❷ 瓮安群众访谈录(2008 年 7 月 23 日)。

始谩骂政府,群众当然也会有意见"❶。

二、官方应对

在"瓮安事件"发生后,很多人都在不解地问:从2008年6月21日深夜李树芬"溺水身亡",到6月28日不法分子打砸抢烧党政机关,在此期间政府官员都做了些什么,为何未能遏止这起事件的最终爆发?

其实,在"瓮安事件"的演变过程中,地方官员并非如外界所称完全无所作为。整个事件演变过程可以分为"发酵期"和"发生期"两个阶段,官员作为在此过程也呈现出不同的状态。第一个阶段(发酵期),从6月21日深夜李树芬"溺水身亡",到6月28日上午警方向家属下达《尸体处理催办通知书》;第二个阶段(发生期),从6月28日15时许以中学生为主体的数十人从大堰桥头开始游行,至6月29日凌晨事件基本平息。在第一个阶段,当地官员居中对李树芬家人与王娇等三名青年的父母进行了多次调解,一些"民间调停人"也参与其中,但最终未能达成一致;在第二个阶段,地方各级官员基本茫然无措、无所作为,仅主管信访和公安工作的副县长肖松露面,但未能制止失控局面。

(一)调解失败

在由县、州、省三级相关部门法医分别对李树芬进行尸检并认定为"溺水身亡"的过程中,"他杀"的念头一度在李树芬家人头脑中动摇,但仍不愿接受"自杀"的说法。而且,他们认为,女儿是被王娇和两名男青年带出去死亡的,这几个人应承担赔偿责任。

为尽快平息事态,瓮安相关部门开展了调解工作。有警方人士提出让另3名现场当事人支付一笔安葬费,费用一开始为3000元,后增至3万元。而贵州省公安厅的通报称,死者家属向王娇等三名当事人的索赔金额高达50万元,双方协商未果。6月24日下午,瓮安县公安局向死者家属送达《不予立案通知书》和《尸体处理通知书》,当晚县政法委维稳办副主任黄亚华组织双方调解,但没

---

❶ 新任县委书记龙长春访谈录(2008年7月24日)。

有成功。6月25日晚,县公安局组织李树芬家属与王娇小叔王仕刚等人在雍阳镇政府协商,王仕刚等提出3人各补助李树芬家3000元,由李家自行将其安葬,李秀华不同意。6月26日凌晨,州公安局法医对李树芬尸体再次尸检维持"溺水死亡"的结论后,县委常委、政法委书记兼公安局政委罗来平等人继续做家属工作,但调解最终失败。

值得注意的是,在李树芬"溺水身亡"后,瓮安民间较有声望的袁树国、谢青发、刘金学主动或由政府邀请参与了对相关纠纷的调解工作。无论对当事方来说,还是对政府官员而言,动用"民间和事佬"都是发生纠纷无法调和时中国基层社会的惯常做法。《中国新闻周刊》绘声绘色地描述了"民间调解人"所扮演的角色❶:

1.袁树国:主动出现居中调停

一个胖子现身河边,引起了那里第一波躁动。

这个人叫袁树国,瓮安永河镇人,是个民间颇富声望的和事佬。这些年,当地纠纷不断,矿权冲突、移民安置,样样都让当地政府头疼不已。矛盾化解不了的时候,村民们礼失求诸野,于是就出现了袁树国这样的人。他们在当地有威望,懂法律,擅言辞,有手腕。

这正是李秀华需要的,他文化程度不高,对于法律一窍不通,更没有和公安、政府打过交道。

在当地,后者无疑是一门学问。

今年3月,永河镇一家煤矿发生矿难,死了一个村民。当地族亲纠集了两百多人,劫持了矿主要讨个说法,政府出面调停也是束手无策。

这时候,袁树国出马了。按照当地习惯,开矿死个村民,最高的补偿不过15万。袁树国一度协调,最终赔偿的结果竟然是25万,而且双方都满意。

袁树国的名头自此叫响,因为村民们觉得,政府协调不了的事,这个人

---

❶ 钱真:"探寻暴力之源",载于"瓮安事件调查",《中国新闻周刊》2008年第25期。小标题为笔者所加。

可以办好。

熟悉袁的人都知道他是一个无所事事的人，起先靠修烟囱为生，默默无闻，如今尝到了消解民间矛盾的甜头，摇身一变，成了官民冲突的解铃人。

李秀华期望通过这个人，最起码可以多得到些钱。同时，他也没有放弃寻求女儿死亡真相的努力。

在家属的要求下，22 日晚进行了第一次尸检，得到的结论是"溺水"。

所有仰着脖子拭目以待的局内人和看热闹的局外人，都对这个结果不免失望。自此，李秀华一家开始矛盾地尝试两条解决问题的路子。

一方面，李秀华带着疑问不断向自治州政府和省政府上访；另一面，李秀华的妻子则在县城里不断和政府讨价还价。

李秀华无法确定事件最终的走向，于是他选择都不放弃。对于他，这也许是最实用的办法，而却将整个事件，愈发推向了不可预知的未来。

6 月 23 日，袁树国代表李秀华一家出面去和公安交涉。他提出的要求是，公布嫌疑人的口供，把结论让周边的群众检验一下，进行第二次尸检。

这次交涉，按照袁树国的想法，一切都将逐步走向和解。而让他意外的是，在提到经济补偿的时候，还不待他开口，一个家属里的年轻人就抢着说，"我们要 50 万，让他们三家出"。

50 万的消息传到西门河，人群密集的河边于是炸开了锅。每个看热闹的人都以为这笔钱即将兑现，传言插着翅膀诱惑着那些对钞票充满幻想的人。

参与搭救李树芬尸体的好心人，开始试探地向家属要 5000 元。

人们似乎愿意相信，50 万，正离李秀华一家越来越近。

袁树国被这种不可理喻的乐观精神抛弃了，李秀华一家很快就不再来找他了。而他心里最清楚，在当地，此类民事赔偿从来都没有过 3 万的。事情发展至今，他一个和事佬已经无能为力。

2. 谢青发：积极介入讨要说法

于是那两天，另一批热心人开始活跃起来。比如谢新发（笔者注：应为谢青发），他是个开磷矿的老板，据称是李树芬的干爹，但和李秀华一家的关系并不算近,平时鲜有走动。

这一次,在李淑芬死亡当天,他就出钱找来冰棺,收殓了尸体。很少有人知道谢新发的其他背景,2007年他因为带着村民集体冲击县公安局刑警大队,在全县出名。这次事件成为当年轰动贵州最为著名的群体事件之一。

3.刘金学:接受委派参与调解

到了6月25日,这一天,新人物登场。他叫刘金学,是县里农机站的站长,一个老党员。

他是县里派来做家属们思想工作的,他和李树芬的母亲沾点亲,平时走动也多。李树芬和她哥在县城租住的就是他的房子。

刘金学是个远近闻名的老好人,总是笑眯眯地对人,没人不给他面子。

在这个县城生活一段时间,要想找到一两个陌生人显然很难。周围乡村的族亲纽带,交接到县城里,就是一张说不清、道不明的关系网。这张关系网反映到每个人身上,就是一幅既实际又理想的农村图谱。

八竿子打不着,却又熟络得要死,这种现象时常发生。要说朋友,满大街都是血缘;要说仇人,随处都可找到不睦的理由。

而刘金学和李树芬他家正是这种不亲不疏的关系。

李树芬的母亲事实上也巴不得有人来代表政府跟他们谈。打从上回一位族亲冒冒失失地提出了50万的条件,越来越多的人们以为他们家要发了。这两天河边捐款,有人甚至说,他家已经收了30万。麻烦接踵而至,当地的黑社会也瞅上了他们。

……

6月25日晚,进行了第二次尸检。

尸检一直持续到凌晨,随后,家属们和县政府的代表也再次坐到了一起。家属们要求得知李树芬死亡真相的同时,把经济方面的赔偿降到了6万。

这是一个不错的转折,刘金学觉得自己不辱使命。

……

李树芬的母亲也不希望河边的事态再持续下去。这些天,她感觉自己一家更像是暴风雨中的孤舟,身不由己,被看不见的力量推来操去。

6月27日晚上,家属们和政府代表试图最后一次达成共识。他们又坐在了一起,这一次,李秀华也从贵阳回来了,大家都在猜测这个男人从省政府那里究竟得到了什么。

那一夜的协调会,开到了12点,进展异常的顺利。

政府在经济上提出了八点补偿,能表的姿态都拿出来了,能动员的部门也都掏了腰包。

那三个孩子,由于家里穷,每家最多只能拿1万块钱。其次,教育部门适当捐助一些;李树芬所在的学校三中,捐助5500元的保险费;他们家所在的玉华乡政府,给予经济补助和粮食补助。另外给家里老人低保方面的照顾,还有李树芬的哥哥,如果考上大学,给予贫困生资助。

李秀华对于这个处理意见没有异议。刘金学不由得舒了口气,他感觉一块大石头放了下来,自己办成了一件大事,随即给负责善后的副县长肖松拨去电话。双方商量好,第二天上午在县政府去签字画押。

……

第二天,28日,早上8点,电话铃声吵醒了刘金学。

电话里是李秀华的声音。他说:“哥,对不起,昨晚的事,我不能答应,我本命年犯斗牛。”

李秀华的出尔反尔彻底惹恼了副县长肖松。他当天下达了最后的处置通知,要求在下午两点半开始,处理安葬李树芬的尸体。

刘金学吓得不敢见县领导,灰溜溜地去上班。大约下午4点,他听到街上喊声震天,跑出去一看,河边的人们上街“请愿”了……

以调解方式止纷息争在中国自古有之,尤其在相对偏僻、落后的广大农村地区,发生了矛盾或冲突由当地“有头有脸”的人物出面调和更是司空见惯。政府主导的调解比较“刚性”,其公信力也容易受到相对弱势一方的质疑。这一点在“瓮安事件”中表现得非常突出,本来就怀疑王娇等3名当事人“有背景,被包庇”,由政府官员和警察出面所做的调解一开始就不被李树芬家人所信任,多次调解未果在某种意义上也是注定的事情。

相对于政府主导的调解而言,由无利益牵涉的“民间和事佬”居中调停比较

"柔性"、"灵活",有较高的可信度。在"瓮安事件"酝酿过程中,3位"民间调解人"从不同角度生动地为我们展现了这种角色的复杂性和典型性:

一是以袁树国为代表的"职业调解人"。这位曾尝到"消解民间矛盾甜头"的"官民冲突解铃人",代表李树芬家人与警方交涉,曾使问题一度有缓和的迹象,但"50万赔偿"的要价吓退了他。所谓的"职业调解人",并不是说他们单纯依靠居中调和矛盾为生,而是指在以熟人关系支撑起来的"乡土社会"中,他们以自己的威望、知识和社会资源赢得了街坊四邻的认可,人们在发生双方难以调和的冲突时习惯于找他们化解,当调解成功后他们也可从中获得一定的经济利益和社会尊重。"职业调解人"的角色对当事各方来说,都比较中立、客观,也相对容易达成各方所能接受的调解结果。

二是以谢青发为代表的"当事方调解人"。李树芬"溺水身亡"后,为了"讨回公道","干爹"谢青发花钱买来冰棺将其装殓在大堰桥头并雇人日夜看守。谢本人曾在2007年参与村民冲击县公安局的事件,之后多位村民被抓并判刑。由于有此"前科",又在李树芬"溺亡"引发的纠纷中"掺和",因此瓮安官员对他比较反感,认为其做法使问题更加复杂化,有增加筹码与政府"叫板"的嫌疑。在基层官员眼里,这类调解人往往是完全站在民众一方的政府"对立面",并不被习惯于以主导者面目出现的政府部门所接纳,事后谢青发本人被抓也证明了上述判断。

三是以刘金学为代表的"半官方调解人"。刘金学的身份具有"双重性":一方面他是县农机站站长、老党员,具有明显的"官方背景",关键时候得听"组织"调遣;另一方面他又是李树芬的表舅和房东,亲属关系和干部身份所赋予的威望也使其有资格代表死者家属的利益。纵观整个调解过程,刘金学的"斡旋"几乎让当地政府、王娇等3名当事者家庭与李树芬一家三方达成协议,但李秀华的反悔让他的努力功败垂成。应该说,在争议发生时调动与当事人有亲属或邻里关系、"吃公家饭"的人出面协调,是基层政府经常采用的方式。领导或组织安排使刘金学这样的"半官方调解人",也有尽早、圆满化解矛盾的压力和动力。

综上所述,对于基层政府而言,当"官民矛盾"或需要政府出面搞定的"民间纠纷"发生时,在调解过程中出于便于掌控的考虑,首先,乐于安排"半官方调解人"缓解矛盾、消弭冲突;其次,愿意让"职业调解人"出面,尽管这种方式将官民摆在了对等的位置,在某种程度上挑战了政府的权威;再次,"当事方调解人"的出现往往是政府被动的无奈选择，由于他们常坚定地站在民众一方与政府讨价还价，甚至会为当事方出谋划策，有可能激化矛盾，基层政府对其并不欢迎。当今，中国的公民社会仍然发育迟缓，在矛盾或冲突发生时政府与民众之间缺乏必要的缓冲地带，"民间调解人"为官民之间搭建了一条沟通、协调的"桥梁"，尽管也有可能出现调解人与某一方"合谋"使矛盾加剧的问题，但从整体看来这一群体对化解社会矛盾是有益的，关键是如何将其运作过程纳入法制化、规范化轨道。

在"6·28"事件发生前多种调解努力的失败，尤其是李秀华最后关头的反悔让政府失去了耐心。6月28日上午，瓮安县公安局向李树芬家属送达了《尸体处理催办通知书》，里面提到李树芬是"自己跳河溺水死亡"，"死因已查明，李树芬尸体没有继续保存的必要"，限李家于当日14时前将李树芬尸体领回安葬，"否则，公安机关将依法处理"。这引起了围观民众的不满，限期安葬的"最后通牒"点燃已升级的"民怨"，大规模暴力活动在游行请愿过程中一触即发。

（二）官员缺位

据笔者调查，6月28日15时左右（注：贵州官方通报为"16时许"），两名高举"人民群众呐喊申冤"白色横幅的中学生走在前面，数十人跟随向城区进发开始游行请愿，一路上不断有人尾随加入，到县政府办公楼时聚集者已达上万人，但在此过程中没有政府官员出面疏导劝阻。

按照官方的通报，"6·28"事件的经过如下❶：

> 6月26日，经县工作组多次做工作，死者家属表示同意县工作组的协调意见，答应在6月28日签订协议了结此事。但6月28日16时，死者亲属邀约300余人打着横幅在瓮安县城游行。由于当日正是周六，街上人较多，部分群众尾随队伍前行，人越来越多。
>
> 16时30分许，游行人员到县公安局办公楼前聚集。公安民警拉起警戒线并开展劝说工作，但站在前排的人员情绪激动，在少数人的煽动下，一些不法分子用矿泉水瓶、泥块、砖头袭击民警，并冲破民警在公安局一楼大

---

❶ 本报记者："通报瓮安'6·28'事件调查情况"，《贵州都市报》2008年7月2日。

厅组成的人墙,打砸办公设备、烧毁车辆,并围攻前来处置的公安民警和消防人员,抢夺消防龙头,剪断消防水带,消防人员被迫撤离。

20时许,不法分子对瓮安县委和县政府大楼进行打、砸、抢、烧,一度冲击邻近的县看守所,整个过程持续近7小时。

"6·28"事件,共造成县委大楼被烧毁、县政府办公大楼104间办公室被烧毁,县公安局办公大楼47间办公室、4间门面被烧毁,刑侦大楼14间办公室被砸坏,县公安局户政中心档案资料全部被毁,42台交通工具被毁,被抢走办公电脑数十台,全部直接经济损失正在统计中;共造成150余人不同程度受伤,大部分均为轻微伤。整个事件处置中,没有任何人员死亡。

从学生开始游行算起至暴力活动被制止,时间长达8个多小时,整个过程其实可以分为两个阶段:一是游行请愿阶段,从下午3时许民众从大堰桥头开始游行,到4点半左右请愿者与民警在公安局门口发生冲突,过程达1个半小时;二是暴力实施阶段,从冲突爆发至基本平息,持续达7个小时。就政府的处置时机来说,游行请愿过程应是"黄金时间",因为此时矛盾仍在酝酿中、冲突还未发生;当打砸抢烧开始后矛盾已经骤然升级,在暴力行为持续过程中政府的应对就比较棘手了。

在上述过程中,人们不禁要问,当地官员都做什么去了,为何无所作为?《瞭望》新闻周刊以"层层开会"为小标题揭示了"6·28"事件发生时地方官员的反应❶:

当天下午14时50分,事件发生前,肖松、县委书记王勤、县政府办主任宋辉等人正在县电信局参加"全国处理信访突出问题"电视电话会议。

16时许,游行队伍从李树芬死亡的大堰桥出发。收到消息的玉华乡政法委书记李安平、派出所所长陈甚学立即向肖松、周国祥等人报告了这一情况。

16时30分左右,周国祥分别向肖松、罗来平、申贵荣作了汇报,肖松接到报告后,立即向会场内的王勤作了汇报,并按王勤安排赶赴现场,王勤继续参加会议。

❶ 赵鹏、刘文国、王丽、周芙蓉、杨琳:"'典型群体性事件'的警号",《瞭望》新闻周刊2008年第36期。

期间,宋辉接到县政府值班人员电话后,离开会场赶到县政府大楼劝说学生离开,并于16时40分左右电话报告了县长王海平。

肖松率黄亚平等人驱车赶到县公安局后,向王勤汇报现场小青年比较多,王勤立即打电话给县教育局局长张世德,要求其通知各校校长带教师到现场去劝散学生。接到指示的张世德立即通知城区各校校长安排老师到现场疏散学生。但此时聚集围观的人越来越多,警戒线已开始受到冲击,并有人冲进一楼开始打砸。此时,肖松将情况向王勤汇报,同时上楼召开会议,研究对策。

17时50分左右,结束了电视电话会议的王勤再次接到肖松报告后,安排工作人员通知县四家班子领导到电信局集中商量对策。

18时20分左右,县长王海平从都匀赶到瓮安县电信局临时指挥部。罗来平也从都匀赶到瓮安,并组织外围民警到县武警中队集中,由于没有防暴装备,无法开展工作,后接到州公安局负责人指示,要求由州里统一指挥。申贵荣赶回瓮安后,要求公安干警全部穿警服,并让35岁以下干警穿上防暴服后,由州统一指挥。

18时30分左右,电信局工作人员担心遭受围攻,临时指挥部转移到离现场更远的县武装部。

19时许,黔南州公安局负责人赶到现场,在外围转了一圈,未采取措施。

20时许,"等不来一个领导说话"的人群向县政府转移。

与此同时,黔南州委组织召开了处置瓮安事件专题会议。会后,原州委一位负责人赶往瓮安县城,在外围"转了又转",等候从省里赶来的领导。

23时左右,与县政府大楼相邻的县委大楼被点燃,并因是木结构,最后全被烧毁。

"当事件升级恶化、性质发生变化时,县公安局仅有2名副局长在现场处置,公安局长、政委均不在瓮安,无人拍板决策"❶。事后,瓮安主要官员因未亲

---

❶ 崔亚东:"从贵州瓮安'6·28'事件看新形势下群体性事件的预防与处置",《公安研究》2009年第7期。

临现场受到社会舆论的强烈谴责,其实这种说法并不完全准确。分管信访、公安工作的副县长肖松到达现场并试图平息众怒但没有成功,《中国新闻周刊》较为详细地描述了这一过程❶:

此时,瓮安电信局会议室,县委书记王勤,分管信访、公安工作的副县长肖松正在参加"全国处理信访突出问题"电视电话会议。

"中央政法委书记周永康的电视讲话刚到1/3的时候,我接到雍阳镇派出所所长的电话,紧接着玉华乡政法委书记也打来电话,称李树芬的家属和一些不明真相的人,在文峰大道游行。"7月5日,肖松接受《中国新闻周刊》采访时回忆,"跟县委书记王勤汇报后,我就带着县文明办副主任黄亚华、县公安局副局长赵守菊等人往公安局赶"。

路上,肖松看到不断有人往县政府方向聚集。曾处理过多起群体性上访事件的他隐隐感到不安。李树芬一事已调解多次,为何突然有这么多人上访?果然,半小时后,上访演变成一起震惊中外的打砸政府办公区的恶性事件。作为此次事件中唯一公开露面的县级领导,肖松同时被推上风口浪尖。

16:10,肖松一行人来到了公安局门口。

"有什么事情可以按照信访条例办,大家推荐5名代表来对话。"肖松说。2005年5月1日起施行新《信访条例》规定,多人采用走访形式提出共同的信访事项的,应当推选代表,人数不得超过5人。

"我刚说完,马上就有一个十七八岁的年轻人冲到面前,拿一个矿泉水瓶指着我的脸,骂'对你妈的屁'!"肖松说。听口音,这个青年不是县城人。

旁边的县文明办副主任黄亚华喝道,"不许说脏话,这是肖副县长!"人群中马上有人骂:"卵县长!"

突如其来的一幕,令在现场的官员们一时语塞。

"包括黄亚华等干部都开始被骂,我们就进了大厅。"肖松对《中国新闻周刊》说。几分钟后,30多名警察在大厅外拉起了警戒线。

然而黄白相间的绳子,没能隔离开群情激昂的人群。16:30左右,站在

---

❶ 王维博:"风暴眼中的瓮安官员",载于"瓮安事件调查",《中国新闻周刊》2008年第25期。

最前面的少年开始往警戒线里冲。警察们试图用警棍推走他们,但此时,后面的人群已经挤成一堵难以移动的墙壁。有少年在前后夹击中受伤,于是请愿者上前跟警察理论,一些人乘机用砖头等往警察队伍里扔。

16:50,30多名警察组成的人墙被人群冲开了。一些人冲进办公楼,在一楼大厅打砸,并用花钵、砖头砸向警察。

这一切,被摄影爱好者王诚用摄像机记录了下来。镜头里还包括一波波往里面冲的人群。十几台停在公安局门口的警车都被砸坏、掀翻,有人开始点火烧车。站在大厅里的肖松一边打电话给书记王勤,一边命令警察退向二楼。

"冲进大厅的人越来越多,我只好让警察们戴上头盔,用盾牌边挡边往楼上退。"肖松说。撤到二楼的时候,他向州政法委书记打了第一个电话。

"三楼有枪械库,要拼死守住!"

此时,一辆警车及一辆民用车被抬进公安局一楼大厅,有人点燃了它们。还有人将一楼户籍大厅的门砸开,大量户籍资料被付之一炬。

被迫撤到三楼的肖松只能向消防队求救。但闻讯赶来的消防人员也被人群挡在了百米之外。甚至有人开始登上消防车打砸,据瓮安县消防大队关于"6·28"事件的处置报告中称,被打的消防官兵有13人,包括指导员尤永忠。

事态迅速恶化让肖松始料未及,他下令警察用摄像机拍下打砸人员"锁定证据"。

公安局警务督察大队长罗邦平和两位负责摄像的人站在二楼走道口,用盾牌挡住机器。或许是摄像头刺激了那些疯狂的人,越来越多的砖头、空酒瓶砸向警察。最终,他们只好继续往三楼撤。

"除了死死守住三楼楼梯口,别的什么也干不了。"罗邦平告诉《中国新闻周刊》。他们接到了肖松的命令:三楼有枪械库,要拼死守住!

十几名警察手持盾牌,在二楼到三楼之间筑起人墙,终于挡住了打砸者的脚步。

但"失守"的一楼、二楼内,几十个房间全部被砸,收缴的大量管制刀具被夺走,成为制造骚乱者的武器。

"我害怕县政府大楼也被烧,赶紧打电话给县政府办主任,让他赶紧通知其他部门的干部来保护政府大楼,同时劝围观人员离去。"肖松说。

但干部们的劝说收效甚微。夜幕渐沉,有人开始冲到县政府里打砸,甚至抱来成捆的烟花礼炮,对着公安局大楼的楼顶"轰"。礼炮一个个在楼顶上炸开,站在马路边的摄影爱好者王诚用摄像机拍下了这一切,镜头中,隐隐可以看到警察和当地官员困在楼顶无处可退。

从以上描述可以看出,在"游行请愿阶段"这一政府本来可以有所作为甚至能够遏制事态恶化的过程,瓮安地方官员基本上对此完全放任。起初以中小学生为主体的十多人游行队伍,从大堰桥出发到老环城路,路过的七星村住着上千水电工程移民,一些对补偿和安置问题不满的移民加入了游行队伍;通过老环城路后,游行队伍拐到了北东路,这儿坐落的瓮安三中正是李树芬生前就读的学校,更多的中小学生加入其中;游行队伍离开北东路来到文峰中路时人数已成百上千,沿街商铺较多,又有许多人尾随游行队伍;请愿者在县政府门口停留了大约半小时,但无人接待,16 时许队伍涌向距县政府 100 米左右的公安局。"当队伍来到县委和政府办公楼时,人群已汇聚了逾万之众,里面有学生、移民、店主、碰巧在县城的村民、服务员、按摩女,甚至公务员、警员家属,男女老幼——这个县城的所有阶层。"❶

尽管"游行请愿阶段"持续 1 个半小时左右,瓮安县主要官员并非一无所知,但是没有采取有效的应对措施。在队伍游行至文峰大道时,雍阳镇派出所所长和玉华乡政法委书记向副县长肖松报告了这一重要动向,肖松立即向同在县电信局电视电话会议室的县委书记王勤汇报,王勤安排肖松去现场、自己则继续开会。之后,县政府办公室主任宋辉接到有人开始打砸公安局的消息,前往县政府并将情况报告了在都匀的县长王海平,王海平于晚 6 点多才赶回县城。王勤接到肖松"现场小青年比较多"的情况反映后,立即打电话给县教育局局长,要求通知各校校长带教师去现场劝散学生,然而为时已晚,打砸抢烧已经开始、局面失控。

当群情激愤的民众大规模与警方对峙时,任何"风吹草动"都有可能使事态迅速恶化,此时官员出面寻找协商机会的成功可能性很小。在"暴力实施阶

---

❶ 丁补之:"瓮安溯源",《南方周末》2008 年 7 月 10 日。

段"，形势混乱、情况复杂，其实已无协商对话的可能，官员倘若此时出面劝解不仅于事无补，还很有可能受到伤害。由于打砸抢烧活动已突破了法律所能容忍的界限，社会危害性较大，因此这时则应依法果断处置。基层政府对游行、静坐、示威等非暴力行为一般可采取组织警察维持秩序、静观事态发展等柔和态度，但是一旦发生暴力行为就应迅速予以制止、尽快平息事态。

笔者考察、梳理"6·28"事件的演变过程发现，即使存在一些深层次的矛盾和问题，但就李树芬非正常死亡这一事件的发展变化而言，倘若当地政府在一些关键环节能够妥善处置，这起民事纠纷就不可能最终酿成在国内外产生恶劣影响的暴力事件：

第一，学生上街游行途中不断有人加入，但并无政府工作人员和老师、家长前往劝阻。2008年7月2日下午，在黔南州深化打黑除恶专项斗争动员大会上，原州委书记吴廷述质问在座12个县市的党政负责人：事情6月22日发生，瓮安也重视了，并成立了工作组，一直到28日上午还在谈，"怎么到了下午3点，突然就变了呢？"吴廷述表示，想不通怎么开始是两三百人打横幅，到了县政府已有四五千人，这过程中政府怎么就没人知道、没有人疏导？7月20日下午，龙塘镇江界河村的一位移民对笔者说：人们在街上游行聚集时政府官员就应该出面接待进行安抚，等人冲击政府机关时再控制就来不及了，"比如一座矿山在没出现危险时，就应该排险，安全第一、预防为主，不能等事故发生后再想办法"。他认为政府官员轻视了老百姓的力量，"他们会以为'我看你们在街上走，结果又能怎么样？'"●还有一些群众认为，在学生刚开始游行时，有关部门就应该迅速通知老师、家长前往劝阻，"因为学生是最听老师和父母话的"。

第二，当人群在县委、县政府和公安局办公楼前聚集时，瓮安县主要领导没有及时出面与民众对话、沟通。一位目击者告诉笔者：在县政府办公楼带头的学生从一楼走到五楼，当天是星期六，学生们没有找到工作人员。"如果这时候有负责人出面和大家协调沟通，哪怕有个人拿喇叭喊喊话，平息一下大家的情绪，就可能不会发生后来的事儿。"在无人接待后，人群转而前往县政府办公楼斜对面的县公安局"讨说法"，但是仍无领导出面。警察在门前拉起警戒线，在此过程中与学生发生扭打，一些人看到学生被打随即开始打砸抢烧。瓮安新任县委

● 瓮安群众访谈录(2008年7月20日)。

书记龙长春认为:这时,县主要领导应及时到达现场喊话,让聚众者选出代表与其谈判,在法律法规允许的范围内处理事情,可以把代表约到办公室泡杯茶聊聊天,消解一下紧张气氛,要敢于承担责任,而不能遇到紧急事情就害怕躲起来,"在炸药包快炸的时候,要果敢地将导火索掐掉"❶。

第三,打砸抢烧开始时只有少数人参与,占据优势的现场维持秩序人员却未得到果断处置的指令。当时在现场的玉山镇政法委书记张羽说,"开始冲进公安局大楼打砸抢烧的不到20个成年人。这时,我们镇和其他单位赶来的应急队员不下200人,只要有领导一声令下,我们站成人墙,也完全可以堵住他们,但是,迟迟等不到命令!"❷据当晚一直在县政府大楼上坚守的瓮安县副县长郑毅说:20时10分左右,瓮安县政府才开始被打砸抢烧,但实际冲入县政府楼内的真正暴徒只有十多人,并且已基本没有学生。当时集结待命的公安和武警已有200多名,人数和装备远远超过不法分子。如果处置得当,至少县委大楼是完全可以不被烧毁的。

可见,从某种意义上说,正是由于瓮安官员在"游行请愿阶段"的消极无为和"暴力实施阶段"的优柔寡断,一起非正常死亡个案才最终演变成为持续长达七八个小时、明确针对党政机关的暴力事件。正如贵州省委书记石宗源所说,"'6·28'事件反映了一些地方和干部处置突发事件的能力和水平都不强,一些领导干部见事迟、反应慢,处置突发事件能力差、水平低。必须采取有效的措施,切实改变这种状况。要建立健全集中领导、反应灵敏、运转高效的工作机制"❸。此后,瓮安县委书记王勤、县长王海平,县委政法委书记兼县公安局政委罗来平、县公安局长申贵荣,均被免职;黔南州委书记吴廷述也被调离岗位,任贵州省社科院副院长。

三、冲突爆发

"6·28"事件中的暴力行为究竟是如何发生的,死者家属是否参与其中,"有组织,有预谋"的说法能否成立?搞清这些问题,对于我们正确认识"瓮安事

---

❶ 新任县委书记龙长春访谈录(2008年7月24日)。
❷ 刘子富:《新群体事件观——贵州瓮安"6·28"事件的启示》,新华出版社2009年版,第13页。
❸ 万群:"省委召开瓮安'6·28'事件阶段性处置情况汇报会",《贵州日报》2008年7月4日。

件"的发生机制和策略方式具有十分重要的意义。但是，对上述问题，官方说法与媒体报道和笔者调查情况有较大差异。下面对暴力实施过程中的一些关键事实予以厘清、甄别：

（一）谁先动手

6月28日下午4点多，当游行队伍从县政府折到公安局门口大规模聚集时，副县长肖松试图让人群选出代表进行对话，在遭到谩骂后进入大厅，民警在门前拉起了警戒线，双方形成对峙局面。对于"到底谁先动手直接导致冲突升级"，有不同的说法：

1.官方说辞

（1）2008年6月29日，瓮安"6·28"事件应急指挥部《致广大群众的一封公开信》：

> 在上访过程中一些死者家属和一些不明身份的围观人员不顾公安干警和现场干部的劝阻，用棍棒、石头、砖头、酒瓶等打砸维持秩序的公安人员，掀翻警车、打砸警车以及部分民用车辆，随后焚烧停靠在公安局和县政府门口、县委和县政府车库的车辆，砸烧县公安局大楼、县政府办公大楼、县委办公大楼、县财政局办公大楼和民政办公楼。

（2）2008年7月1日晚，贵州省政府新闻办、省公安厅、黔南州举行的"瓮安'6·28'严重打砸抢烧突发性事件新闻发布会"：

> 16时30分许，游行人员到县公安局办公楼前聚集。公安民警拉起警戒线并开展劝说工作，但站在前排的人员情绪激动，在少数人的煽动下，一些不法分子用矿泉水瓶、泥块、砖头袭击民警，并冲破民警在公安局一楼大厅组成的人墙，打砸办公设备、烧毁车辆，并围攻前来处置的公安民警和消防人员，抢夺消防龙头，剪断消防水带，消防人员被迫撤离。

2.媒体报道

（1）2008年6月29日，新华网（《贵州省瓮安县发生一起打砸烧事件》）（笔

者注:这是关于"瓮安事件"的最早新闻):

　　据当地警方介绍,28 日下午,一些人因对瓮安县公安局对该县一名女学生死因鉴定结果不满,聚集到县政府和县公安局。在县政府有关负责人接待过程中,一些人煽动不明真相的群众冲击县公安局、县政府和县委大楼。随后,少数不法分子趁机打砸办公室,并点火焚烧多间办公室和一些车辆。

(2)2008 年 7 月 7 日,《财经》("瓮安'6·28'事件流变"):

　　记者从瓮安当地居民拍摄的一段事发现场视频看到,在请愿队伍正前方,两位民警在县公安局门口台阶上拉起了警戒线。不久,有警察抢走了学生手中的横幅。在场民众由此被激怒,与警方发生正面冲突。最终激化成为一起打砸烧的群体性事件。被冲击的部门除了县公安局,还有县委、县政府、县财政局与县民政局。

(3)2008 年 7 月 9 日,《中国新闻周刊》("瓮安事件调查"):

　　然而黄白相间的绳子,没能隔离开群情激昂的人群。16:30 左右,站在最前面的少年开始往警戒线里冲。警察们试图用警棍推走他们,但此时,后面的人群已经挤成一堵难以移动的墙壁。有少年在前后夹击中受伤,于是请愿者上前跟警察理论,一些人乘机用砖头等往警察队伍里扔。

(4)2008 年 7 月 10 日,《南方周末》("瓮安溯源"):

　　一直靠前的胡师傅看到,警察在门前拉起了警戒线,让两位学生进办公楼大堂沟通。"他们一把扯过了条幅,学生不允,伸手夺回了条幅,双方发生了冲突,学生和警察之间,发生了扭打。"胡师傅说,"见到学生挨打,更多的人冲过警戒线,冲进去帮忙"。这时候,全副武装的防暴队员出现在视野中,他们的警棍伸向人群。

据笔者与多名目击者的访谈：冲突起初是由警察与学生在争抢横幅过程中发生拉扯、推搡等肢体冲突引起的，围观者被"学生被打了"的叫喊激怒，便开始扔矿泉水瓶、砖块等，冲突一发不可收拾；在失控人员对政府大楼和车辆实施打砸抢烧时，一些围观者却鼓掌叫好。有人向笔者反映，亲眼目睹了学生被警察用警棍击打的情景，还有人看到了腿部流血的学生。显然，这与媒体报道较为吻合，但与贵州官方"不法分子受人煽动率先攻击民警"的说辞有较大差异。

(二)有无死者家属参与

死者家属是否策划、组织并参与了"6·28"事件中的打砸抢烧活动？对此，亦有不同"说法"：

1.官方说辞

(1)2008年6月29日，瓮安"6·28"事件应急指挥部《致广大群众的一封公开信》：

> 经公安机关和县工作组多次做耐心细致的工作，死者家属表示同意县工作组的协调意见，同意在6月28日签订协议后安葬死者。但到6月28日下午4时左右，死者家属却组织了一些人员拉着横幅，在街上游一圈后，围观人员跟随聚集到县政府上访。

(2)2008年7月1日晚，贵州省政府新闻办、省公安厅、黔南州举行的"瓮安'6·28'严重打砸抢烧突发性事件新闻发布会"：

> 6月26日，经县工作组多次做工作，死者家属表示同意县工作组的协调意见，答应在6月28日签订协议了结此事。但6月28日16时，死者亲属邀约300余人打着横幅在瓮安县城游行。

2.媒体报道

(1)2008年7月3日，《贵州都市报》（"'我们是相信政府的'"）：

> 28日上午，李秀华在县城带上儿子，从福泉往贵阳赶，并与从开阳方面

赶来的妻子会合。当晚,他们在贵阳沙冲路一家旅社里住了下来。"在贵阳时,我就听说,当天瓮安出事了。第二天,有人打电话让我回来,说会妥善处理我女儿的事,我们全家才赶回来。"

(2)2008年7月4日,《贵州日报》("李树芬父亲不赞成以野蛮方式解决问题"):

> 记者问李秀华,当天他是不是像网上有人说的组织亲属等300多人拉着横幅上街游行时,李秀华立即非常生气地说:"6月28号那天我和爱人都在贵阳,29号下午5点钟左右才回瓮安,从来没有组织过家属拉横幅游行。"李秀华对不法分子对县委、县政府和县公安局大楼进行打砸抢烧表示"想都不敢想",他说:"我家一直就只是希望公安部门能够认真调查清楚我家姑娘的死因,从来没有想过要以这样野蛮的方式解决问题。"

其实,贵州官方媒体对"瓮安事件"的报道方式和角度发生过根本性的变化。面对铺天盖地的谣言和质疑,6月30日晚贵州省委书记石宗源要求"从群众的角度、客观的角度,把瓮安事件的真相报道出来"。此前,《贵州日报》等媒体文章的关键内容多引用瓮安官方说法,匆忙对事件下结论、定性,还发表了《当地群众愤怒谴责暴力分子》等带着明显"官方色彩"和"传统角度"的稿件。这些报道引起了强烈不满。

事后,《贵州日报》赴瓮安报道组组长杨龙撰文回忆了相关情况❶:29日晚,现场记者发回第一篇报道《我省依法妥善处置瓮安"6·28"打砸烧突发事件》。次日见报当天,意想不到的是:第一作者陈治宽的手机号码被别有用心的人在网上公布。不到1小时,他收到数十个恐吓电话和短信,谴责他"搞虚假新闻"、"帮有罪的瓮安政府说假话",有人打电话称:"你的车牌号我知道,你的家住哪里我也知道,我要搞死你!"

之后,贵州官方媒体记者注重深入一线采访当事人,围绕事实真相开展报道,逐渐赢得了广大读者认可。

---

❶ 杨龙:"为了捍卫新闻的真实——贵州'瓮安事件'采访亲历",《新闻实践》2008年第9期。

（3）2008年7月7日，《财经》（"瓮安'6·28'事件流变"）：

> 据《财经》记者了解，在这起冲突中，李树芬的主要亲属均未参与。其叔叔李秀中因6月25日被打，至7月1日一直未离开其受诊的县人民医院。事件发生时，其父李秀华则与堂弟李秀平、表兄罗培华等租车赶往黔地州首府都匀、省城贵阳，向各级信访办递交材料。

2008年7月18日晚，在李树芬家中，其父李秀华对笔者说，"6月28日那天，我和老婆、儿子在贵阳上访，并不知道有人要打砸政府"。7月22日上午，在县人民医院接受治疗的李秀中向笔者证实了上述说法❶。综合上述情况可以判定，"6·28"事件并非李树芬家人"组织"、"邀约"而成，当时不在现场的他们并未参与打砸抢烧活动。

（三）是否系黑恶分子组织策划

笔者拿到的一份瓮安县委、县政府《信访维稳工作情况汇报》显示，截至2008年7月25日，公安机关已查获"6·28"事件涉案人员295人，其中黑恶势力成员91人；刑拘131人，其中黑恶势力成员55人。黑恶分子在打砸抢烧活动参与者中占较大比例，整起事件是否为他们所策划、组织？

1.官方说辞

（1）6月29日下午，瓮安县委有关负责人与黔南州有关部门联合举行的新闻发布会：

> 这一事件是"有组织、有预谋"的，起因是死者家属对公安部门的鉴定结果不服，组织了一些人员拉横幅在街上游行，围观人员跟随聚集到县政府上访。在县政府有关负责人接待过程中，一些人煽动不明真相的群众冲击县公安局、县政府和县委大楼，随后少数不法分子趁机打砸抢烧。

（2）2008年6月30日晚，深入瓮安考察的贵州省委书记石宗源：

---

❶ 死者之叔李秀中访谈录（2008年7月22日）。

"6·28"事件是一起起因简单,但被少数别有用心的人员煽动利用,甚至是黑恶势力人员直接插手参与的,公然向我党委、政府挑衅的群体性事件。情节恶劣,破坏严重,造成了极大的财产和经济损失,影响了全省稳定和贵州形象。

7月3日下午,在贵州省委召开的"瓮安'6·28'事件阶段性处置情况汇报会"上,石宗源再次指出:

瓮安"6·28"事件是一起由当事人非正常死亡事件酿成的严重打砸抢烧突发事件。事件的发生,是大家都不愿看到的。在各有关方面的共同努力下,事态得到了基本控制,瓮安县的生产生活秩序已恢复稳定。经深入调查证实,这是一起被少数别有用心的人煽动利用,黑恶势力直接参与,公然向我党委、政府挑衅的突发事件。

2.媒体报道

(1)2008年7月4日,《贵州日报》("'我们是被迫参与打砸的'"):

6月28日,他(注:一名中学生)在县城的舅舅家玩,事发时去看热闹,被两名黑帮成员看到,就被强迫喊去砸县政府。他不去,黑帮成员就要揍他。他只好跟着一起去。由于当时很害怕,也知道砸政府犯法,但不去要遭打,于是,他用石头砸了大楼的玻璃。几分钟后,他看见一些黑帮人员冲进大楼里,他趁乱跑出来了。当天晚上在回家的路上被警方抓住。

(2)2008年9月8日,《瞭望》新闻周刊("'典型群体性事件'的警号"):

专案组的调查显示,瓮安部分帮派成员参与打、砸、抢、烧行为,甚至有组织地运送汽油、凶器等到现场,对事态升级起到了推波助澜的作用。但是,到目前为止,尚未有足够证据说明,黑恶势力是这场群体事件的组织者和策划者。

也有群众怀疑说:"既然县公安局有人是黑恶势力的保护伞,那黑恶势力煽动群众火烧公安局，不是和自己过不去吗？"现已查明，参与这一事件的黑帮成员，基本上只是一些"小喽啰"，很多人是去看热闹时"自作主张"参加打砸烧的。

笔者在瓮安实地走访过程中，也未发现"瓮安事件""有组织、有预谋"的迹象和证据。尽管贵州省委书记石宗源在不同时间、地点、场合对"瓮安事件"的定性中，都使用了"少数别有用心的人煽动利用"、"黑恶势力直接参与"的词句；但是"煽动利用"、"直接参与"与"策划"、"组织"的含义有明显差异——前者多指临时起意、事中参加，而后者则为幕后谋划、事前安排。虽然有中学生受黑恶分子指使、胁迫而参与打砸抢烧活动，而且法院判决也认定"刘家帮"等涉黑组织成员"还指使未成年人打砸瓮安县政府大楼及执勤的公安干警、武警官兵"❶；但是，黑恶势力成员在事发后对一些中小学生的指使和胁迫，显然不同于事前的"策划"和事中的"组织"。

四、强力善后

"6·28"事件的爆发把瓮安这座偏僻静默的西南小县推上了风口浪尖。一起少女非正常死亡个案最终演变成为伴随着打砸抢烧的大规模群体性事件，这引起了中央高层、普通民众以及国内外舆论的高度关注，给事发地政府带来了巨大压力，善后工作很快开展起来。

（一）安抚家属

"瓮安事件"以如此暴烈的方式展现出来，这也是李树芬家人始料未及的，促使"停尸行为"在事件发生后很快得以矫正。在"6·28"突发事件应急指挥部工作组的积极推动下，2008年7月1日三方达成了《关于李树芬丧葬事宜的协商处理协议》，以下是笔者见到的该协议内容：

---

❶ 李忠将："贵州瓮安两黑社会性质组织犯罪案件一审宣判"，新华网2009年9月12日。

2008年6月21日晚,瓮安三中8年级(6)班学生李树芬在瓮安西门河发生死亡的事件,截至2008年7月1日死者李树芬的尸体一直未安葬。为此,瓮安县"6·28"突发事件应急指挥部工作组与死者李树芬家属在雍阳镇七星村刘金学住宅协商,达成如下条款:

一、应死者家属要求,由省再对李树芬的尸体重新进行尸检。

二、王娇、陈光金、刘言超三人共同资助死者家属9000元。

三、房东刘金学资助死者家属棺材一盒。

四、工作组成员共同资助死者家属人民币19000元。

五、玉华乡人民政府资助死者家属2000元。

六、尸检取样后,死者家属立即将尸体运走并自行安葬,尸体运送由瓮安县农机局帮忙提供车辆。

七、关于死者家属反映公安不作为或渎职行为由相关部门依法查处。

八、本协议签订后,如尸体在尸检取样后不立即运走并自行安葬,所涉法律责任由死者家属自行承担。

该协议由瓮安"6·28"突发事件应急指挥部工作组代表、死者亲属(李树芬父亲李秀华和哥哥李树勇)和在场见证人三方签字并捺指印。7月1日当晚,在西门河大堤桥头停放了10天的李树芬遗体被运回老家。

7月2日上午,由贵州省著名法医组成的专家组对李树芬遗体进行了第三次解剖检验。在两个多小时内,法医专家对遗体体表、胸腔、头颅、阴部等都进行了全面细致的检验,并提取了部分内脏组织进行生化和理化检验。李树芬父亲李秀华、姨妈罗兴菊及61岁的村民代表李成华等见证了解剖检验的全过程,并在检验笔录上签名。

9日上午11时许,第三次尸检法医专家组负责人、贵州省公安厅主任法医、溺水研究专家屈剑平到达玉华乡政府,向李树芬的父亲李秀华等家属正式告知尸检鉴定结论,再次确认李树芬系"溺水死亡"。屈剑平说:经过对遗体体表、胸腔等全面细致的检验及大量生化、理化检验,专家组排除了暴力致死、中毒致死及性侵害的可能。病理学检验支持溺死诊断,排除病理性死亡。实验室检验支持溺死诊断,肺硅藻检验出与现场河水中同一类硅藻。同时,检验中发现的眼结膜、心包膜、心耳尖见针样出血点及双肺膨隆肿胀等均呈明显窒息征象,为典型的溺死尸体征象。根据尸体解剖检验所见,实验室检验结合现场勘查分析,可以确定李淑芬系"溺水性窒息死亡"。

至此,"6·28"事件的关键导火索被彻底掐灭,而李树芬遗体在7月2日尸检取样后即在老家安葬。7月18日晚,笔者几经周折来到了死者位于玉华乡雷文村泥坪组的家中,并对其家属进行了访谈,以下为当天日记:

> 李树芬的家位于泥坪村——这是座破败、萧索的村庄,村头仍有几名政府工作人员看守。一位工作人员过来查看我们的证件,他随后也掏出了自己的工作证,原来是县委宣传部的新闻科长。他向我们解释:现在就怕别有用心者过来捣乱,他们要24小时值守。
>
> 我们看到,李树芬的父亲李秀华、哥哥李树勇和奶奶杨国碧正在村头自家烟炕前忙活儿——种烟是李家的主要经济来源,破旧的木制房屋和沾满污泥的衣裳无声地折射出李家的贫穷和困顿。
>
> 从他们忙碌的身影和淡漠的表情上,我得到的最初结论是也许李家已从失女之痛中摆脱出来,毕竟女儿已下葬、由此而起的"6·28"群体性事件也已平息。但是,后来的情形却让我们始料未及……
>
> 我知道农活儿对农村家庭的重要性,李秀华在烟炕里外忙碌时我们没去打扰,只是在周围溜达。一个多小时后,看到活计儿忙得差不多了,我走过去蹲下和李秀华搭起讪来。在自报家门并递了一支烟后,李秀华对外来者无形中的抵触情绪似乎消解了许多,紧绷的脸庞有些舒展。
>
> 在静默中,向烟炕里递柴火的李秀华突然激动起来,他说:"弟弟也被抓了,还被打了,明天上午要去县里看看……"杨国碧开始大声自言自语起来,在没有明确倾诉对象、用方言长达半个小时的吼叫中,我们明显感受到了其中的悲怆,大意仍是对孙女死因的质疑和对家属被抓的愤怒。其间,两名邻居老者也加入了"控诉"的行列……我深切感受到了静默下潜伏的激流和动荡。
>
> 我叮嘱同事在外面待着,以免看守者对李秀华施压,我跟随李树芬的母亲罗平碧来到烟炕后的家中——由三间木制房屋组成,凌乱而破旧。尽管我反复提出和罗随便谈谈的要求,但她仍显得十分警惕,多次回答:政府不让说。一会儿,李树勇回到家中,他仔细查看我的记者证和身份证并记下号

码,还对我以"41"开头的身份证号提出疑问。在我解释这是读大学时的号码,到北京仍是这个号码、可以终生使用后,他和母亲才坐下来接受我的采访。

罗平碧和儿子仍不相信李树芬是"自溺身亡",她甚至说河边曾有人听到喊"救命"的呼号。李树勇还拿出了6月21日夜王娇的手机电话清单,他说:王娇明明只给自己打了两个电话,但她在接受一家电视台采访时却说打了五六次;而且,当天晚上11点多,她打电话还说妹妹在她那儿住不回去了,12点多又打电话过来说妹妹已跳河。

采访间隙,罗平碧拿来17岁女儿的照片——椭圆形的脸蛋、秀发齐肩、长相可人。她还拿出李树芬之叔李秀中的一件带着斑斑血迹的汗衫,李秀中曾因到公安局反映问题与警察发生冲突后又被一群不明身份者毒打。

晚上8点多钟,有些佝偻的李秀华回到家中,跟他一起进来的还有县委宣传部的新闻科长。脸色黝黑、胡子拉碴的李秀华说:同村人帮忙拍摄的女儿伤情照片也被自称公安部的人员拿走了,五六十岁的拍照者被抓,现在最大的愿望还是查明女儿的死因,家人仍未见到第二次和第三次尸检报告。

在厨房忙活儿的罗平碧出来说:希望儿子有个安心读书的地方,不要受到伤害。李树勇刚参加完高考,因为右手意外受伤,他用左手答完了试卷,共考了400多分。

晚9时许,我们结束采访离开李家,在漆黑中李秀华坚持把我们送到了村口……

其实,死者家属在李树芬安葬后仍然心潮难平是很容易理解的,毕竟年轻美丽的孩子突然死亡,而之前却无任何征兆,想不通也是人之常情。在对警方处置情况不满后,他们采取了"停尸"讨要说法这一在中国的文化语境中带有很强悲凉意味的静默抗争方式。"即兴场景"以及造成的悲情气氛将围观者的不满唤醒,并最终演变成为超出死亡事件本身、直接针对党政机关的暴力活动。

(二)问责官员、惩处嫌犯

"6·28"事件发生后,当地对"责任人员"采取了区分性质、分类处理的方式:一是对负有责任的主要官员予以免职;二是对胁从参与的民众以批评教育为主；三是对直接参与打砸抢烧的不法分子依法严惩。应该说，这种处理方式既以问责官员的"切割"方式缓解了民众愤怒，也没有因扩大打击面而激化矛盾，还通过惩处实质性参与者起到了震慑作用，整体看来是适当和有效的。

而上述处理策略与贵州省委书记石宗源的主导密切相关。在2008年7月3日下午贵州省委召开的"瓮安'6·28'事件阶段性处置情况汇报会"上，石宗源要求：严查彻究在此次事件中严重失职渎职的干部特别是领导干部的责任。……这起事件看似偶然，实属必然，是迟早都会发生的。对此，瓮安县委、县政府、县公安局和有关部门的领导干部负有不可推卸的责任。建议免去瓮安县委常委、县委政法委书记、县公安局政委罗来平和县公安局局长申贵荣的职务，按程序办理。纪检监察部门要按照《中国共产党纪律处分条例》查究瓮安县委、县政府主要领导和有关领导的责任。

石宗源还指出：要坚决依法追究违法犯罪人员。在处理过程中，必须正确认识和严格区分两类不同性质的矛盾。一方面，对不明真相的和胁从的群众，应采取批评教育和团结的方法，绝不允许再激化、引发新的矛盾；另一方面，对幕后策划、组织、参与打砸抢烧的挑头骨干分子和黑恶势力的骨干分子及其他严重扰乱社会治安的不法分子，要加强调查取证，依法严肃处理。

之后，瓮安很快掀起了一股"问责风暴"，县委书记、县长和公安局党委书记、局长均被免职，黔南州委书记也被调离岗位。值得注意的是，这些官员被免职并不仅因为在"6·28"事件中处置不力，还因为当地主要领导和有关部门领导对事件背后的深层次问题负有责任。❶ 其实，这种处理方式可以在中央有关部门颁布的文件中找到依据。

2004年2月18日，由中共中央颁布的《中国共产党纪律处分条例》第一百三十二条规定，"在管辖范围内，有下列情形之一，给党、国家和人民利益以及公共财产造成较大损失的，对负有直接责任者，给予警告或者严重警告处分。造成重大损失的，对负有直接责任者，给予撤销党内职务或者留党察看处分；负有主要领导责任者，给予严重警告或者撤销党内职务处分；负有重要领导责任者，给予警告或者严重警告处分"，"对存在的问题不认真解决，致使矛盾激化，造成闹事、罢工、罢课或者其他重大事件，严重影响生产、工作、教学和社会正常秩序

---

❶ 参见万群："查究严重失职领导干部责任"，《贵州都市报》2008年7月4日。

的"为情形之一。同年 4 月 8 日,中共中央还发布了《党政领导干部辞职暂行规定》,其中第十五条规定,"因工作失职,引发严重的群体性事件,或者对群体性、突发性事件处置失当,造成严重后果或者恶劣影响,负主要领导责任的",党政领导干部应当引咎辞职。

2008 年 7 月 24 日,《关于违反信访工作纪律处分暂行规定》发布,其中提出:"决策违反法律法规和政策,严重损害群众利益,引发信访突出问题或群体性事件的","对负有直接责任者,给予记大过、降级、撤职或者开除处分;负有主要领导责任者,给予记大过、降级或者撤职处分;负有重要领导责任者,给予记过、记大过或者降级处分"。"在信访工作中有其他失职、渎职行为,引发信访突出问题或群体性事件的","违反规定使用警力处置群体性事件,或者滥用警械、强制措施,或者违反规定携带、使用武器的",对负有直接责任者、主要领导责任者和重要领导责任者也分别规定了相应的处分措施。

根据上述文件的相关条款,官员因群体性事件可能会被给予党纪政纪处分,"瓮安事件"后对当地官员的责任追究使这一纸面上的规定变成了活生生的现实,也开了这方面的"先河"。此后,在 2008 年云南"孟连事件"和 2009 年湖北"石首事件"中,当地主要官员也因对事件发生负有领导责任而遭免职。一系列"问责文件"的出台,表明中共作为执政党越来越注重通过"党内法规"这一制度化的方式来规范全体党员和各级领导干部的行为,对治国理政来说是一种积极的变化。

但是,也有学者对群体性事件发生后撤换官员的做法持谨慎态度,"对于违纪的官员,要进行处理,但不一定要撤换。因为目前社会泄愤事件发生的一个重要原因,就是下级官员在上级领导的压力下,急于平息事件,常常借助于暴力手段,这种长期的非制度化运作导致民众也以非制度化的手段应对。发生这类事件,地方官员已经非常害怕了,如果增加其压力,反而对事件的处理不利。因而,政府应完善官员考核机制,对于'一票否决制'要慎用"❶。

其实,群体性事件发生后在官员问责上首先应分清责任,倘若事件的确是由当地领导施政偏差、处置不当造成的,对负有责任的官员予以处理显然有利于"平民愤、息事态",也符合现代政府"有权必有责,用权受监督,违法受追究"的

---

❶ 于建嵘、单光鼐:"群体性事件应对与社会和谐",人民网访谈 2008 年 12 月 29 日。

理念。关键是要激励基层官员在"压力型体制"下使用制度化的方式化解冲突,而不能陷入"以暴易暴"的泥潭。

另一方面,"瓮安事件"发生后由贵州省公安厅抽调警力组成了"专案组",独立办案,对打砸抢烧分子采取"依法从严打击"的措施。据贵州省公安厅副厅长、瓮安"6·28"事件专案组组长彭德全介绍:截至 2008 年 7 月 12 日,已查获"6·28"事件涉案人员 217 人,查清涉案人员 355 人,其中黑恶势力成员 90 人;已刑事拘留 100 人,其中黑恶势力成员 39 人;一些涉案犯罪嫌疑人正在组织追捕。❶ 后来,有多人相继被以聚众冲击国家机关罪、放火罪、聚众扰乱社会秩序罪等罪名判刑。毋庸置疑,依法对违法犯罪者进行惩处是非常有必要的,这有利于维护法律的尊严和政府的权威,有利于引导民众通过合法途径反映问题、表达诉求。

不过,如何处理参与打砸抢烧的中小学生,却成为摆在当地政府面前的难题。"经过专案组历时 5 个多月的调查,共查处涉案犯罪嫌疑人 275 人,其中参加打砸抢烧的中小学生 172 名,包括违法犯罪行为较为严重的 58 人"。❷ 对此,贵州省委书记石宗源提出了"宽严相济、体现政策、着眼未来、教育挽救、建立机制、形成合力,做到政治效果、社会效果和法律效果相统一"的处理原则。

2010 年全国"两会"期间,全国人大代表、贵州省公安厅厅长崔亚东接受记者采访时透露:作为全国首个试点,贵州瓮安消除了"瓮安事件"中一些涉案青少年的犯罪记录。试点的效果很明显,"104 个只有一个重新犯罪,抓回来了,60多个有的升高中、升大学,还有 30 多个回到家里帮助父母打工之类的,但都走了正路❸"。曾拿汽油瓶冲击县政府的葛启义被消除"不良记录"后成了一家小装饰公司的老板,2011 年 12 月还当选为瓮安县人大代表。❹

在"瓮安事件"中,由于年少无知、不明是非或出于义愤,许多涉案青少年是受到蒙蔽或胁迫而参与其中的。之后,瓮安对情节轻微的涉案青少年实施宽严相济的刑事政策,让他们回归社会、学校和家庭。这种做法体现了灵活性和责任

---

❶ 参见罗华山:"'6·28'事件专案组通报工作进展情况",《贵州日报》2008 年 7 月 14 日。
❷ 李忠将:"爱和宽容感召违法青少年——贵州帮教'瓮安事件'涉案青少年纪实",新华网 2009 年 5 月 13 日。
❸ 杨华云:"贵州涉案青少年有望被'消罪'",《新京报》2010 年 3 月 13 日。
❹ 参见董伟、白皓:"从'刁民'到人大代表",《中国青年报》2012 年 5 月 10 日。

感,也符合我国司法体制改革的相关精神。为切实保护未成年人权益,中央政法委 2008 年 12 月出台的《关于深化司法体制和工作机制改革若干问题的意见》和最高人民法院 2009 年 3 月发布的《人民法院第三个五年改革纲要(2009—2013)》,均明确提出,"有条件地建立未成年人轻罪犯罪记录消灭制度,明确其条件、期限、程序和法律后果"。

但是,也要警惕在群体性事件发生后,为平息事态把法律当作筹码搞交易的做法。如:在 2009 年湖北"石首事件"中,当地官员与死者涂远高的家属签订了《协议书》:死者家属在"6·17"整个事件过程中所发生的非组织、参与打砸烧的其他行为(如拉横幅、买东西的行为),市政法机关免予处理……若死者家属未参与永隆大酒店纵火,则不负担责任……不过,事态平息后涂远高的多名亲属被捕,10 月 17 日石首法院以聚众扰乱社会秩序罪,判处涂晓玉(死者堂姐)等 5 名被告人五年至两年六个月有期徒刑,判处涂远华(死者之兄)等 5 名被告人有期徒刑缓刑或者免予刑事处罚。协议的签字人之一、石首市政府办公室副主任郭子信在接受《财经》记者采访时说:"协议是对'非组织、参与打砸烧的其他行为'不追究,但没说对'有组织'等行为不追究。"❶

无论出于多么良苦的用心,签订含混不清的"免责协议"以求尽快平息事态,事后又抓捕死者亲属,这种做法是极为不妥的。是否承担治安或刑事责任应由司法机关"以事实为依据,以法律为准绳"作出裁决,任何机关和个人都无权在未经法院判决前决定一个人是否有罪、是否应受追究。从这种角度看,"免责协议"本身就属涉嫌违法的无效协议,是对法律尊严的公然侵害。事后追究死者亲属的刑事责任,又让石首官员戴上了"出尔反尔、失信于民"的帽子,是对党政机关公信力的严重损害。当一个地方法律尊严缺失、党政机关公信力丧失的时候,社会和谐稳定也就成了一种奢求。

(三)化解矛盾

"6·28"事件平息后,瓮安大力开展矛盾化解工作,采取多种措施解决群众反映强烈的突出问题。2008 年 7 月 24 日上午,笔者来到瓮安县委、县政府(原办公楼被砸烧)设在县林业局的临时办公地,进门有块"温馨提示"牌子——"监

---

❶ 任波:"石首问责未了局",《时代周报》2009 年 7 月 30 日。

控已覆盖本区域"，左侧小楼上"副县长办公室"的标识赫然在目；县委书记、副书记和县长的办公室位于里面的三层小楼，牌子也很醒目。在前几天访谈过程中，很多当地群众反映以前到县委、县政府办公楼找不到领导，因为办公室没挂牌子、工作人员也不说。

中共黔南州委常委、瓮安县新任书记龙长春向笔者介绍了"6·28"事件后当地开展的矛盾化解工作，以下为部分访谈内容❶：

> 现在最需要解决的问题就是关注民生、化解民怨，理顺群众的情绪，我们实际上正在这么做。当地有很多矛盾长期积累，群众反映的问题长期得不到解决，现在我们以"县委书记大接访"为契机，开展了"五大访"活动。除"县委书记大接访"外，还有"千名干部大寻访"：由副县级领导干部带队，党政部门工作人员下去走访群众，请老百姓讲实话，为老百姓办实事，以办实事为切入点拉近与群众的距离，增进干群感情。能解决的问题把它解决好，一时不能解决的创造条件也要解决好，解决不了的把它解释好。就是本着解决、解释来做好群众的工作，畅通信访渠道。

> 人们常说得民心者得天下。首先要让群众信任，必须要让他有反映问题的渠道，所以我们又组织了"千名干部大巡访"、"公检法司大联访"。还有"千名教师大家访"，是关爱每一个学生的活动，去了解学生的家庭情况，有针对性地做好学生的思想工作。还有"乡镇干部大走访"，凡是乡镇干部都要进村入户走访，有困难的解决困难，有意见的提出意见，有矛盾的化解矛盾，密切干群关系，畅通诉求渠道。我们不能怕群众，这些是我们要做的事。

> 另外，群众对社会治安意见比较大，针对这个情况我们成立专案组，以打黑除恶为重点狠抓社会治安综合治理。我们还开展了吸毒人员的大搜检。针对吸毒和长期复吸的，安排其进行强制戒毒，现在已经送进去20多人，具体数据公安部门有。为什么对涉毒人员进行大搜检，其中一个主要原因就是吸毒没有良知，他就要偷、就要抢，这严重影响群众安全，我们要从源头上控制好。把吸毒人员送去戒毒，治安问题就会减少一半。

> 还有就是维护稳定，对矛盾纠纷信访突出问题进行排查。我们现在抽

---

❶ 新任县委书记龙长春访谈录（2008年7月24日）。

调了 33 名老同志,身体好、政治素质高、工作经验丰富、做群众工作有办法的。这些老同志组成了 7 个组,排查信访突出问题外,其中有一个组专门负责清理历史遗留问题,对那些群众长期反映久拖未果的问题进行全面清理,敦促有关部门处理。比如去年的爆炸案,今年的 3 起杀人案,我们督促他们要抓紧办理。还要纠正公安机关立案不实的问题,通过这些措施把社会治安进一步做好。

"6·28"事件以后我们发现公安干警也出现了这样那样的问题,队伍建设也是关键。之所以有些问题长期得不到解决,也就是因为我们队伍建设出了问题。现在开展了整顿活动,我们借鉴成功经验,重点深刻反思"6·28"事件,从思想作风、工作作风、生活作风各方面查找原因,明确方向进行整改。我们在全县开展了一次机关作风大整顿,这是一个方面。此外,要加强基层组织建设。"6·28 事件"发生以后,我们感觉基层组织建设还是不够,比如说一些人游行的时候,我们的基层组织是不知道的,信息不畅通,我们的村干部、乡干部工作没有做好。

要增强基层组织的战斗力、凝聚力。就是明确责任,增强干部的责任意识,要按照凡事"谁主管、谁负责"和属地管理的原则,增强我们的责任心。为群众做好事,化解矛盾纠纷。要建立责任追究制度,在这块我们出台了一些措施,对干部实行绩效考核,采取上评下的办法,还要复评,综合打分,如果说你打分达不到标准,不及格的不称职的该免职的免职。如果说不称职票比较多的,还要诫免谈话。还有,比如在你管辖的区域内,因为你工作不力、化解不力,引发了 100 人以上的群体性事件,造成了严重后果的要严惩。通过责任追究,进一步增强干部的责任意识、忧患意识、公仆意识、大局意识。

书记大接访、干部大巡访、教师大家访、公检法司大联访、乡镇干部大走访形成的"五大访"引爆了全县的信访潮。"2008 年上半年县上信访只有 42 件,7 月4 日到年底,就暴涨到 2121 件次 3449 人次","许多长年积案都翻了出来"❶。大接访当年接案 3170 件,结案率达 98.1%。"6·28"事件前瓮安的信访结案率只有 18%,半年间信访结案率就提高了 80.1%。次年,瓮安信访量迅速回落,

---

❶ 毛浩、董伟、白皓:"瓮安答卷",《中国青年报》2012 年 4 月 27 日。

2010年下降到693起，较2008年下降68%。

与此同时，一场声势浩大的打黑除恶专项行动也迅速展开。长期称霸一方的"玉山帮"等20多个黑恶势力团伙被一网打尽，300多个犯罪分子受到法律严惩，9名充当黑恶势力"保护伞"的国家机关工作人员被依法审判。据贵州省统计局测评，2010年瓮安群众安全感为96.95%，全省排名第三、全州第一；2011年瓮安群众安全感升至97.74%，名列全省第二、全州第一。

2009年3月5日，瓮安县新任县长谢晓东在《政府工作报告》中称："6·28"事件发生后，我们认真贯彻执行党中央、国务院和省、州党委、政府的指示精神，按照县委提出的"保稳定、防反弹、快恢复、促发展"的总体工作思路，深刻反思深层次原因，认真吸取惨痛教训，积极开展"五大访"活动，深入开展"打黑除恶"专项斗争，切实加强干部作风教育整顿，着力整治发展环境，全面推行"绩效目标考核"。通过以上措施，使干群关系得到明显改善，社会治安明显好转，干部作风有了较大转变，发展环境进一步优化，全县上下形成了心齐气顺谋发展、聚精会神搞建设的良好氛围，确保了年初各项目标任务的圆满完成。

从笔者实地调查所了解的情况来看，"6·28"事件发生后当地政府采取的化解矛盾、清理积案、整顿作风、打击犯罪等一系列措施产生了明显的效果。这也是这起群体性事件处置中的特别之处：瓮安党委政府没有就事论事、围绕单个事件解决相关具体问题，而是着眼于事件背后隐藏着的深层次问题并努力加以缓解，这种铲除群体性事件赖以产生的社会现实土壤的做法具有"釜底抽薪"的意义。此外，瓮安还调整开发规划，将被毁的"县委大楼遗迹"保留，并在旁边建立"警示教育馆"。遗憾的是，在其他地方发生群体性事件后，却鲜见这种举一反三、由点到面、疾风暴雨式的做法。

2008年"6·28"事件后，通过3年多的治理，瓮安经济、社会实现了协调推进、同步发展。全县生产总值年均增长17.3%，财政收入年均增长27%。2011年，瓮安实现县内生产总值52亿元，财政总收入7.5亿元，分别是2007年的2.37倍和3.13倍。2011年群众对干部满意度比2007年增长57.2个百分点，群众安全感指数比2007年增长38.65个百分点，尤其是人民群众对公安机关的满意度从2007年的全省垫底提升到全省第一位。❶

---

❶ 参见毛浩、董伟、白皓："瓮安答卷"，《中国青年报》2012年4月27日。

五、小 结

通过对"瓮安事件"演变过程的描述可以发现,其有较长时间的酝酿、发酵过程。需要着重关注的是,李树芬家人并未参与"6·28"那天的暴力活动,也未发现其他策划者和组织者,事件与当地政府"有组织、有预谋"的匆促定性并不吻合。但是,为何又有300多人直接参与、上万人围观,甚至在打砸抢烧过程中还有民众拍手叫好呢?

显然,该事件已超出了一名少女"溺水身亡"这一微小个案的范畴,隐含着普遍而深厚的群体或社会心理基础。2008年7月3日在"瓮安'6·28'事件阶段性处置情况汇报会"上,贵州省委副书记王富玉分析指出:瓮安三中学生李树芬溺水死亡这一简单的当事人非正常死亡事件,为何酿成了滔天大祸,值得深思。"概括地讲,在于当地积案过多,积怨过深,积重难返。"❶

但是,"民怨"是如何在一起普通的少女溺亡事件中被激发出来的呢?从以上对"瓮安事件"演变过程的梳理可以看出,3个关键环节促使瓮安民众长期郁积的不满甚至怨愤得以集中释放:

(一)警方处置方式不当引起死者家属和民众不满

2008年7月1日,贵州省公安厅新闻发言人王兴正在"瓮安'6·28'严重打砸抢烧突发性事件新闻发布会"上称:6月22日零时27分,瓮安县公安局110指挥中心接到报警后,民警赶到现场立即开展救捞,因天黑施救条件有限,经持续紧张工作,于凌晨3时许将溺水女孩打捞上岸后,急救人员证实其已死亡。

然而,与警方的表述不同,死者家属均向笔者表示:当晚警察来看看就走了,并未询问周围群众,也没有打捞尸体,李树芬是由其叔李秀中等人打捞上岸的。7月22日上午,在瓮安县人民医院躺在病床上的李秀中证实了这一说法。

6月22日晚,瓮安县公安局法医对李树芬进行了尸检,鉴定结论认为,"根据案情及尸体检验所见,死者李树芬尸表有双眼结合膜出血、左鼻腔内有大量夹

---

❶ 黄勇、王丽、刘文国、何云江:"瓮安事件始末 石宗源三次向百姓道歉",新华网2008年7月5日。

杂泥浆的血液性溢出、口唇及双手指甲有重度发绀等溺水死亡的典型特征,据此可认定李树芬系溺水死亡"。而在此前,被警察带走问话的王娇和另外两名男青年已被释放。

但是,死者亲属并不认可这一鉴定结果,加之认为警方放纵犯罪嫌疑人,为讨要说法他们将李树芬的尸体装在一口冰棺内停放在大堰桥头,直至 7 月 1 日将其运回安葬。在长达 10 天的时间内,每天都有成百上千人来到大堰桥头探视,他们甚至开始为李树芬一家捐款助其讨回公道,各种"李树芬被杀害"、"警察包庇疑犯"的传言版本随着人流四处扩散,对警方和政府的不满情绪随之蔓延。西门河大堰桥实际上已经成为谣言的"集散地","李树芬之死"演变成为对政府表示不满的"载体"和"发酵器"。

(二)死者之叔被打激起更大怨忿

在"6·28"事件的演变过程中,李树芬"幺爸"——玉华中学语文教师李秀中被打起到了"火上浇油"的作用,当地部分群众的不满情绪迅速增强。

根据李秀中的诉说❶:6 月 22 日凌晨 3 时,李秀中等人将李树芬打捞上岸。警方在当天中午出了现场,拍了些照片、画些草图就走了;25 号上午又去了一次现场,询问打捞尸体的情况。随后,李秀中被一名唐姓警察带往县刑警队接受调查,但到刑警队楼下唐突然说自己有事儿让李自己上去。李上到 3 楼一间有 3 名警察的办公室,一名警察问他来做什么,已有些不满的李生气地回答:"来玩的",警察张明吼叫着让他滚出去。尽管李告诉他们是刑警队领导让来的,但是张明仍过来抓住李的头发并踢其腹部,直到李叫喊"警察打人了"才罢手。

此后,李秀中找公安局领导反映情况,在此过程中陆续有四五个亲戚朋友闻讯赶到公安局讨要说法。李的爱人兰明菊到刑警队找到张明质问,在遭到张明辱骂后两人发生扭打,后兰被铐上带到看守所。当天中午 12 点左右,县公安局通知教育局领导过来将李秀中带去"做工作",李在教育局吃完午饭与局领导谈完冲突经过后又被叫到雍阳镇派出所做笔录。3 个小时后神志有些不清的李秀中和教育局职工戎家贵从派出所出来在教育局门口稍作停留,18 时左右李一人往停放侄女尸体的西门河方向走去。

---

❶ 死者之叔李秀中访谈录(2008 年 7 月 22 日)。

　　在保险公司门口,正在用手机打电话的李秀中突然遭到五六个20多岁男青年的围攻,整个过程持续了二三分钟,李顿时口鼻流血、头晕眼花,在追赶一名打人者途中昏倒在地……当地群众怀疑打人者受警方指使(后来证实为警察张明指使社会青年所为),民愤进一步发酵,"去公安局报案的李树芬幺爸被打死"的谣言快速传播,对当地政府的不满升级。

(三)限期安葬点燃已升级的民愤

　　在李秀中被打后,李树芬亲属赴州、省上访又增添了新的诉求。李秀华在《加急申诉》中写道:"李秀中被打……七孔流血,昏迷不醒,生命垂危",并称"爱女李树芬被他杀溺水,公安不予立案侦破……""冤情"在瓮安小县这个"熟人社会"经由人际传播愈演愈烈,但并未引起当地政府重视,在事态已趋严重之际警方又对死者亲属发出了"最后通牒"。

　　6月28日上午,瓮安县公安局向李树芬家属送达了《尸体处理催办通知书》,里面提到李树芬是"自己跳河溺水死亡","死因已查明,李树芬尸体没有继续保存的必要",限李家当日14时前将李树芬尸体领回安葬,"否则,公安机关将依法处理"。这激起了众多围观者的不满。15时左右,两名高举"人民群众呐喊申冤"白色横幅的中学生走在前面,数十人跟随向城区进发开始游行请愿,一路上不断有人尾随加入,到县委和县政府办公楼时聚集者已达上万人。游行队伍一路上畅通无阻,最终在一个半小时后发生警民冲突,针对党政机关的打砸抢烧一发难以收拾。

　　笔者在瓮安采访期间接触到的大多数干部群众均认为:如果仅是李树芬死亡一事,就不会引发这么大的事件,"6·28"事件是当地多种矛盾长期积累的集中体现,老百姓多年郁积的不满借一起死亡事故得以释放,"6·28"事件的发生正是压抑已久民怨的集中爆发。

第三章 "瓮安事件"深层原因

　　就"瓮安事件"的演变过程来说,民众的不满在其中起到了至关重要的作用。其实,这种"不满"可分为三个层次:一是微观层面,以"李树芬之死"和"李秀中被打"为载体,在几个关键环节"不满"得以放大;二是中观层面,就是在瓮安这个特定的地域,普通民众明显郁积着对当地政府的"不满",从中可以看到"6·28"事件发生的群体心理基础;三是宏观层面,指跳出瓮安乃至贵州范围放眼全国,瓮安民众对一些普遍性问题和不良社会现象的"不满",从中可以感受到"瓮安事件"发生的社会心理基础。

　　如果认为,"李树芬溺亡"后人们对政府处置方式的不满最终导致了"瓮安事件"发生,而忽视了背后的群体或社会心理基础,显然过于简单,对深刻认识并防止类似事件再次发生有害无益。据笔者在瓮安与数十名多个阶层普通群众的访谈,他们普遍认为中央的政策是好的,但到下面"走样儿"了,"不满"集中针对在当地政府及其工作人员身上。下面就把视角放在瓮安这个小县,从中观层面分析民众的"不满"从何而来。

一、经济增长难改基本县情

改革开放尤其是 21 世纪以来,瓮安经济增长迅速,与发达县市的差距在加快发展中逐渐缩小。2000 年至 2007 年,全县 GDP 从 11.4 亿元增加到 21.9 亿多元,翻了近一番;财政总收入从 6682 万元增加到 2.4 亿多元,增长近 3 倍,城乡居民储蓄存款余额从 4.4 亿多元增加到 19.3 亿元,增长 3 倍多。可以说,21 世纪以来,从经济角度来说,瓮安迈入"发展最快的时期"。

(一)优先发展工业战略的实施

2007 年 1 月,瓮安代县长王海平在《政府工作报告》中说,"过去的四年,是我县历史以来工作任务重、责任压力大、矛盾集中凸现的四年,也是改革力度最大、化解矛盾最多、发展速度最快、取得成绩最好、群众得到实惠最多的四年","瓮安正处在一个加快发展、跨越发展的新时期"。笔者在当地调研发现,这种高增长,在很大程度上是近些年来瓮安注重发挥资源优势,实施"产业富民、工业强县"发展战略的结果。

瓮安的比较优势是境内矿产资源十分丰富,潜在经济价值达 400 亿—450 亿元,人均占有量 10 万余元,高于全省和全国的平均数。已探明的矿藏有磷、煤、铁、铝、铅、锌、硫磺、硅石、重晶石和钾页岩等。据《瓮安县志》记载,瓮安有 20 多种矿产,"磷矿是贵州三大磷矿之一,煤矿为黔南之冠,铁矿在全省、州也有一定地位"❶。

丰富的矿藏对一个长期以来的"农业小县"而言,无疑是笔巨大的财富。随着市场经济的发展,对资源的开发利用很快提上了日程。2003 年 7 月,瓮安县委九届四次全会作出了《关于加快工业化进程的决定》,指出:"只有加快工业化进程,才能从根本上提高我县的综合经济实力,增强区域竞争能力和抗御风险能力。只有加快工业化进程,才能使我县的生产力水平得到大幅度提高,才能不断缩小与发达地区的差距。"该决定对未来瓮安工业的发展格局进行了具体规划:

---

❶ 贵州省瓮安县地方志编纂委员会编:《瓮安县志》,贵州人民出版社 1995 年版。

建设富水桥、青坑、银盏3大工业园区和白水河—永和—岚关煤炭工业带。

从此,瓮安以矿产资源开发为核心的工业发展步入快车道。❶ 通过大力招商引资,引进宏福公司并购大信黄磷厂;在雍阳镇建成了初具规模的青坑工业园区,引进10家铁、硅铁冶炼企业。"十五"期间,全县共引入资金12亿元,仅2008年上半年就到位资金2.278亿元,规模工业比重得到明显提高,已开工建设的有年产60万吨的煤焦化综合利用项目、年产10万吨的成黔公司铝酸钙项目、年产2万吨的龙马磷业公司黄磷项目。按照瓮安"十一五"规划,到2010年,全县磷及磷化工、煤及煤化工的工业产值将分别达到6亿元以上。

(二)产业结构和财源结构发生巨变

进入21世纪以来,瓮安产业结构和财源结构的变化可谓"天翻地覆"。2007年1月瓮安代县长王海平在《政府工作报告》中总结本届政府成绩时称,"按照'突出发展第二产业,积极发展第三产业,稳步发展第一产业'的思路,狠抓产业结构调整,三次产业结构由2002年的'一、三、二'转变到2006年的'二、三、一'","'工业强县'战略有力推进。磷及磷化工、煤及煤化工、能源、建材工业、特色食品加工业等特色优势产业发展步伐加快,工业总产值2003年首次超过农业总产值,第二产业增加值2005年首次超过第一产业增加值,2006年比2005年又净增1.37亿元。工业成为县域经济的主导产业,崛起的工业经济是瓮安经济发展进程中新的里程碑"。

产业结构的调整带来了财源结构的巨大变化。过去,瓮安的烤烟税最高时在财政收入中占50%以上,2008年煤磷铁电四大工业产业就占70%、其他产业占20%、烤烟占比不到10%,三大产业提供的财政收入比重由2000年的59:23:18变为2008年的24:46:30。❷ 而且,随着工业的快速增长和人员流动的增多,瓮安商贸、餐饮、房地产、信息、金融保险等行业发展步伐加快,成为拉动服务业发展新的增长点。第三产业对GDP的贡献率在2006年首次超过第一产业,成为县域经济的又一重要支柱产业,标志着全县三次产业结构调整实现新的

---

❶ 参见中国人民政治协商会议瓮安县委员会编:《风雨兼程铸辉煌——瓮安改革开放30年纪实》,贵州人民出版社2008年版,第9页。

❷ 参见中国人民政治协商会议瓮安县委员会编:《风雨兼程铸辉煌——瓮安改革开放30年纪实》,贵州人民出版社2008年版,第9页。

突破,进入崭新的发展阶段。2006 年烤烟税占财政总收入的比例仅为 5.2%,工业和第三产业成为主导财源和支柱财源,税收成为财政收入的主体。

2008 年 3 月,已"转正"成为县长的王海平在《政府工作报告》中说:"2007年,实现县内生产总值 21.94 亿元,同比增长 14%;财政总收入完成 24081 万元,同比增长 20%,其中一般预算收入完成 11605 万元,同比增长 10.58%;全社会固定资产投资完成 5.7 亿元,同比增长 28.78%;三次产业结构由 2006 年的 33:35:32 调整为 31:36:33,二产、三产比重分别提高 1 个百分点。经济结构不断优化,发展活力不断增强。"

可见,从 2006 年起,工业产值在瓮安三大产业中所占比重中已居首位,而长期为瓮安主导产业的农业则退居末位,主要由矿产资源开发支撑起来的产业结构巨变带来了瓮安经济总量和财政收入的快速增长。主要数据见笔者综合相关资料绘制的表 3.1、3.2、3.3:

表 3.1:2006 年瓮安主要经济指标完成情况 单位:元,%

与 2002 年比较	县内生产总值	财政总收入	工业总产值	固定资产投资
数额 年均增长	18.7 亿 13.05%	2.01 亿 25.20%	15.7 亿 17.5%	13.23 亿 19.26%

表 3.2:2007 年瓮安主要经济指标完成情况 单位:元

进展\指标	县内生产总值	财政总收入	工业总产值	农业总产值
预期目标 (增长)	21.5 亿 12.5%	2.37 亿 18.1%	18.3 亿 16.56%	9.5 亿 2.7%
实际完成 (增长)	21.94 亿 14%	2.41 亿 20%	23.5 亿 49.68%	10.5 亿 13.12%

表 3.3:2008 年瓮安主要经济指标完成情况 单位:元

进展\指标	县内生产总值	财政总收入	工业总产值	农业总产值
预期目标 (增长)	13%以上	15%以上	28 亿 19.15%	

进展\指标	县内生产总值	财政总收入	工业总产值	农业总产值
实际完成 （增长）	26.95 亿 10.6%	3.25 亿 35.13%	29.57 亿 25.48%	12.86 亿 27.9%

从以上表中可以看出，2002 年至 2008 年，瓮安县内生产总值、财政总收入、工农业总产值均超过预期目标，保持了年均两位数的增长速度。特别是在"瓮安事件"发生的前一年（2007 年），该县工业总产值同比增长高达 49.68%、超出预期达三成，农业总产值增幅还不到工业总产值的 1/4。

（三）瓮安主要经济指标与州、省及全国平均水平的比较

纵向比较，瓮安主要经济指标逐年大幅提升。那么与黔南州、贵州省乃至全国平均水平的比较情况又如何呢？以下是笔者根据相关数据绘制的表 3.4、3.5：

表 3.4：2006 年至 2008 年瓮安 GDP 增长率与州、省、全国的比较

年份\比较对象	瓮安	黔南州	贵州省	全国
2006	13.1%	12%	11.5%	10.7%
2007	12.5%	13.5%	13.7%	11.4%
2008	10.6%	10.5%	10.2%	9.6%

表 3.5：2006 年至 2008 年瓮安财政收入增长率与州、省、全国的比较

年份\比较对象	瓮安	黔南州	贵州省	全国
2006	25.20%	13.73%	22.5%	24.4%
2007	20%	17.4%	24.0%	32.4%
2008	35.13%	18.5%	21.1%	19.5%

可见，在 2006 年至 2008 年的 3 年中，瓮安 GDP 增速均高于全国增速 1 个百分点以上，但在 2007 年低于黔南州和贵州省的增速；财政收入增速强劲，在 2006 年和 2008 年均为黔南州的近两倍、也高于贵州省和全国的增幅，2007 年财政增速高于黔南州近 3 个百分点、但低于贵州省和全国增幅。横向比较，瓮安主

要经济指标虽然个别年份出现波动,但整体上仍高于黔南州、贵州省和全国的增速。

伴随着工业化的进程加快,瓮安人的收入也有了较大幅度增长。在 2003 年至 2006 年 4 年间,瓮安城镇居民人均可支配收入和农民人均纯收入年均增长10.37%和 10.77%,2006 年达到 7230 元和 2125.78 元;城镇在岗职工平均工资年均增长 7.89%,达到 13380 元。而从下面笔者绘制的表格可以看出:近年来,瓮安农民人均纯收入的增幅均远高于贵州省和全国的水平,2008 年增幅更是达到了 18.23%,为黔南州、贵州省和全国农民人均纯收入增幅的 2 倍左右;比较而言,该县城镇居民可支配收入增幅则低于全国水平,瓮安农民人均纯收入增幅高于城镇居民可支配收入增幅(参见表 3.6、3.7)。

表 3.6:瓮安农民人均纯收入、增长率与州、省、全国的比较   单位:元,%

年份\比较对象	瓮安	黔南州	贵州省	全国
2006	2126, 10.77%	1971	1985, 4.7%	3587, 7.4%
2007	2550, 12.94%	2369, 20.2%	2374, 11.6%	4140, 9.5%
2008	3015, 18.23%	2826, 10.2%	2797, 8.9%	4761, 8%

表 3.7:瓮安城镇居民可支配收入、增长率与州、省、全国的比较   单位:元,%

年份\比较对象	瓮安	黔南州	贵州省	全国
2006	7230, 10.37%	8473	9117, 10.1%	11759, 10.4%
2007	8278, 7.5%	11192, 32.1%	10678, 10.6%	13786, 12.2%
2008	8950, 8.12%	11979, −0.9%	11759, 2.9%	15781, 8.4%

从表 3.6、3.7 还可以看出,在绝对数额上,瓮安农民人均纯收入高于黔南州和贵州省的水平,但比全国平均水平低 40%左右;城镇居民可支配收入低于黔南州、贵州省和全国人均数额,比贵州省城镇居民可支配收入低 20%多,比全国水平低 40%左右。

综合上述指标可以得出以下结论:随着工业快速发展,瓮安经济总量增长较快,农民收入增幅高于城镇居民,但当地民众整体收入仍远低于全国平均水平。总的来看,瓮安"欠发达、欠开发、欠开放"的基本县情并未根本改观,瓮安代县长王海平在 2007 年《政府工作报告》中认为主要表现在以下方面：

一是经济总量仍然偏小。人均水平低且相对落后的局面没有根本改变，财政收支矛盾尚未得到根本缓解，经济实力与省州要求相比、与先进地区相比、与人民群众的迫切需求相比还有较大差距。二是思想观念滞后，规划滞后，社会发展滞后，第三产业滞后，基础设施滞后。三是产业结构不合理。工业经济结构性矛盾较为突出，具有发展潜力的大项目不多，工业经济的支撑作用有待进一步增强，农业产业化水平不高。四是社会稳定压力较大。一些深层次矛盾和问题随着改革的深化而不断显现，就业不够充分，再就业形势不容乐观，城乡居民增收缓慢，部分群众生活还比较困难，社会保障任务依然艰巨。五是发展环境还不够宽松。部门的工作效率和服务水平有待进一步提高，投资环境仍需进一步优化。

王海平在报告中坦承"社会稳定压力较大"。令人痛心的是，一年后这种"压力"在"瓮安事件"中变成了冷峻的现实。

二、群众利益相对受损

2008 年 7 月 3 日下午，在贵州省委召开的"瓮安'6·28'事件阶段性处置情况汇报会"上，省委书记石宗源指出："冰冻三尺，非一日之寒。这次事件直接的导火索是李树芬的死因。但背后深层次原因是瓮安县在矿产资源开发、移民安置、建筑拆迁等工作中，侵犯群众利益的事情屡有发生，而在处置这些矛盾纠纷和群体事件过程中，一些干部作风粗暴、工作方法简单，甚至随意动用警力……因此，这起事件看似偶然，实属必然，是迟早都会发生的"。❶

（一）陷入困顿的矿区居民

应该说，瓮安经济的长足发展在很大程度上得益于矿产资源开发。瓮安县部分地区属于构皮滩水电站淹没区，库区矿产资源丰富，为能在 2009 年泄洪前抢采矿产资源，黔南州国土资源局和移民开发局在 2002 年发布《对库区矿产资源实行抢救性开采的通知》，要求加快开采库区磷、煤、铁等资源。蜂拥而至的

---

❶ 万群："省委召开瓮安'6·28'事件阶段性处置情况汇报会"，《贵州日报》2008 年 7 月 4 日。

投资者在乡村圈地开矿解决了部分人的就业问题,占地补偿也在短期内大幅增加了矿山所在地农民的收入。再加上每年约10万人常年在外务工者的收入,瓮安农民人均纯收入增长幅度明显高于城镇居民。但是,矿产资源开发给更多人带来的是环境的恶化和心态的失衡。

2008年7月20日下午,笔者到矿产资源丰富的玉华乡牛宫村了解情况,下面是笔者当天晚上所写的日记:

瓮安县盛产磷矿,7月20日下午我们包了辆出租车到乡村探寻矿产资源开发情况。

前往玉华乡牛宫村的沙石路边随处可见开矿造成的裸露山体和巨大滑坡面,矿区一路上尘土飞扬,一辆辆载着矿石的卡车裹带着沙尘呼啸而过。在一条小河旁,我们和陪着老婆洗衣服的赵姓村民聊了起来。

我们在一座桥头看到,有条从矿区延伸而来的小沟将开矿形成的废水排入泛绿的河中,气味有些刺鼻。我们问:这样的河水能洗衣服吗? 蹲在河边的赵姓村民回答:那有什么办法呢? 我们都没地方吃水了,不用这样的水洗衣服又能怎么办? 这位20多岁的年轻人说,小时候常能在这条小河捉到鱼,但是从矿多起来后这儿早就没有鱼了,没水吃也和开矿有关系。

他还说:"现在我们这儿什么都不差就是差水,吃水很困难,条件还可以,就是缺水。"

为搞清村民吃水难到何种程度,我们乘车通过狭窄的盘山沙石路进入了一个村民组,几座破旧的木制房屋冷清地错落在山间,两个衣衫褴褛的儿童在屋檐下玩耍。在瓮安已待了十几年的出租车司机说,"这个地方我都是第一次来"。

我们随意走进一个院子和叫赵明礼的村民闲谈起来,他说:村下的两岔河水已10多年不能吃了,上游的瓮福磷矿等厂矿污染了水源,现在只能从远处的山上用管子接水下来饮用,有时在晚上才能偷偷地到别人家的接水管挑点水回来。村民曾多次到乡政府反映吃水难题,但是一直无人过问此事,矿上也未给村民任何补偿。

聊天中我们得知,这个地方的河水还可以用来浇灌水稻。而曾中途搭乘我们所包车辆的一名妇女说:河水被污染得太厉害,自己村里的田都没法种了,只能改种苞谷,开矿老板给每亩田一次性赔偿了一万多元的损失费。

赵还向记者抱怨:现在的计划生育抓得很凶,自己有 4 个小孩,但有个孩子被重复罚款,乡上每次来人都要交 500 元,不交的话就要搬运家具甚至牵走牲畜;如果交二三百元的话,连个票据也没有,来的人说是走路费。他给我们拿出了 20 多张罚款收据,合计达 4000 多元。一位村民过来说,现在超生一个孩子得罚款 18000 元。

他们多次提到:尽管生活比较困难,但现在最需要解决的仍是吃水问题。

水是生命之源,我们无法想象住在深山中的村民们在常年缺少饮用水的情况下如何做饭、洗澡……

伴随着大规模的资源开发,矿企与村民之间的矛盾日渐增多,政府的介入常使民事纠纷演变成为"官民冲突"。2007 年,因开矿造成地下水位下降发生人畜饮水困难,玉华乡岩根河村田坝组村民在多次到乡、县政府反映情况无果后,一度对矿企采取断电、堵井行为,双方发生冲突。同年 3 月 15 日,县工作组前来调解,村民们提出"一天不解决水源问题,一天不放人",工作组成员被困村中达 3 天 3 夜。4 月 29 日,村民们应邀到县政府会议室"协商解决问题",开会过程中警方突然来人带走多位村民代表。随即大量村民到县公安局"要人",与警察发生冲突。之后,有 7 名村民被以聚众扰乱社会秩序罪判处 2 至 6 年有期徒刑。

2008 年 7 月 23 日,瓮安县乡镇企业管理局兼煤炭管理局负责人对笔者说❶:瓮安正按照省委省政府关于建设和谐矿区、维护群众利益的要求,着重加大两方面的工作力度:一是安全督查、二是纠纷排查。要求每个煤矿首先处理好与当地老百姓的关系,在当地开矿会给老百姓生活带来一系列问题和影响。通过进一步的调处和化解,全县 30 多家煤矿承担了当地老百姓的生活用煤,每年大约有 21000 吨,最多的一个矿给当地老百姓每人每年 2 吨煤。这样在农村生活煤基本上够用,除此之外部分煤矿还承担了老百姓的烤烟用煤。一是优先保证供应,二是价格不能高于市场价。另外,一些煤矿在开采过程中对当地群众饮水的确有影响,2008 年已花了二三十万改善人畜饮水条件。凡是开矿都会影响

---

❶ 瓮安官员访谈录(2008 年 7 月 23 日)。

用水,关键是要帮助老百姓办实事。政府鼓励以工补农,加强对农村的扶持力度,尽量满足老百姓的合理要求。此外,鼓励和引导一些煤矿为当地新农村建设给予资金扶持,大洞口永和镇煤矿就花了 30 多万元帮助矿区村民修水泥路。

值得注意的是,瓮安以牺牲资源、环境甚至群众利益为代价的开发模式,是少部分人靠权力、资本支撑的发展,使社会群体心理严重失衡。据瓮安县新任国土资源局局长刘晓勇介绍,全县除了正式拥有开采权的 190 个矿井外,一段时间以来,对矿产资源的无证开采基本到了触目惊心的程度,一些非法盗采者的猖狂,用常理基本上已无法解释。一些以国有企业名义有证开采的矿井,也有相当部分被个体老板以各种方式承包。❶ 瓮安县一位副县长说:尽管没有统计数字,但矿产资源开发的好处相当部分落入了个体老板手中,少数人发了大财。瓮安这样的小县城,上百万元的宝马、奔驰就有五六台,五六十万元的私家车更多。这种开发,不仅群众会产生仇富心理,就是一些机关干部看了心理也不平衡。

而黑恶势力和某些官员凭借暴力和权力对矿产资源开发的渗透,则进一步加剧了人们的心理失衡和不满。"玉山帮"等黑恶势力一方面靠吃请等手段拉拢乡镇领导干部,另一方面依靠暴力、恐吓等手段强行收购矿山,并逐渐垄断矿石销售和运输市场,低买高卖牟取暴利。而当地党政机关及其官员也不甘寂寞,有位异地交流干部称"如果说某县 10 个干部中有 1 个办企业,在瓮安就有 7—8 个"❷,已有县检察院和法院领导因入股煤矿等经营活动引发纠纷而被惩处。

(二)心愿难遂的电站移民

进入 21 世纪,随着构皮滩水电站等工程的开工建设,瓮安需安置移民近万人,由补偿和安置问题引发的矛盾、纠纷和冲突频发。另外,瓮安库区 800 余名"婚出人口"及其上千名亲属多次赴州、省和北京上访,已成为影响该县社会稳定的突出问题。

瓮安县 2002 年才成立移民开发局,乌江构皮滩水电站的建设催生了这个单位。该水电站淹没区涉及瓮安 9 个乡镇、33 个村、85 个村民组,到 2008 年规划水平年需要搬迁和生产安置移民近万人。瓮安县移民安置工作 2003 年第四季

---

❶ 参见赵鹏、刘文国、王丽、周芙蓉、杨琳:"'典型群体性事件'的警号",《瞭望》新闻周刊 2008 年第 36 期。

❷ 赵鹏、刘文国、王丽、周芙蓉、杨琳:"'典型群体性事件'的警号",《瞭望》新闻周刊 2008 年第 36 期。

度启动，2008 年县移民开发局还在租房办公，除局长有一间单独办公室外，其他人员都集中在一个大厅内办公。7 月 21 日和 25 日下午，笔者在县移民开发局对多名局领导进行了访谈❶。据他们介绍：截至 2007 年 3 月底，已完成 7 个乡镇 15 个村、38 个组共 4572 人的搬迁工作，生产安置 4612 人；"6·28"事件发生时，仅剩龙塘镇江界河村 52 户 218 人留守当地不愿搬离。

笔者调查发现，瓮安由移民安置引发的群众与政府间的争议主要体现在以下四个方面：一是"婚出人口"（即从当地嫁出女子）的移民待遇问题。按照移民政策，2000 年以前迁出的人口不在移民范围，而这些已嫁到他乡的人员按照《土地承包法》在瓮安还有土地，修建水电站会淹没这些土地，这就出现了政策与法规之间的冲突，这一问题涉及的人员达 800 多人。二是淹没线上耕地调整困难问题。有些村民在淹没线下的耕地质量较好，但补给他的耕地则没有以前的产量高，他们要求回补同等质量的耕地，这一问题涉及到 4 个乡镇、7 个村、14 个村民组，人数为 400 多人。三是还没找到工作的大中专毕业生的"移民身份"确认问题。一些从移民村考出的学生户籍已迁到学校所在地，成为城镇户口，在农村已无耕地。但由于毕业后没找到工作，一些人的档案和户籍要打回原籍，他们要求给其"移民"待遇，这一问题涉及到 10 余人。四是搬到城镇居住的移民房屋违章问题。按照瓮安县有关部门的规定，搬迁到城里的移民住宅不得超过 170 平方米，楼体最高 4 层，但是一些移民的房屋超过了这一标准，因而成为违章建筑，相关部门对此予以处罚时遭到抵制，这一问题又涉及 150 户、约三四百人。

2008 年 7 月 19 日，艳阳高照，酷暑难耐，为搞清龙塘镇江界河村 52 户 218 人为何不愿搬离，笔者前往该村对这些住在窝棚里坚守的"移民"进行了访谈。以下为基本情况：

> 7 月 19 日下午，我们在瓮安县城探访"移民村"，在雍阳镇东村一个移民聚居点和做纯净水生意的女老板聊了起来。
> 这位周姓女老板从乡下来县城做生意已有七八年时间，她对我们提起了李树芬之死的另一个传言版本：在女孩喉咙里发现了一粒药丸，有被毒死的可能。闲谈中，一位女邻居也过来和我们聊天。她说：如果政府早点出

---

❶ 瓮安官员访谈录（2008 年 7 月 21 日和 7 月 25 日）。

面,事情就不会闹得这么厉害了,李树芬在玉华中学做老师的幺爸到公安局喊冤被打,当时打标语的小学生被警察打了,老百姓很恼火,所以事情才会闹这么大。

下午4点多,我们找了辆出租车前往龙塘镇江界河村,寻访住在窝棚内不愿搬迁的"移民",贵州最大的水电站——构皮滩水电站工程将淹没他们以前的家园。该村距县城约50公里,有条七八公里的沙石路与柏油公路相连。这条沙石路凹凸不平,道路两侧杂草丛生,两车相遇要费很大的周折才能勉强错开。

在江界河村口一位村民看到我们到来,显得很是兴奋,他大声对分散住在山间窝棚内的村民喊到:"替我们说话的人来了,快点下来!"这些村民原来的住房已在去年4月被政府人员推倒、铲平,对补偿数额和政策不满、仍在留守讨要说法的200多位村民如今只能住在用树木和茅草搭就的窝棚内。在窝棚里与几位村民聊了一会儿,我们已是汗流浃背,当地政府为让他们早点搬迁而拒绝通电,无法想象他们在没电的酷暑中如何安身。

这些不愿离开的"移民"告诉我们:2002年下半年,移民安置工程开始启动,整个江界河村900多人都属移民之列,当时移民局列出的生产安置费约每人1.9万元,后来这个标准被提到3万多元,村民们普遍认为安置标准过低,政府的补偿费远远不够在其他地方买房置业;况且,搬迁后因为无地可种长远生计也很成问题,而现在这儿还有1000多亩土地可以耕种,以后开发建设成码头后也有很多事情可做。

让他们尤为气愤的是,2007年4月6日强行拆迁者还锯断了水位线下所有的果树,扯掉了全部的庄稼和蔬菜,未长成的青苗则被喷洒除草剂毒死。当天晚上下起了大雨,人们只好随便拉一些油布躲雨,村民们谈到这些仍然连说"心寒"。

我们注意到,在一片房屋废墟旁有顶救灾帐篷,村民说里面住的是乡政府的工作人员,来监视他们的,那儿是通电的。

早在2004年,由于安置补偿问题,江界河村民与当地政府之间就发生过冲突。当年12月,时任县长的王勤带领省、州、县三级移民系统人员到江界河村"做工作",因双方在补偿问题上无法达成一致。村民们将王勤等人困在当地达

3 天 3 夜,构皮滩水电站涉及的附近县市上千移民也赶到江界河村"讨要说法"。12 月 16 日,大批武警和民警开进江界河村,警民发生冲突,数十位村民受伤,被困多日的官员们最终得以脱身。2007 年 4 月,江界河村所有房屋被强制拆除。

2008 年 7 月 21 日,瓮安县移民开发局的官员对笔者说:瓮安的移民安置是严格按照相关法规和政策执行的,充分考虑到了移民的切身利益,一些问题涉及到大的政策调整仅凭瓮安之力难以解决。"我们不敢说瓮安移民工作做得很好,但绝对不是很差"。❶ 笔者实地走访发现,在移民安置上,虽然许多问题涉及到国家层面法规政策的调整,对此瓮安相关部门无能为力;但是,当地移民直接面对的是基层政府及其工作人员,利益受损、期望落空的现实让他们把怨气撒在了政策法规执行者的身上。

(三)激忿不已的被拆迁户

瓮安房屋拆迁工作,除为了满足公共基础设施建设和商业开发的需要外,还突出表现在对违章建筑的处置上,全县违章建筑涉及 6000 多户、上万人。造成大范围违章建筑的原因主要有两个:一是作为一个偏僻的小县,瓮安城镇规划长期以来相对滞后,有很大的随意性,宣传力度也不够,人们的规划意识普遍较弱,规划的约束力也不强,乱搭滥建现象比较突出;二是主管部门或者执法主体,起初发现违章建筑没有及时制止,等出现很多违章建筑的时候才进行集中整治,由于涉及面广矛盾就容易激化。

瓮安由公共基础设施建设和商业开发引发的拆迁纠纷主要表现在,被拆迁户对安置状况、补偿标准和社会保障问题的不满。2008 年 7 月 20 日,笔者到被拆迁户比较集中的雍阳镇花竹社区进行了走访:

> 7 月 20 日上午 10 时,我们从所住的金福酒店出来和在路边的"瓮安县整脏治乱劝导员"闲聊了起来。她说自己是个拆迁户,位于邮电局这一县城中心地带的 120 多平方米房子只补了 6 万多元,现在搬进了政府为拆迁户建造的"贫困房",50 多平方米的房子花了 3 万多元;且只能接受货币补偿方式,而同为被拆迁户的县人大工作人员却可以回迁到房地产商开发建

---

❶ 瓮安官员访谈录(2008 年 7 月 21 日)。

设的新房。

闲谈中,一位神情有些呆滞的男子凑了过来,对话中得知他也是一名被拆迁户,他说自己搬到 50 多平方米的政府安置房后,除花完补偿费外还另掏了 1 万多块钱。我提出到他家坐坐,他把我们领到了拆迁户的集中居住地——位于雍阳镇东村野鸡井的花竹社区。

这个拆迁户安置点由两幢 6 层高的楼房组成,几位居民把我们迎到了杨凤碧的家。这套约有四五十平方米的一楼房子陈设简陋,杨开辟了一个窗口销售日常用品维持家用。他们以前的房子位于县城的繁华地带——现在的步行街,都有自己的商铺,可以靠做买卖和出租维持还算不错的生活,如今只能靠低保和打些短工谋生。谈到被强拆的情形,杨凤碧不禁失声痛哭。

他们反映:2000 年 6 月,县政府在未与生活在南街黄金地段的 9 户居民商议的情况下,与房地产商签订了开发合同,后以低价(土地价每平方米 1272 元,房产价每平方米 140 元)强行要求他们搬迁,并以断水、停电、垒围墙、不办营业执照等手段胁迫其搬离祖辈以来赖以生存的家园,并且拒绝了他们原地回迁的要求。

丈夫早逝、和 20 多岁儿子一起生活的曹红说:自己 18 平方米的商铺只补偿了 3.1 万元,而房地产商原地建好的商铺销售价格高达 28 万元;原来可将 18 平方米的商铺分成两部分,一边出租他人一边自己做些买卖,每年可有一万多元的收入。如今,自己的生活没了来源,只能靠给别人做些家务维持基本生活,读中专的儿子因为交不起学费也中途辍学了。

我们在李文华的家看到的是一番破败的景象:没有一件像样的家具,客厅里只有一台旧电视,桌子上放着裸露的剩饭,衣着破旧的女儿斜卧在木制沙发上。他现在只能靠做刷漆工和电焊工勉强支撑一家四口的生活。

拆迁户还说,代德明的妻子因为忍受不了强拆之痛和生活压力,在搬到这儿没两年就精神失常了。我们试图到他家了解情况,但还没进家门就被端着饭碗、情绪激动的代妻骂了回来。

问及"6·28"事件,杨凤碧说自己亲眼目睹了在公安局门口学生被警察用警棍击打的情景,商正祥也说看到了腿部流血的学生。这些拆迁户讲,在一些人打砸抢烧党政机关办公楼和车辆时,围观群众鼓掌叫好。

人们在看到政府机关被冲击时居然持赞许态度，这不禁让我痛彻心扉——瓮安的干群关系到了何等对立的程度啊！在广袤的中国大地上，但愿这仅属个案，并不具有普遍意义和可复制性……

7月22日上午，针对拆迁户反映的问题，笔者对瓮安县房地产管理局负责人进行了访谈❶。他说，对被拆迁户主要有两种安置方式：一是在当年建造房屋的土建差价上增加一些合理的费用，进行原地回迁；二是原地回迁解决不了的，就异地安置进由政府统一修建的解困房，解困房一般四五十平方米，在被拆迁户原有的基数上加送15个平米。对拆迁户反映强烈的门面房补偿问题，该负责人说：改革开放以后，很多居民把自住房屋打开做生意，这样就形成门面了。其实，都没有什么正规的手续，但是在拆迁的时候政府把它认定为既成事实。按道理说，改变土地用途应该到土管部门申请，要补交土地税、出让金，取得规划部门的同意，等等。在拆迁的时候政府统统没有考虑这些手续，只要说在里面经营，向国家交了二三年税费，就视为门面房，按照当时的市场价进行评估和补偿。

在对违章建筑的处理上，2001年5月9日以"瓮安县人民政府令"形式发布施行的《瓮安县县城房屋拆迁管理暂行办法》第二十八条明确规定："拆除违法建筑物、构筑物和临时建筑物，一律不予补偿、安置。拆除合法附属物按重置价格给予补偿，不作安置或产权调换面积。"2008年7月24日上午，"6·28"事件后上任的中共黔南州委常委、瓮安县委书记龙长春在接受笔者访谈时认为❷，一些人把自己的血汗钱都投入违章建筑中，如果采取简单、粗暴的拆除方式就会激化矛盾。在这个时候，就不能死抠法律条款，而应本着"让利于群众"的原则分门别类地予以处理：对批少建多（面积）、但没违反规划的，可以依法给予一定数额的罚款；对批少占多（土地）、也没违反规划的，可让其补交土地出让金，适当进行处罚；整体、长远规划有问题但对近期控制性规划没多大影响的，建好了可以作为临时建筑办理手续，但以后需要拆除的予以拆除；对确实违反规划且近期就要实施的，则要无条件拆除。

至于拆迁户为何不满，瓮安县房地产管理局负责人认为主要有两方面因素：

---

❶　瓮安官员访谈录（2008年7月22日）。
❷　新任县委书记龙长春访谈录（2008年7月24日）。

一是门面今昔差价较大,现在环境改善以后,有的位置门面涨到每平方米一万多元,当时拆迁的时候可能也就三几千块钱,差价悬殊让一些人觉得自己吃了很大的亏;二是在补偿标准上有不统一的地方,主要是因为一些部门与开发商达成的补偿标准较高,普通拆迁户认为补偿不平等因而心理失衡。笔者在走访过程中注意到,异地安置的拆迁户均把当地政府提供的"解困房"称为"贫困房",他们心中的不满和怨气可见一斑。

三、治安状况混乱无序

在去瓮安实地考察之前,笔者经常思考这样一个问题:矿产资源开发、移民安置、建筑拆迁等引发的矛盾和纠纷在其他地方也很常见,类似"李树芬溺亡"之类的偶发事件并不鲜见,但是为何其他地方没有发生针对党政机关的大规模打砸抢烧活动? 毋庸置疑,每起群体性事件的发生都是多方面因素共同作用的结果,但是也能在其中找到关键性的环节。

多日的实地走访让笔者的疑问逐渐清晰起来:对于"瓮安事件"这个特定的观照对象而言,作为与生活在这个小县 47 万人口中的每个人都休戚相关的"公共产品",正常社会治安秩序的缺失使人们普遍缺乏安全感并滋长了强烈的不满情绪。如果说,在矿产资源开发、移民安置、建筑拆迁过程中利益相对受损的还只是特定群体的话,那么社会治安状况的恶化在某种意义上让所有人都感到了不安,并必定反映在群体或社会心理上。

(一)刑事案件高发难破

当地公安部门提供的统计资料显示,"6·28"事件发生前几年,瓮安每年的刑事案件发案数多达 600 起—800 起,而破案率仅有 50%左右。如果加上发生后没有登记的案件,发案数更多、破案率更低。

在贵州省政府官方网站上,"省长信箱"针对网友反映的问题回帖:经调查,瓮安县 2004 年共立刑事案件 677 起,破案 350 起,破案率为 51.7%;盗窃案立396 起,破 137 起;抢劫案立 194 起,破案率为 39.15%;盗抢案件立案占刑事案件的 72.52%,破案占 55.42%。"2007 年的有关调查统计表明,当地民众的安全感仅为 59%，在全省列居后位，全州倒数第一"❶。

在对瓮安近百名干部群众访谈中，笔者都会问起当地的治安状况，结果是没有人对当地社会治安状况表示满意，绝大多数人都用"不好"、"很差"、"晚上不敢出门"来评价，还有人对此有切身感受。2008 年 7 月 20 日上午，雍阳镇东村花竹社区的一名拆迁户向笔者讲述了自己莫名被砍的经历❷：

问：被人砍了一刀？

答：是啊。

问：什么时候在哪儿？

答：在农贸市场。

问：白天还是晚上？

答：晚上八九点钟。

问：二千零几年？

答：2002 年。一个像你这么高，一个比你矮一点的，两个人杀我一个，我就从那边过来。

问：当时伤得重吗？

答：伤得不重。

问：晚上是吧？

答：晚上，就是九点钟的样子。

问：为什么砍你？

答：不知道，跟女朋友那时候还在谈恋爱呢。

问：两个人吗？

答：两个人。过来那个地方，莫名其妙地跳出两个人来，他要杀死你。

问：你没报案？

答：报什么案啊，报案也没有用。

问：医药费花了多少钱？

答：医药费，那个都是小事。但是如果说你要是不挡一下，那就伤到脑

---

❶ 何平、朱国贤、徐江善、王丽："在痛定思痛中浴火重生——从瓮安之乱到瓮安之变警示录"，《人民日报》2011 年 10 月 24 日。

❷ 瓮安群众访谈录（2008 年 7 月 20 日）。

袋了。

　　问:你的手挡了一下?

　　答:就是挡了这下,伤到这里了。

　　问:两个多大的人啊?

　　答:都是 20 岁左右,那个时候远处有灯光只能看到人晃动。

由于接触面广和流动性强,出租车司机对当地经济社会状况了解得比较透彻。7 月 19 日下午,在前往龙塘镇江界河村的路上,出租车司机杨某对我们说他曾两次"被搞" ❶:

　　问:以前这里的治安好吗?

　　答:说治安好是骗人的,我被搞过两次。

　　问:你怎么被搞过两次?

　　答:街上的混混儿太多了。

　　问:怎么搞你?

　　答:他们坐霸王车不给钱,下车就跑了。还有一次,凌晨 2 点多坐我的车转着玩,也不下来。转到大转盘时,我当时想两个孩子我怕什么,谁知道过去的时候有 3 个小孩就把我车拦住了。

　　问:他为什么拦住你车啊,想要钱吗?

　　答:不是,他们下车就走了。我就说搞一点有钱的,要钱没有,那一天晚上我差点被打。

　　问:没要钱就走了?

　　答:他没要钱,我们一般晚上身上放不了多少钱。他拿着小刀,拉个小口。

　　问:是匕首吗?

　　答:刀子。

　　问:哪年的事?

　　答:就今年 5 月份。

---

❶ 瓮安群众访谈录(2008 年 7 月 19 日)。

问：那还有一次是什么事？

答：相差十几天。还有一次我拉一个人，他坐车有两张100块的，一张50块的，那3张都是假钱。他先给我50块叫我找钱，我看出来了。我就说没钱找，我说没零钱就算了。他又给我一张100块的，他说他从来没欠过谁的钱。我一看那张也是假的，他硬要我找。

问：他要换你的真钱？

答：对。他让我给他换250块真钱给他，我说我哪里有钱给。后来给我一拳，两个人共给我3拳。

问：他们多大？

答：30来岁，他找了两个人过来我没办法。

问：你把钱给他了？

答：没有。

问：这是晚上还是白天？

答：凌晨2点多钟。

问：那你晚上还敢跑车吗？

答：跑啊，没办法我们做这个职业。

问：看来这儿社会治安比较乱。

答：一天辛辛苦苦赚一点钱，我凭什么给他？

问：没报案吗？

答：那是自己给自己添麻烦。

问：为什么添麻烦？公安局的人没准会找他们的。

答：即使找到他们，他们也会找你麻烦的。

遭免职的瓮安县公安局原局长申贵荣在瓮安的6年里，正是当地各种矛盾和冲突最为密集爆发的6年。他并不讳言"瓮安的治安不好"❶：

群众看公安，主要是看破案效率。实事求是地讲，这些年我们有50%

❶ 钱真："被免职的公安局长：我所看到的瓮安江湖"，载于"瓮安事件调查"，《中国新闻周刊》2008年第25期。

以上的案件没有侦破。大案、命案一般都侦破了,但今年有一起命案没有破,这在当地引起了不安。

另外,在去年9到10月,瓮安县城就连续发生了四起爆炸案,让人们恐慌不已。爆炸都是发生在城里,三起是把炸药包放在楼梯间引爆,一起放在小路上引爆,都没有造成人员伤亡。可以看出疑犯是想造成社会影响,不想伤人。

我们分析原因主要是对政府部门和公安不满,对社会不满,想要发泄仇恨和气愤。因为没有侦破这起连续爆炸案,民众对公安的埋怨很多,大家觉得社会不稳定,觉得公安人员都没出息。公安的威信自此扫地,这是我们的责任。

政府对良好公共产品的提供能够惠及所在地域的每一位公民,反之恶劣的公共产品也可伤及每一个人。瓮安混乱的社会治安让生活在这座县城的所有人感同身受,受害者没有高低贵贱之分,甚至连县长、副县长的办公室也数次被盗。该县2006年《政府工作报告》一方面在总结成绩时说,"社会治安综合治理继续加强,严厉打击各种违法犯罪活动,刑事发案数有所下降,社会保持稳定";另一方面在提出问题时又称,"一些地方治安不太好,群众有意见"。社会治安状况作为一个问题在一级政府年度工作报告中被提出来,这种情形比较少见,从一个侧面也可见当地治安之差。

特别值得一提的是,瓮安某些警察与黑恶势力相勾结甚至充当其"保护伞",对当地治安状况混乱起到了推波助澜的作用,这更加剧了当地民众的不满。如,在"瓮安事件"爆发前,李秀中到公安局刑警队与警察张明发生摩擦后,张明指使五六名社会青年将李殴伤住院,直接造成了"李树芬幺爸被警察打死"谣言的传播。本来,人们平日的不满情绪借"李树芬溺亡"这一"载体"已在迅速发酵升级,"李秀中被打"在"6·28"事件的演变过程中更是起到了火上浇油的作用。"瓮安事件"发生后,已有包括张明在内的多名警察因为"涉黑"而被惩处。

2008年7月25日,瓮安县委、县政府在一份《瓮安县信访维稳工作情况汇报》中坦承,"公安机关对各种刑事案件、治安案件查处不力,黑恶势力猖獗,社会治安不好,警民矛盾突出。一些行政执法部门执法不公、执法不严,群众对此不满"。"瓮安事件"发生后，在重拳集中打击下，瓮安社会治安状况在短期内迅速好转。"据省统计局调查，全县人民群众的安全感测评从'6·28'事件前的59.09%上升至89.43%，满意度测评从67.57%上升至89.37%"。[1] 而贵州省调查总队抽样调查显示，2009年该县群众安全感满意率升至95.6%，名列全省第四、全州第一，群众对公安机关的满意率名列全省第二、全州第一。[2]

上述变化也说明，"瓮安事件"发生前些年，当地社会治安状况不好绝不是警力、装备不足和复杂县情等客观因素所致。正如2008年7月3日贵州省委书记石宗源在"'6·28'事件阶段性处置情况汇报会"上所说，"瓮安最大的问题是什么呢？黑恶势力气焰嚣张，城乡人民不得安宁"，"一些领导干部和公安干警长期失职渎职，对黑恶势力及严重刑事犯罪、群众反映的治安热点问题，重视不够、打击不力，刑事发案率高、破案率低，导致社会治安不好，群众对此反应十分强烈"[3]。

（二）滥用警力现象突出

面对复杂多变、日趋严峻的社会矛盾和纠纷，瓮安主要官员没有把着眼点放在对具体问题的化解、防止矛盾积累上，而是习惯于调用警力介入官民矛盾甚至普通的民事纠纷。这种"习惯性做法"不仅无益于争议的最终解决，还常使问题更趋复杂化，使一些本属平等民事主体之间的普通纠纷演变成为针对政府的"官民冲突"，将老百姓对某些特定企业或部门的不满最终集中到党委和政府头上。

在中国的政治架构内，由于人事任免、财政拨款和物质支持在很大程度上要受制于地方党委、政府，地方党政领导拥有调动警力的实际权力。在瓮安，警力滥用主要表现在三个方面：一是解决一些职能部门在日常工作时遇到的"棘手问题"；二是介入矿企与村民等平等民事主体之间的纠纷；三是利用执法权直接为在某些特殊部门身处要职的个人牟利。瓮安县公安局原局长申贵荣诉说了警

❶ 2008年瓮安县《政府工作报告》。
❷ 参见"2009年瓮安县政府工作回顾"，来源于瓮安县政府门户网站 http://www.wengan.gov.cn。
❸ 刘子富：《新群体事件观——贵州瓮安"6·28"事件的启示》，新华出版社2009年版，第24~25页。

方的无奈❶：

作为公安，这两年我们的非警务活动比较多，这不是我们的问题。比如，遇到群体事件就出动警察，这种"得罪"老百姓的事，都得我们去做。

我计算过，这几年，针对群体事件，我们出动百人以上的大行动就有五次。这其中包括矿权纠纷、移民搬迁、房屋拆迁等等。我们几乎把人都"得罪"完了。

比如2004年，为移民纠纷，我们一年里就出动了好多次。最后造成移民包围了龙潭乡政府。我还记得那是2004年12月16日，那天差不多有五六十人去砸乡政府。

起初，是副县长带着一帮干部去做群众工作。移民们不理解，不让官员走，扣下了。我们公安赶去营救，怕矛盾闹大，没敢进去。后来，县长、县委副书记都下去，全被扣下了，不救不行。

解救时，警察和移民发生了冲突，最终伤到了几个移民。我们刚出来，就听说移民组织了上百人，把乡政府给砸了。

2007年10月以后，县里把移民安置到城里，他们开始建房子。一些移民和开发商私下达成协议，开发商帮助他们建房子，不要钱，建好后的房子双方分。

这个事情，县里的某些部门可能早就知道，他们不管。当有些房子建到五六楼了，这时候才说他们违规，要强制拆除，城里一共涉及两百多户，又让我们去，搞得我们在库区移民中抬不起头。

我曾经和县里的一位书记一同反对，觉得不能再这样伤害移民了。

除调用警力处置一些政府部门面临的上述难题外，警方受命或主动介入普通经济纠纷也是常有的事。永和镇梅加平村的一块土地20世纪50年代被政府征用，当时准备建一个焦化厂，因多年没用土地闲置，村民将荒地变成了果地且承包到户。但是，几年前一家可为当地带来上亿元税收的企业要来开工建设，政

---

❶ 钱真："被免职的公安局长：我所看到的瓮安江湖"，载于"瓮安事件调查"，《中国新闻周刊》2008年第25期。

府不顾村民提出的补偿要求，动用警察拘留了部分"护地阻工"村民，强行将这块已承包给农户的土地征给企业建厂。2007 年 4 月，由于抓捕了玉华乡因水源问题与当地矿企发生摩擦的几位村民代表，结果公安机关"引火烧身"，众多村民冲击县公安局刑警大队"要人"。

此外，有些政法机关及其领导还直接动用司法工具为己牟利。瓮安县法院修办公楼要征用雍阳镇中心村农民的承包地，村民认为每平方米 25 元的标准太低予以拒绝。结果 100 多名公安和武警出动围住村民，即将成熟的苞谷和新插的稻秧被压倒、辗烂，土地遭强征。瓮安县检察院原副院长宋勇长期在该县永和镇悦来村煤矿入股，因对入股分成不满意，他利用职权带着检察院执法人员，开着警车，强行收走煤矿《采矿许可证》等证件。经举报查实后，2006 年宋勇被免去职务。❶

其实，2007 年 11 月 1 日开始施行的《突发事件应对法》第五十条对群体性事件中的警力使用有较为明确的规定。社会安全事件发生后，当地政府应当立即组织有关部门并由公安机关针对事件的性质和特点，依照有关法律、行政法规和国家其他有关规定，采取下列一项或者多项应急处置措施：（一）强制隔离使用器械相互对抗或者以暴力行为参与冲突的当事人，妥善解决现场纠纷和争端，控制事态发展；（二）对特定区域内的建筑物、交通工具、设备、设施以及燃料、燃气、电力、水的供应进行控制；（三）封锁有关场所、道路，查验现场人员的身份证件，限制有关公共场所内的活动；（四）加强对易受冲击的核心机关和单位的警卫，在国家机关、军事机关、国家通讯社、广播电台、电视台、外国驻华使领馆等单位附近设置临时警戒线；（五）法律、行政法规和国务院规定的其他必要措施。严重危害社会治安秩序的事件发生时，公安机关应当立即依法出动警力，根据现场情况依法采取相应的强制性措施，尽快使社会秩序恢复正常。

显然，瓮安警方参与处置的很多事例并不能算作"突然发生，造成或者可能造成严重社会危害，需要采取应急处置措施"的社会安全事件；"6·28"事件倒是属于该范畴，却没有得到及时有效的处置。滥用警力造成的严重后果发人深省，贵州省委书记石宗源感叹："……在处置这些矛盾纠纷和群体事件过程中，

---

❶ 参见赵鹏、刘文国、王丽、周芙蓉、杨琳："'典型群体性事件'的警号"，《瞭望》新闻周刊 2008 年第 36 期。

一些干部作风粗暴、工作方法简单,甚至随意动用警力。他们工作不作为、不到位,一出事,就把公安机关推上第一线,群众意见很大,不但导致干群关系紧张,而且促使警民关系紧张。"❶

(三)"帮派文化"盛行校园

在"瓮安事件"中,不谙世事的中小学生为何成为冲在第一线的"暴徒"?这与"帮派文化"在瓮安青少年中的流行密切相关。在刑事案件多发的情况下,人们普遍缺乏安全感。一方面,警方在社会治安方面的缺位为黑恶势力提供了成长空间;另一方面,黑恶势力的发展又加剧了社会治安恶化态势。如此,便形成了恶性循环。

一些师生和家人对笔者反映:与"黑帮"有联系的小混混儿经常到中小学校寻衅滋事、打架斗殴、抢夺钱财,警方打击乏力,有些是非观念弱、缺乏安全感的中小学生只好在社会上寻找"靠山"甚至加入"黑帮"。一时间,"读书苦,读书累,读书还要交学费,不如参加黑社会,有吃有喝有地位"的顺口溜儿在瓮安青少年中广为流传。《瞭望》新闻周刊生动描绘了"帮派文化"对瓮安中小学生的侵蚀❷。

15岁的廖保华(化名)与引发"6·28"事件导火索的溺水女生李树芬就读于同一所学校——瓮安三中。

6月28日下午,他和几个朋友在街上看到为李树芬请愿的游行队伍,就马上加入进去。

"虽然我并不认识李树芬,可我也觉得她死得很冤,瓮安那么多命案破不了,都是警察失职。"廖保华说,当时冲在最前面的多数都是学生,大家非常激动,他和一些学生冲进公安局大楼,在一间办公室里抢走了公安机关平时收缴的刀具和钢管。

据公安机关调查,冲突中曾有一位受伤的民警被人从公安局大楼背出来,而廖保华和几个学生又拿着砍刀、钢管朝受伤民警身上砍去,致使其受

---

❶ 万群:"省委召开瓮安'6·28'事件阶段性处置情况汇报会",《贵州日报》2008年7月4日。
❷ 赵鹏、刘文国、王丽、周芙蓉、杨琳:"'典型群体性事件'的警号",《瞭望》新闻周刊2008年第36期。

重伤，他还参与焚烧了多部汽车。

事后，他的父亲在县电视台播放的录像上清晰看到了儿子的身影，带他投案自首，希望能从宽处理。

让人关注的是，廖保华曾被迫加入瓮安最大的黑恶势力组织"玉山帮"，让年幼的他更加仇视警察。

"加入黑帮，是为了保护自己，在瓮安县生活没有任何安全感，所以我痛恨警察"，廖保华说。

廖保华并不厌恶学习，可初一时自己曾被抢劫的经历和学校门口经常发生的打架事件曾让他害怕至极，"整天提心吊胆，甚至不敢上学，我们真的很害怕"，他说，有天放学时被人堵在学校对面的巷子里抢走了70多元，现在想起仍心有余悸。

后来，他在县城一个游戏室里结识了"大哥"钱小波，这位"大哥"在当地很有影响力，很多社会上的人都认识他，他靠给别人看赌场挣了些钱，经常请几个兄弟吃饭。而且认了"大哥"后，自己再也没有被欺负过，遇到任何麻烦，只要给"大哥"打个电话就全摆平了。"这让我找到了安全感，在同学面前也很有面子"，他说。

……

不足15岁的卫少文（化名）个头矮小，可他的话语却显示出异样的成熟和冷静。

6月28日，他和家人在乡镇玩耍，听说县城有人游行示威，自己打车迅速赶到现场。

卫少文有一个十分幸福的家庭，父亲是中学教师，母亲在县政府某单位工作，夫妻俩都无比疼爱这个聪明、可爱的孩子。可是，父母谁都没有想到，他会冲进政府大楼，点火焚烧了多间办公室，还曾加入帮派，跟着"大哥"在外面抢钱。

这一切让父母突然发觉自己熟悉的孩子原来如此陌生。

"他们工作太忙了，没时间管我，对我来说，在外面混好像比在家里更有安全感"，卫少文说，虽然父母很疼爱自己，可父亲是中学老师，晚上也经常要上晚自习，很晚才能回家。而母亲因为工作要求，每周大部分时间都在乡镇值班，周末才能回家。

从小学 4 年级开始,他就不得不自己孤独地放学、孤独地回家、孤独地等待。这样的生活经历让卫少文变得早熟,也被迫较早地进入社会。

当有一次自己遭到打劫后,他没有求助于父母,而是在同学的介绍下结拜了"大哥",加入"叶霸二帮",并且经常跟着"大哥"在外面抢钱、打架。在"江湖上混"让他"嫉恶如仇",觉得自己理应为无辜的女孩"讨个公道"。

瓮安"玉山帮"等黑恶势力通过对矿产等生产经营领域的渗透聚敛了大量财富,而且与党政机关干部建立了良好的关系,在当地"又有钱又有面子",办起事来很方便,做了违法犯罪的勾当也不会受到应有的惩罚。相当部分青少年辨别是非的能力不强,尤其是那些缺乏家庭监护和良好教育、学习困难、升学无望的青少年和闲散人员,对社会上的"大哥"产生了强烈的羡慕和崇拜心理,认同黑恶势力的行为方式甚至视黑帮分子为偶像,形成了"崇黑"的思想倾向。

此外,瓮安教育基础设施匮乏,学校宿舍紧缺,大量中学生不得不在校外租房,长期脱离学校和家庭的管教,也给"帮派文化"在青少年中的侵蚀和流行提供了空间。如,"瓮安一中需要住校的学生 2500 人,学校只能提供 1000 人住校;瓮安二中需要住校的学生 3000 多人,学校只能满足 600 多人住校;瓮安三中需要住校的学生 1000 多人,学校满足不到 200 人住校"❶。

颇具讽刺意味的是,瓮安历史上有重教传统,教育事业起步较早。恢复高考以来,无论是高考录取人数还是高考录取率,该县一直稳居黔南州 12 个县市榜首。1977 年全县参加高考 844 人,2007 年为 3147 人、是 1977 年的 4 倍;录取人数从 1977 年大专以上的 143 人,增至 2007 年的 2042 人、是 1977 年的 14 倍;录取率从 1977 年的 16.94%上升为 2007 年的 64.88%。重点大学的录取人数从 1998 年的 73 人增加到 2008 年的 244 人,本科录取人数从 1998 年的 214 人增至 2008 年的 678 人。与此对照,共青团贵州省委的一项调查显示:近几年瓮安县未成年人犯罪呈明显上升趋势,2007 年该县审结未成年人刑事案件 26 件,比上一年增加 15 件;未成年人案件占审结刑事案件的比例高达 12.44%,较上一年明显增多。

"瓮安事件"发生后,当地学校"重授业轻传道,重智育轻德育",成为一些官

---

❶ 刘子富:《新群体事件观——贵州瓮安"6·28"事件的启示》,新华出版社 2009 年版,第 48 页。

员和媒体在分析上百名中小学生参与暴力活动时提出的一条重要原因。这当然是有道理的，参与者显然缺乏起码的法制观念和道德底线。但是，我们也必须看到，在高考指挥棒下，"重授业轻传道，重智育轻德育"多年来一直是全国中小学校存在的普遍问题。对瓮安来说，社会治安混乱环境下发育、滋长的"帮派文化"，让部分青少年养成错位的价值观和扭曲的人生观，抵消了本来就不会受到重视的法制、道德教育的效果，这才是问题的关键所在。

四、社会矛盾日积月累

2008 年 7 月 25 日，瓮安县委、县政府在《信访维稳工作情况汇报》中谈到"信访突出问题"时称：矛盾仍集中在建设征地补偿、劳动争议、社会保险、企业改制、农村山林土地水事权属争议、矿山及企业污染、城建拆迁、移民安置补偿、历史遗留问题等方面，特别是矿群利益纠纷、城镇房地产开发建设征地补偿、旧城改造房屋拆迁、建设许可证的办理等有可能成为今后群众上访的主要矛盾和焦点。"集体上访、到州赴省进京上访仍是群众来访的主要形式，若处理不当可能酿成群体性事件……群体访占来访总量的 75% 以上"。

该汇报材料在分析产生上述问题的原因时，排在第一位的是"改革发展中凸现出的矛盾相互交织，一些矛盾纠纷没有得到及时有效解决，社会不稳定因素逐年积累，群众怨气较重"。

（一）问题由来已久

7 月 24 日，瓮安新任县委书记龙长春在接受笔者访谈时，也将"矛盾长期积累"列为"6·28"事件发生后要反思的首要问题。以下为相关内容[1]：

> 问：像女中学生非正常死亡这件事儿，可能是单纯的自杀事件或者简单的民事纠纷，却突然演变成大规模的打砸抢烧活动，我们需要检视哪些失误？

---

[1] 新任县委书记龙长春访谈录（2008 年 7 月 24 日）。

答：如果我们要反思的话，那就是党委政府没有直面矛盾、解决矛盾，致使矛盾长期积累，遇到矛盾没有及时消化掉。不可能一个县里没矛盾，但是有了矛盾以后你要明确谁主管、谁负责，如何解决，要建立长效机制，并不是有一个矛盾我们化解一个矛盾，而是要尽可能地把矛盾在小的时候、没有长大的时候把它化解，就是抓好抓小抓苗头，把它化解在萌芽状态，不要等它大了再化解，或者说已经大得不行了，还要再积累，那群众肯定有怨气。

有那么多矛盾的时候，政府不去化解他靠谁？要么你欺负我，我找几个人和你打，这还算是好的。等矛盾积累多了再去处理就很难，所以我们这些领导干部特别是基层干部，一定不要回避矛盾，不要让矛盾积累。我们也在反思，要增强干部的责任心和为人民群众服务的意识，还要使他们敢于承担责任。

问：这是矛盾长期积累的问题。具体到"6·28"事件演变发展的过程，政府在哪些环节应该很好地做工作？

答："6·28"事件最大的一个特征是，打砸抢烧时有些群众拍手欢迎甚至说砸得好，这说明他们对党委政府是有意见和怨气的。这意见和怨气如何而来，因何而来？我觉得首先是因为矛盾长期积累。其次是社会治安不好，黑恶势力比较猖獗，严重影响群众安全感，对党委政府不信任。第三个方面是干部服务群众的意识差，群众到机关办事很难，态度不好，群众对这个意见很大。还有一些行政许可部门，有的出尔反尔，有的建厂办手续几年了他就不批准，公信力比较差。你如果不同意建厂就说明原因，拖了几年现在成本提高了很多，他们肯定有怨气，有的时候政府公信力差使群众很不满意。

问：您是从外面调来的干部，看瓮安当地的问题更清楚一点，这儿长期积累的问题到底体现在哪些方面？

答：应该说这些长期积累的问题其他地方也有。比如说移民，有移民的地方就有矛盾；拆迁的问题也是，其他县也存在类似问题；再如矿群纠纷，有资源的地方就有这种矛盾。

国家实行西部大开发以后，由于西部地区矿产资源比较丰富，东部沿海资源少或者枯竭以后，投资商就转移到西部来了，因此在这一段时间西部矿产资源开发的力度比以前更大了。在招商引资的过程中，饥不择食，门槛很低，有的开发商来了以后，在环境保护、服务群众，为群众办力所能及的事，或者说工业反哺农业等方面做得不够好，必然造成矿群关系紧张。矿产资源利润空间比较大，趋利性导致在矿权问题上出现一些纠纷，而且这些矛盾各地都有，甚至非法开采的也有，这类矛盾比较多。

但是，有的矛盾我们解决了，如果说发生一个及时解决一个，它就不会积累，就不会引起群众的不满，或者说群众的意见会小一些，能够及时处理。实际上这里面还是有我们领导班子、领导干部的问题，如何一方面发展好经济另一方面关注民生和处理好这些关系问题，孰轻孰重，怎么去处理，这是一个问题。表现形式为矿群纠纷，就是矿山与群众的权属争议；还有矿群关系，也就是矿主与群众的关系。

还有移民问题，开始时大家都不在意，包括我们的干部也不在意，群众也没在意。经过几次调整以后，补偿比较高了，群众就开始斤斤计较了，以前调查的时候把他作为移民，后来实际补偿的过程中又不作为移民了，群众的意见很大，千方百计地想当移民。当然在收入指标调查的过程中，一些干部或者当地党委政府没有高度重视，工作比较粗，实际兑现的时候就引发一些矛盾。

"多年来，瓮安因矿群纠纷、水库移民搬迁、房屋强制拆迁、企业改制等社会矛盾导致的信访量逐年上升，而办结率仅为 18%。"[1]可见，一些老问题久拖不决在瓮安表现得非常突出。这其中既有干部作风不够扎实、工作不够细致的因素，也有一些群众要价过高的原因。"一些部门在化解过程中，力度不大、办法不多、灵活性不够，导致各种矛盾纠纷没有得到及时化解，一些合法权益得不到有效维护，部分群众有怨气。"[2]

---

[1] 何平、朱国贤、徐江善、王丽："在痛定思痛中浴火重生——从瓮安之乱到瓮安之变警示录"，《人民日报》2011 年 10 月 24 日。

[2] 杨龙："初步分析瓮安'6·28'事件发生的深层次原因"，《贵州日报》2008 年 7 月 3 日。

（二）积案引发冲突

以"矿群矛盾"为例，瓮安县内围绕矿产资源开发产生的利益纠纷和权属争议一直呈多发态势，但此类由来已久的问题并未得到妥善处置，致使矛盾日积月累甚至引发群体性事件。笔者手头有一份被村民称为"二·二流血惨案"的详细材料：

1999 年，瓮安县永和镇后坝村委会与县退休干部刘某签订《煤厂承包合同》，将村集体所有的煤矿发包给刘某承包 4 年，合同期满自然失效。但在合同履行期间，双方于 2001 年又签订《补充合同》，约定：2003 年 5 月 20 日《承包合同》期满前，在原南北二巷提升的基础上各下足 450 米，承包合同日期延长至 2010 年 5 月 15 日，履行原承包合同条款；下挫不足 450 米，补充合同自然失效。原合同期满后，后坝村委会于 2003 年 5 月 16 日以承包合同期满、补充合同自然失效和延长承包期限不能成立为由，要求刘某退出煤厂被拒，双方遂产生纠纷。

村委会起诉至法院，2003 年 8 月 13 日瓮安县法院判决认定："双方所签订的《补充合同》对下坐 450 米的约定，违反煤矿开采操作规程和法律强制性规定，其约定应为无效。原告以被告未按《补充合同》约定下坐 450 米为由，要求终止与被告所签订的承包合同，于法无据，故不予支持。被告对煤矿享有所有权的辩论意见，与事实不符，本院不予以采纳。"原告不服一审判决，提起上诉，黔南州法院终审"驳回上诉，维持原判"。但是，后坝村委会和村民们坚持认为两审判决认定事实和适用法律均有错误，要求收回煤厂。

在县、镇有关领导介入多次协调后这一"矿群纠纷"仍然难以平息，村民们认为政府官员"强迫发包"偏袒刘某，于是挖断道路、截取铁轨试图阻止煤矿开采。据村民们反映：2004 年 2 月 2 日上午，刘某"调动大小车 11 辆，装载八十余名凶手，人人手持马刀、钢管等凶器，从瓮安县城聚集到离城 15 里多路的永和镇后坝村龙滩坎，妄图强行进入蔡冲煤厂进行侵权开采……对手无寸铁的村民实施行凶行为，不管男女老幼和围观的村民，对其乱砍乱打……流血事件伤 6 人，经鉴定，三轻伤三轻微伤"。

此后，村民们不断到县、州和省上访，要求退回煤矿、惩处凶手。2004 年 5 月 24 日，村长蔡方文和上访代表蔡承书、刘作伦被瓮安警方以"涉嫌聚众扰乱社会秩序罪"抓捕。于是，村民们上访又增加了"释放无辜群众"的新内容。

尽管仅凭材料还无法判断这起因"矿群纠纷"引发的群体性事件的真实情形,但是,瓮安一些问题和矛盾长期得不到解决却是不争的事实。群众的不满情绪随着矛盾的积累逐渐增强,在政府介入民事纠纷并被认为偏袒强势一方时,民众就很容易把原本指向利益争议方的矛头对准当地政府。如果在制度化的渠道内仍然解决不了问题,突破法规和政策框架的对抗性、破坏性行为就会应运而生,很可能酿成针对党政机关的群体性事件。

五、小　结

进入 21 世纪以来,瓮安经济步入"发展最快的时期",人民群众的生活水平也有较大改善,但是 2008 年却发生了明显针对党政机关、震惊国内外的"6·28"事件,的确发人深省。

难怪已在瓮安工作 10 年之久的原县委书记王勤事发罢官后仍想不通,"我刚到瓮安时县财政经济状况极端困难,县委常委会讨论支出项目时,细到 20 元的支出款项;县里开两会,连用多少张纸都要事先批准。这几年发展这么好,老百姓得的实惠这么多,想不到他们会去砸县政府,还有人鼓掌欢呼,这是最让我伤心的"❶。

其实,通过本章的阐述和分析,我们可以从瓮安这个"中观层面"梳理社会不满的发生机理,并得出以下结论:

(一)经济发展并不必然带来社会稳定

经济快速增长通常被认为是一件好事:在社会财富蛋糕不断做大的情况下,人们的满意程度会随之提高,进而社会日趋安定。与之相关的看法是,贫困乃社会动荡或暴力频发的根源。然而,事实却不完全支持这样的判断。

"工业革命以降,300 年间,尽管人均收入整体水平一直在上升,但人类目睹了众多的改革、革命和战争。更有甚者,历史还或多或少地显现出某些带有规律性的现象:经济高速增长过程中,尤其从低收入水平向中等收入水平迅速迈进

---

❶　赵鹏、刘文国、王丽、周芙蓉、杨琳:"'典型群体性事件'的警号",《瞭望》新闻周刊 2008 年第 36 期。

时,社会动荡爆发的频率反而更高些。根据亨廷顿在《变化社会中的政治秩序》中的描述,在英国统治时期的印度,政治暴力冲突普遍发生在那些经济发达的邦里;在1789年法国大革命前,恰是发展最快的地区人民不满情绪最高"。❶

在中国现有的政治架构中,地方各级党委主要官员基本由上级任命,政府主要官员即使要经过人大选举产生的程序,但事前也多需党委常委会酝酿提名。这就形成了官员"对上负责"而非"对下负责"的天然驱动力,上级确定的各种经济考核指标成为官员们全力以赴的目标,甚至出现了"GDP崇拜"的奇特现象。其实,对经济增长的追逐还有更深层的因素。武装斗争的胜利是中国共产党执政最根本的合法性基础,但是随着老一代无产阶级革命家的去世,这种合法性基础发生了很大变化,保持国民经济增长、提高人民生活水平就成为执政党获得并增强合法性的必然选择,执政绩效尤其是经济业绩在改革开放以来成为各级政府的首要选项。

当今,中国的发展已进入关键时期,既是黄金发展期、战略机遇期,又是矛盾凸显期、风险多发期。国际经验表明,实现从人均GDP1000美元至3000美元的跨越是个艰难历程,可能出现两种前景:一是用好发展机遇期,促进经济社会全面进步,顺利实现社会主义现代化;二是用不好发展机遇期,贫富悬殊加剧,社会矛盾激化,甚至发生社会动荡和社会倒退。

在此背景下,中央反复要求地方官员牢固树立"科学发展观"和"正确的政绩观"。2007年中共十七大报告把"科学发展观"概括为"第一要义是发展,核心是以人为本,基本要求是全面协调可持续,根本方法是统筹兼顾"。但是,多年养成的操作惯性让一些地方官员很难遏制和扭转"唯GDP是图"的政绩冲动,重经济数字、轻民生改善,"见物不见人"的问题积重难返。

对瓮安来说,21世纪以来的经济增长在很大程度上是以牺牲资源、环境甚至群众利益为代价的发展,经济发展带来的财政收益也多投向党政干部。2007年全县财政总收入2.4亿元,但工资等刚性支出就达2.5亿元。几年来增加的财政收入,其中5000多万元补发了拖欠干部职工的书报费、交通费、洗礼费及岗位津贴。在瓮安经济发展带来的"红利"中,一些财政供养人员、矿企老板甚至黑恶势力成为最大的受益者,广大人民群众却未能切实分享改革发展的成果。

---

❶ 张宇燕:"经济增长与社会动荡的'托克维尔效应'",《上海证券报》2006年5月16日。

"在瓮安，全县农村有 38000 多贫困农民靠吃低保度日，城镇低收入家庭有 5827 人靠吃低保维生，城乡吃低保的人口将近占全县总人口的 9%"❶。与此同时，正常社会治安秩序这一公共产品的缺失让生活在瓮安的每个人都可能成为受害者。在这种情形下，经济越发展，普通民众的被剥夺感和不安全感越强烈，发生社会动荡或暴力事件的可能性越大。

（二）群众利益受损滋生"发展型相对剥夺感"

英国社会学家格尔（T.Gurr，1970）在代表作《人们为什么造反》中，提出了"相对剥夺感"概念。他认为，每个人都有某种价值预期（value expectation），而社会则有某种价值能力（value capacity）。当社会变迁导致社会的价值能力小于个人的价值预期时，人们就会产生相对剥夺感。相对剥夺感越大，人们造反的可能性就越大，造反行为的破坏性也越强，他把这个过程称为"挫折—反抗机制"。根据价值预期和价值能力之间的不同关系，格尔定义了三种类型的相对剥夺感，即"递减型相对剥夺感"、"欲望型相对剥夺感"和"发展型相对剥夺感"❷。

当一个社会的价值能力和人们的价值预期均在提高，但社会的价值能力由于某种原因而有所跌落，从而导致价值预期与价值能力之间的落差扩大时，就会产生"发展型相对剥夺感"。由于在图表中价值能力曲线呈"J"形，该理论又被称为"J曲线理论"。人们的期望值在上升而政府满足其需求的能力却在下降，在这种情况下社会动荡或暴力事件就很有可能发生。"已经拥有许多而想拥有更多的人，其失意感要大于一无所有而只想拥有一点点的人。另外，只缺一样东西的人也会比缺很多东西的人更不满。"❸

在瓮安这个中观层面，具体到对"6·28"事件中群体或社会心理的分析，人们的价值预期主要表现在两个方面：一是自身利益实现能够与整体经济发展水平同步；二是社会治安等公共产品能由政府依其职责正常提供。但是，当地政府并不具备与民众价值预期同步提升的价值能力。一方面，由矿区居民、水库移民和拆迁户等组成的庞大群体，其现实利益经常遭受损害或正常的利益实现需求不能得到满足；另一方面，社会治安状况的恶化又常使他们成为被侵害对象，与

---

❶ 刘子富：《新群体事件观——贵州瓮安"6·28"事件的启示》，新华出版社 2009 年版，第 113 页。
❷ 参见赵鼎新：《社会与政治运动讲义》，社会科学文献出版社 2006 年版，第 78 页。
❸ ［美］埃里克·霍弗：《狂热分子》，梁永安译，广西师范大学出版社 2008 年版，第 49 页。

不安全感相伴而生的是对当地政府价值能力的质疑和埋怨。由此,巨大的心理落差应运而生,当对现实的不满达到"无法容忍"的地步时,一起偶然发生的微小事件也有可能引发大规模的暴力冲突。

实际上,解释"瓮安事件"发生的群体或社会心理,也可在古典政治学中找到理论资源。按照古典政治学的观点,一种好的制度安排和社会秩序,应该以社会利益结构的均衡为前提条件。换句话说,社会利益结构的失衡,是造成社会不满、引发社会矛盾、导致社会抗议和社会冲突的根源;而要保持社会利益的均衡发展,共和主义的制度安排和中道政治的发展战略是必不可少的。❶ 在中国共产党的政治语言中,为防止"社会利益结构失衡"提出的要求是:"始终把实现好、维护好、发展好最广大人民的根本利益作为党和国家一切工作的出发点和落脚点,解决好人民群众最关心、最直接、最现实的利益问题,做到发展为了人民,发展依靠人民,发展成果由人民共享。"

综上所述,社会利益结构失衡、普通群众利益受损,使瓮安民众产生"发展型相对剥夺感"并形成对当地政府的不满,这正是"瓮安事件"爆发的群体或社会心理基础。因此,便不难理解在"瓮安事件"中当地民众的反应和态度——"近 10 万人的县城,3 万多人上街,办公楼烧着了有群众还欢呼"❷。

---

❶ 参见燕继荣:"诊断群体事件的政治学依据",《学习时报》2009 年 11 月 16 日。
❷ 毛浩、董伟、白皓:"瓮安答卷",《中国青年报》2012 年 4 月 27 日。

第四章 典型案例比较分析

　　准确把握某起事件独具特色的个性,无论从理论层面予以诠释,还是为实际应对提供借鉴,都有十分重要的意义。在对贵州"瓮安事件"的调查过程中,笔者一直试图探寻其与其他社会影响较大的群体性事件的共性和差异,发现"瓮安事件"除具有群体性事件的一般特征外,还有与众不同的要素,这些独特的要素需要在与其他典型群体性事件的比较分析中才能得以彰显。

一、四川"汉源事件":一起具有标本意义的 "大规模聚集事件"

　　考察进入 21 世纪以来的中国群体性事件,不能不提 2004 年四川"汉源事件"——这起由征地补偿和移民安置引发的"大规模聚集事件",因参与人数、活动方式、持续时间以及处置过程的"显眼"而引发国内外广泛关注。

（一）基本情况❶❷

2002 年 12 月,国务院批准瀑布沟水电站立项(简称瀑电工程),瀑布沟位于汉源县境内大渡河干流中游。按照规划,瀑布沟水电站建成后,汉源县 14% 的土地将被淹没,全县 1/3 的人口（10 万人）必须离别故土。笔者得到一份题为《国家发展改革委关于审批四川大渡河瀑布沟水电站可行性研究报告的请示》的文件,其中的"建设条件"一题下写道:"水库处于高山峡谷中,两岸山体雄厚"。

老村民说,自己祖祖辈辈生活在这片盆地中,没想到现在政府文件却称之为"高山峡谷"。而这份文件经国务院审批之后,成为瀑电工程上马的许可证。"按上面的命令,我们调查了 22 户农民,他们每亩地的平均年产值 8000 多元,人均生产粮食 750 公斤以上。"一位老村民说:"祖辈传下一句话,当年诸葛亮七擒孟获时途经这里,感叹'天下大乱,此地不乱;天下无收,此处有半收'。汉源号称'天府之中的天府',我们这里又是整个汉源最富庶的地方。"瀑布沟水电站计划正常蓄水位 850 米,如果建成,这里将变成一片泽国。

原本过得不错的村民无法接受官方给出的移民标准,这些补偿在他们看来是"苛刻"的。一位村民说:"我现在的果树结一次果可以卖 70 多块钱,现在这棵树一共就只给一次性补偿 30 块钱,连一年的收入都达不到。还有我现在住的房子,按他们的补偿,每平米要亏几十块钱,门前的院子不给算面积。来量房子的人说是多少就是多少,我们站在旁边看着,不敢说话,只要一说什么,就说你妨碍移民工作什么的。现在要我们移民,感觉就像我穿在身上的衣服要给强行剥走一样。"

早在 2002 年,汉源县顺河乡觉托村已经开始移民,很多村民在移民后生活水平迅速下降,其中一些家庭移民后子女就失学了。因为政府修建的移民房变成危房,一些移民不得不住在自己在山上搭建的窝棚里近 3 年。说起觉托村,汉源县大树乡的村民非常激动,他们对记者说:"他们的今天就是我们的明天。"之前,《中国青年报》曾报道:"2002 年 7 月 4 日,县里出动公安、武警、民兵 100 余

---

❶　参见欧阳斌:"四川汉源数万民众保地维权调查",《凤凰周刊》2004 年第 32 期。
❷　参见刘亢、田刚、黄豁:"'权力资本化'的畸变轨迹",《瞭望》新闻周刊 2005 年第 22 期。

人，乘坐 20 多辆汽车从县城直奔觉托村一组强行驱赶，打伤村民数十人。村民们被关押起来，在签字同意迁到前域乡后才被释放。"

2004 年 9 月 21 日，工程施工方在汉源县万工乡挖取工程用料，遭到闻讯赶来的约上万名农民的阻止。此事后来被当地官方定为"9·21 事件"。10 月 27 日，众多农民以为大坝已经开始截流，赶到施工现场静坐，据几位在现场的农民说，到现场静坐的农民至少有 5 万人，多则有近 10 万人。

随后，一些境外媒体报道称，当日"有多人因为冲突而被打伤，还有人死亡。而在成都及附近地区流传的消息称，有一名武警在冲突中伤亡。"记者在汉源就当天的事态询问了很多村民及民间人士，各方均确定：当时或有一名老太太和一个残疾人因为越过警戒线上厕所而受伤，但并无民众死亡。一种官民双方都有的说法是，当天有一个摩托车车夫出车祸死亡，这一事故可能被演变为海外传闻中的死亡事件。

10 月 29 日，汉源县县城全部罢市，另有汉源二中、汉源四中学生上街游行。其间，汉源县政府玻璃被砸坏。有香港媒体据此称，"当地政府已经失去管制力，县城已经被警方封锁"。但事实并非如此。官方将此事称为"10·29 事件"，是"一小撮不法分子强迫个体工商户罢市"。四川省委副书记、纪委书记李崇禧在当地的公开讲话中，将此事定性为"有组织、有计划、有目的的打砸抢事件"。在记者的采访中，一些拉脚的摩托车司机和店铺老板表示，他们 10 月 29 日停止了营业，但是没有人胁迫或者组织他们这样去做。

10 月 29 日，汉源县领导对移民许诺暂停施工，解决好移民问题再复工，但11 月 3 日中午，当地村民听说工地已经复工，决定前去阻止。记者一路同行，看到很多村民背着口粮和衣服，沿着山路走向几十公里外的工地。有的三五人结伴，有的一人独行，其间有很多白发老人，稀稀疏疏绵延几公里，像在赶集，看不出有组织的迹象。

当日下午，记者辗转进入施工区，却未能进入大坝的施工现场。从远处看，可以看到一些施工道路正在修建中，却并没有看到大规模的大坝施工场面。不知是施工已经停止，还是动工的消息根本就是谣传。汉源大桥桥头，记者看到现场至少有 30 多辆警车，数百名警察，一些警察在警车上脱下制服换上便装。当时现场混乱，步行村民全被拦截，一位背背包的老年妇女被警察阻拦时哭着说："请你们理解理解我们，我们只想去要一碗饱饭。"通往工地的公路上，随处可见警车和警察。工地现场入口,约有 500 名警察分成两道哨口,严格盘查过往车辆,必要时会翻检包裹,并借机向过路车打听村民已经到什么地方了,有多少人,神情颇为紧张。

11 月 4 日,村民再次上坝。据一位当地官方人士向记者透露,这次警民双方发生了冲突,他亲眼目睹 5 个村民受伤,并听说有一人被打死。而此一消息目前无法向政府方面求证。

事态平息后,随着调查的深入,当地官员的贪腐行为浮出水面。四川省汉源县以原县委书记汤福锦、不法商人彭氏兄弟为主体,形成了一个以私利为纽带的官商利益集团。这个利益集团长期操控县域经济命脉,毒化党政风气,引发社会动荡。

汉源县的"官商利益共同体",首先通过贿赂建立利益同盟,再以公权掠夺社会财富,最后以财谋官,进一步维护不法利益。短短几年中,这个利益共同体就控制了全县冶金、化工、水电、建筑、采矿等支柱行业,其操控的企业注册资本达到 2 亿多元,占汉源县国有资本法人企业注册资本金的 76.92% 和私营有限公司注册资本金的 64.30%。据四川省纪委查实,汉源县党政"权力资本化"的发端,在于官员权力寻租和商人以贿求利的两个需要的对接,"官商利益共同体"第一步完全是靠大笔金钱贿赂建立的。

汉源位于大渡河谷地带,是著名的矿业大县,化工、冶炼、采矿、水电为其支柱产业。1998 年,汤福锦任汉源县委书记。当地彭瑕为、彭瑕谋兄弟通过送干股、分红利等手段拉拢汉源县党政干部,寻求权力庇护。彭瑕谋为汤福锦"出资"30 万元在自己的公司入股,汤每年坐收红利、过节费 20 万元。到案发时,汤福锦共收取 120 万元的"红利"。

彭瑕为也在汉源县化工总厂改制时,用化名为汤福锦、原县委副书记白然高等县领导在化工总厂各入干股 5 万元,同时送给白然高 5 万元。并在此后以"分红"名义给汤 7 万元、白 5 万元。此外,逢年过节,小孩上学、搬家、家属住院,彭氏兄弟都给汤福锦送钱。

彭瑕为兄弟腐蚀干部的另一手段是将干部家属安排在自己控制的企业内任职,通过"工资"、"奖金"的名义变相行贿。彭瑕谋将白然高的爱人邱凤琼安排在有色金属总厂担任副厂长,并配备一辆蓝鸟轿车,多次安排其出国。邱凤琼入厂仅 4 年时间就领取奖金 47 万多元。白然高的大姨子邱凤鸣被安排在化工总厂任财务科长、妹夫马永凡低价承包了有色金属总厂下属的洗选厂。

据四川省纪委调查，汉源"官商利益共同体"涉及干部之多，范围之广，触目惊心。原县委书记汤福锦，从1998年以来先后提拔6名老板直接当人大副主任、局长、县委委员等职务，使不法业主由经济领域向政府领域渗透。他们不送钱不办事，送了钱乱办事，汤福锦在县委书记任上捞了480万元，带坏了一批干部。这次在反腐风暴中落马的干部，除汤福锦、白然高两人之外，还有原县委书记谭正宇、县委办主任夏愚林、县国土局长郝刚、县乡镇企业局长王建烨、移民办主任张秋林等人，受贿金额少则数十万元，多则数百万元。

官商勾结、公权私用，使汉源的市场规律废弃，钱权交易横行，"官商经济"成为汉源县域经济的重要特征。扭曲的政权结构必然导致经济社会的无序、失控和混乱。2004年10月，汉源爆发移民大规模群体事件。由于被官商利益集团长期控制，汉源党委、政府在关键时刻无法赢得群众信任，发挥作用，致使事态完全失控，造成社会秩序的混乱、失控。移民呼喊的口号和书写的标语中有"打倒白然高"、"惩治贪官、惩治腐败"等，充分体现了群众对汉源官商利益集团的憎恨。

在"汉源事件"事态升级之前，汉源县委、县政府领导都得到了部分移民串联煽动的信息，也意识到这些苗头动向有可能引发大规模群体事件，但由于他们自身就是群众公认的"贪官"，因此不敢采取任何果断措施，更不愿向四川省委、省政府报告，不敢做群众工作，对各种负面宣传听之任之，致使无政府状态愈演愈烈。一些领导干部为了自身利益，借助和利用移民群众的合理诉求和不满、对立情绪，甚至出谋划策，导致事态升级，矛盾激化。

（二）主要特征

通过上述媒体报道，我们可以归纳出四川"汉源事件"的以下特征：

第一，从发生过程看，有较长时间的酝酿期和持续性。从2002年年底瀑布沟水电站正式立项，到2004年9月21日工程施工遭到上万农民阻止，移民的不满情绪有个较长时间的发酵过程。而整起事件又可分为"9·21事件"（阻工）、"10·27事件"（静坐）、"10·29事件"（游行、罢市、冲击）和"11·4事件"（警民冲突），持续时间近两个月。

第二，从方式策略看，群体行为选择多样化。在事件发展变化过程中，汉源民众采取了阻工、静坐、游行、罢市以及冲击当地党政机关等方式表达意愿,由于参与人数众多,这些抗议行为对当地社会秩序造成了很大影响。在中央工作组抵达后,该事件被称为"'10·27'不明真相的移民大规模聚集事件"。

第三,从实施主体看,参与者为特定群体。瀑布沟位于四川省汉源县境内,是当时大渡河上在建规模最大的水电站。大坝建成后,将淹没整个汉源县城和邻近的几个乡,涉及耕地 44383.22 亩、移民 9 万多人。而"汉源事件"的参与者均为当地居民,是与瀑电工程紧密相连的"利益攸关方"。

第四,从诉求对象看,行动目标明确。移民们采取行动的目标为当地政府和施工企业,这在很大程度上是由于这起事件的核心诉求还是由瀑电工程引发的利益问题。为使自身利益免遭侵害,当地政府和施工企业显然是最直接的诉求对象——因为这两者才能在征地补偿和移民安置上作出决定。

(三)与贵州"瓮安事件"的比较

四川"汉源事件"与贵州"瓮安事件",由于在事件规模、烈度和政府处置方式上的特点,而在中国层出不穷的群体性事件中同具"标本意义",但也有以下两个方面的明显差异:

第一,实施主体不同。如上所述,"汉源事件"的参与者为瀑电工程涉及的移民这个"特定群体",他们有共同的身份、地位和目标;而在"瓮安事件"中实施打砸抢烧者来自当地多个社会阶层,成分复杂多样,属"不特定多数人"。

第二,核心诉求不同。无论是征地补偿,还是安置地点,"汉源事件"中的民众诉求都属看得见、摸得着的"利益"问题;而"瓮安事件"的参与者,与起始纠纷的当事人既无利害关系、也无自身利益诉求,参与其中主要是为了借机宣泄"不满"。

二、重庆"万州事件"和安徽"池州事件":日常摩擦 迅速变成主要针对党政机关的群体性事件

从事件起因、发生过程和策略方式等层面考察,2004 年重庆"万州事件"和 2005 年安徽"池州事件"都有很多相似之处,可以归结为同种类型的群体性

事件。

（一）重庆"万州事件"❶❷

2004年10月18日13时许，昊盛房地产水果批发市场临时工胡权宗与其妻曾庆容在万州区太白路上行走，当曾庆容走到"棒棒"（搬运工）余继奎身边时，被余的扁担撞了一下。双方因此发生口角，曾庆容打了余一个耳光。争吵中，胡权宗夺下余的扁担将其打伤，并声称自己是公务员出了什么事都可以花钱摆平，激怒围观民众。太白路中段位于万州区的商业集中区，人流量很大，距离万州区政府高逾20层的办公大楼仅300米左右，这为后来事件的扩大提供了地理条件。

13时许，万州区公安局龙宝分局白岩石派出所接到报警电话称，闹市区发生伤人治安案件，造成交通堵塞。值班民警带人赶到事发现场时，围观民众已义愤填膺。当警车欲将3人带回派出所调查处理时，有人说："天下公务员是一家，棒棒被打不会得到公正处理！"围观民众闻言，阻挡警车启动。警民对峙几个小时后，围观者已达数千人，周围几条交通要道严重堵塞。

同时，谣言随着人流开始传播，传到后来故事有了新版本：胡权宗的身份成了"国土局的副局长"，他因一个小的碰撞，竟然用扁担打断了搬运工余继奎的腿，前来解决问题的警察还和他握手。"当警察公然包庇有钱有势的副局长时，被路见不平拔刀相助的群众拦阻了，群众要求公正解决此事。"鉴于事态扩大，几百米之外的万州区政府启动了突发事件处置预案。常务副区长李世奎等官员前往现场向围观民众表明，政府将依法严肃处置此事，不会包庇任何人，并劝说围观群众离开。

17时左右，3名当事人最终被警察带离了现场。这段时间里，警方不断从万州区各地调来警力维持秩序，并严守了不得与民众发生冲突的指示，警民双方一时相安无事。然而，当事人被带离现场后，曾氏夫妇的谎言和民间的传言在继续扩散，民众情绪最终突破火山口喷涌而出。

18时许，万州区公安局经侦支队的一辆警车在新城路被砸烂烧毁，标志着

---

❶ 参见文玉伯："万州突发万人骚动事件"，《凤凰周刊》2004年第31期。
❷ 参见周远征："万州事件：恶性循环下产业空心化的现象折射"，《中国经营报》2004年10月25日。

事件转向民众骚乱。开始表现出暴力倾向的民众,逐渐向区政府所在地集结,而政府大楼门前的广场能容纳几万人。

20时左右,到区政府门前围观的民众越来越多,声势越来越大,喊声也越来越响亮。有人高呼"交出凶手"、"严惩凶手"等口号。起初,政府派出数十名官员,站在政府大楼门前的平台上维持秩序,用喇叭向民众喊话,呼吁民众保持冷静,劝说大家离去,并保证政府会公正处理打人事件。但愤怒的围观民众不但没有退去,还向平台上的官员投掷石块、花盆等物品。被砸伤的警察和官员只得退进大楼,局面开始变得失控。

21时许,政府大楼门外的多辆警车、城管车被放火焚烧,人群开始冲上原来官员停留的平台。防暴警察几度从政府大楼里冲出来,欲将民众从平台上清退。刚开始警察保持了克制,只是要求民众离开平台。但一些失去理性的民众投掷石块将警察砸伤后,警民对立情绪开始加大,冲突开始扩大。在警方的几次清退行动失败后,民众用石块砸毁政府大楼的玻璃大门,冲进政府大楼底层、后院,并纵火焚烧建筑、车辆,毁坏办公设备。

23时左右,警方开始使用催泪瓦斯,冲入大楼的人群被警方强行驱赶出来。至此,双方的对峙仍没有结束。19日凌晨,在常务副区长李世奎代表区委、区政府发表广播电视讲话,再度表明政府一定会查明真相、依法严惩肇事者之后,围观民众逐渐离开现场。凌晨3时左右,警方开始清理现场,暴力参与骚乱的人被带离,事件初步平息。

之后,曾庆容夫妇的谎言得到澄清。据警方调查,自称家里很有钱的曾庆容只是一名家庭妇女,其夫胡权宗为昊盛房地产水果批发市场临时工。传说被胡权宗打断腿的余继奎也称,自己腿部受了伤并没有断,只是走路较为吃力。政府让几名当事人在当地电视节目中说明了真相,曾氏夫妇表示当时所说的是假话,只是想威胁余继奎,同时也给自己壮胆。

19日早上,虽然再度有大量民众聚集到万州区政府广场围观,但随着谣言的澄清,围观者渐渐恢复理性,暴力活动没有卷土重来。19日下午,围观民众逐渐离去,经历了这场突如其来的骚乱后万州区终于重归平静。

这起让人意想不到、颇有特点的群体性事件引起了重庆市有关部门的反思。据重庆市委有关人士透露,重庆市一位主要领导在相关会议上表示:"产业空心化导致人民生活水平降低,引起了人民的不满情绪是这次事件的深层次原因。"

这位领导还驳斥将事件定性为骚乱的观点，认为这会激化矛盾。

而导致产业空心化的重要原因是：1999 年国家对三峡库区实行"两个调整"政策以来，关闭了大量的工业企业，导致本来基础就落后的三峡库区工业基础更加薄弱。根据重庆市的规划，库区 1397 户工矿企业，保留发展的只有 389 户，不到企业总数的三成；破产关闭 802 户，占 57%；资产重组减少 206 户，占 15%。而此举进一步加剧了库区产业空心化。多年来致力于三峡库区产业空心化研究的三峡学院经贸系教授熊建立指出："仅仅在万州 1999 年以后就关破了 74% 的企业，下岗人员达到 4.7 万人。"

而在关停企业的同时，一些地方也忽视了本身的产业发展。熊建立指出："原来国家扶持库区产业发展的资金投到地方政府，但是库区的当地政府大多却将钱用到了其他地方；一些即使用到企业发展上的资金，也被一些企业做了形象工程，把资金套走了，库区产业一直没有得到发展。"

有关统计资料显示，三峡库区人均 GDP 本来就比重庆市平均水平低 50%、人均财政收入少 60%，人均存款少 70%。库区产业空心化进一步影响了当地人民的生活水平，两极分化的状况更加严重。

（二）安徽"池州事件" ❶❷

2005 年 6 月 26 日 14 时 30 分左右，一辆牌照为苏 Z 的本田车在池州市区翠百路菜市场门口与一位本地青年相撞，驾车者是外地商人吴军兴，被撞者是 22 岁的学生刘亮。吴要刘赔偿，刘则希望吴送他到医院检查但被拒绝。争执中刘亮打了本田车的倒车镜，随即被车上的保安李海燕和王野殴打致伤，吴还说"打死了不就是赔 30 万嘛"，引起包括摩的司机在内的围观群众不满并打 110 报警。同时，"中学生被打死了"的传言迅速扩散。

一位目击者说："小孩在我店门口被摁倒，两个大汉开始拳打脚踢，小孩高高瘦瘦的，戴着眼镜，大汉都留着很短的板寸，手臂上都有文身，穿着尖尖的皮鞋，我看着都觉得心疼，哎哟，那鞋子踢上去还得了。""小孩鼻孔、眼睛都流血了，大汉抓起小孩的头发说，给你爸打电话，叫他来赔钱，小孩打电话的时候，手

❶ 参见王吉陆："池州群体性事件调查：汽车撞人何以变成打砸抢？"，《南方都市报》2005 年 7 月 1 日。
❷ 参见吴志宏、唐馥娴："一起普通案件引发打砸抢烧 池州市昨发生严重群体性暴力事件"，《池州日报》2005 年 6 月 27 日。

都是颤抖的,打过电话,他就坐在地上了。"

"几个打人的坐上车子想走,被很多摩的司机围住"。"这时候小孩的父亲来了,小孩也晃晃悠悠走到车旁,用一把摩托车锁去砸车后门,但很快就晕倒在地上,这时警察也来了"。"警察叫了一辆的士,把小孩抬上去,车子刚开动,我就看到小孩的妈妈哭着追上去,一起去了医院"。目击者说,随后,警察把本田车和乘车人一起带回了几百米外的秋浦路九华派出所,许多围观者也跟到派出所门口。

除了刘亮被打死,还有很多传闻。比如说打人的是到本地投资的浙江商人,而根据池州市公安局的调查:34 岁的吴军兴长期居住在黑龙江伊春市,在南京办过公司,2004 年 6 月到池州旁边的安庆参与创办协和医院,医院保安李海燕和王野都是吉林省松原市人。对公安祖护打人富商的说法,池州市委宣传部新闻办主任曹叶发回应:"民警一开始把这个事件当作普通的治安纠纷处理了,打人的就是两个保安,按道理的话只能拘留他们两个,可是谁都没有想到发展成后来那么大规模的事件。"

肇事者被带到派出所后,部分围观群众跟随到派出所并愈聚愈多。18 时左右,一些人开始推砸肇事车辆,将本田轿车砸得面目全非并被掀翻。18 时 50 分,围观群众逾万人,有人开始点燃轿车,并向着火的车辆扔入鞭炮,引起骚动。随后,人们的目光转向了停在派出所门口的一辆警车。池州市公安局播放的现场录像中显示:人们把警车推倒,车子被推得翻了一个身到了派出所门口,不断有人拿工具砸警车车窗,接着车内火光闪烁,录像中传出啪啪的声音。在另一段录像中,派出所已经浓烟滚滚。

19 时许,人群与到现场维持秩序的武警发生冲突,6 名武警被石块砸伤。赶来灭火的消防车,不但消防栓被抢,车子也被推离现场 10 余米。19 时 25 分,派出所电源被切断,一些人向室内扔放鞭炮,实行打砸并纵火。19 时 40 分,停放在翠柏路上的一辆宣传车和一辆警车同时被点燃。

20 时左右,人们开始哄抢附近的东华东超市。对于转向超市的原因,摩的司机朱师傅说,"老板送了一些矿泉水到派出所里,还有人传说他给打人的老板做了担保,让那些人从后门跑掉,人们就迁怒到了他身上。当时人们的想法中,如果把人分成两派的话,他是站在打人者那一边的"。

另一方面,池州市政府正在想办法解决危机。18 时,由市长谢德新等人负责的指挥部在市公安局指挥中心成立，鉴于池州警力严重不足，请示省公安厅调集警力紧急增援。安徽省副省长、池州市委书记何闽旭和省公安厅厅长崔亚东先后从合肥赶到池州。23时40分，700多名武警赶到现场，局势被控制住。7月7日，吴军兴、李海燕、王野3人被以涉嫌寻衅滋事罪批准逮捕。

池州市委宣传部新闻办主任曹叶发认为，这个事件涉及好多方面的冲突："警民关系、干群关系不好是个原因，跟现在的贫富差距扩大也有关系，这些问题不光是池州的，这是全国性的问题"，而且，"还有一点突出的，这是外地人在打本地人，而且有一些小混混在推波助澜"。

池州1999年建市以来，招商引资的力度很大，各个部门都有招商引资任务。外地商人来自江、浙、沪的比较多，池州市世纪华联超市董事长、市信访案件评议听证团团长、安徽省政协委员何宗文说："外地商人为池州的发展做出了很大的贡献，大的项目基本上都是他们投资的"。

可是，市民对外地商人也有一些情绪。一位摩的司机对记者说，"他们都是有暗箱操作的，政府在袒护他们"。当记者问他具体的事例、证据时，他说，"我怎么可能知道，但他们不那么做哪有那么好赚的钱"。池州的大房地产开发商都是外地人，所以又有了说法——"外地人把钱赚走了，又把我们的房价炒高了"。

由于冲突开始爆发是与摩的司机联系在一起的，有人认为这与上个月的"摩的行业整顿"也有一定关系。据《新安晚报》报道，5月25日至31日，池州市交警、运管、城管、工商等四个部门集中人力，对该市城区的"摩的"进行了整治，共劝戒、查处非法营运的"摩的"4500余起，其中处罚1586人次。为进一步巩固成果，该市还将适时组织第二次治理"摩的"行动，让"摩的"逐渐退出营运市场。而在记者采访的10多位摩的司机眼中，事件与整顿没有关系，他们坚持认为主要原因是"那个外地人太猖狂了，那句话太刺激人了"。

（三）主要特征

通过重庆"万州事件"和安徽"池州事件"演变过程的简要梳理可以发现，两者具有下列共同特征：

第一，从发生过程来看，呈现出明显的突发性，细微摩擦在当天便迅速发展成为暴力事件。重庆"万州事件"和安徽"池州事件"均发端于常见的街头摩擦，当事方因简单的碰撞（"万州事件"是人与扁担的碰撞，"池州事件"是人与车的碰撞)发生争执,话不投机而发生肢体冲突。这种日常纠纷在现实生活中可谓司空见惯,但它们在当天便发展成为成千上万人围观、多人参与的打砸抢烧活动,均由偶发纠纷迅速演变成为群体性事件。

第二,从方式策略来看,群体行为的暴力性和违法性突出,伴随着打砸抢烧活动。在重庆"万州事件"中,民众堵塞交通、砸毁车辆、毒打行人、抢夺财物、冲击政府,一起简单的打人纠纷酿成上万人参与的群体性事件。安徽"池州事件"造成多名武警和民警受伤、4辆车被毁、派出所被砸烧、一超市被抢,一起普通的汽车撞人纠纷到当天晚上就发展成为群体性事件。

第三,从实施主体来看,参与者为非特定多数人,与起始纠纷和双方当事人并无利害关系。与有特定主体和明确利益诉求的维权活动不同,在这两起事件中,发生摩擦的当事人并没有参与打砸抢烧活动,更谈不上成为组织者和策划者。暴力活动的实施者来自社会多个行业,属于临时起意而形成的松散性群体,行为带有很强的自发性。他们在最终酿成事端的普通纠纷中利益并未受损,与当事人甚至素不相识,围观者则为社会各界群众。在暴力实施过程中,参与者也无利益诉求,而是在释放不满情绪。

第四,从攻击对象来看,目标具有较强的确定性,主要为党政机关和现场维持秩序人员。两起事件都发生了警民冲突和围攻党政机关的行为,在重庆"万州事件"中区政府办公大楼成为打砸烧对象,在安徽"池州事件"中负责处理纠纷的派出所遭到围攻、砸烧。除党政机关及其工作人员外,基本没有其他机构和人员受到侵害,"池州事件"中被抢的超市也是由于"老板站在打人者一边"的传言而遭此一劫。

第五,从群体心理来看,"仇官"、"仇富"特征明显,偶发纠纷为这种情绪宣泄提供了出口。无论是重庆"万州事件"中一名水果市场临时工"我是公务员,什么事情都可以摆平"的叫嚣,还是安徽"池州事件"中肇事老板"打死了不就是赔30万嘛"的狂言,都刺痛了围观者敏感而脆弱的神经,引发众怒。而处于弱势地位的当事者被打死和政府偏袒打人者的传言,对一触即发的民愤无异于火上浇油。

无独有偶。2010年在安徽马鞍山发生的"6·11"事件❶,与2005年安徽池州"6·26"事件比较,无论是事件诱因、演变过程还是事件背后所隐藏的社会心

---

❶　参见谢修斌:"安徽马鞍山干部打学生引数千人围观　被就地免职",《金陵晚报》2010年6月13日。

理,两者都如出一辙,只是事件的主角由"商人"变成了"官员"。2010 年 6 月 11 日晚,安徽马鞍山市花山区旅游局局长汪国庆夫妇驾车在街头与两名中学生发生轻微碰撞,汪打了其中一名中学生一记耳光并对围观者称:"你们知道我是谁吗? 我是领导!"汪妻则说:"我是机关干部,我知道你们是二中的(从校服看出),我找人到学校整死你们!"二人的言行引起围观群众强烈不满,导致数千民众聚集并发生警民冲突,后来马鞍山市委书记出面喊话将汪就地免职,次日凌晨防暴警察使用催泪瓦斯才将人群驱散。

从事态的演变过程和表现形式来看,"6·11"事件已属群体性事件。一起简单的街头碰撞纠纷竟然在几个小时后演变成为群体性事件,的确发人深思。为何在汪国庆夫妇声称自己是"领导"和"机关干部"后,却引来群情激愤,导致事件性质迅速发生变化,最终要靠市委书记出面平息众怒、防暴警察强行驱散人群呢? 其后无疑隐藏着令人担忧的社会心理基础———一些地方的普通民众对基层官员的不满甚至怨忿。在某些特殊情境下,这种心理失衡状态一旦受到外界刺激就很容易集中释放而成为群体性事件的推动力量。如果简短归结这起事件的深层次原因,那就是"骄横的权力与脆弱的社会心理"。

(四)与贵州"瓮安事件"的比较

重庆"万州事件"和安徽"池州事件"突出表现为参与主体的随机性、暴力活动的无组织性和攻击对象的明确性,与贵州"瓮安事件"具有很高的相似度。不过,两者也有以下看似细微但对问题研究意义重大的差异:

第一,演变时间跨度相差较大。在重庆"万州事件"中,当事双方的碰撞、争执和冲突发生在 13 时许,5 个小时后便开始有警车被砸,微小纠纷迅速变成聚众冲击和打砸党政机关的暴力事件;在安徽"池州事件"中,当事双方的碰撞、争执和冲突发生在 14 时半左右,4 个小时后肇事车被砸烧、处理事故的派出所成为攻击对象,个体纠纷迅即演变成警民冲突。而在贵州"瓮安事件"中,从 2008 年 6 月 21 日深夜瓮安三中学生李树芬"溺水身亡",到 6 月 28 日下午瓮安县委、县政府和公安局等机关办公楼开始遭到打砸抢烧,"瓮安事件"的最终爆发历时 7 天,在此期间民众情绪逐渐发酵,本有一些可供回旋的关键环节,但被当地政府忽略甚至激化。

第二,攻击目标有细微差异。重庆"万州事件"和安徽"池州事件"的主要攻击对象为党政机关及其工作人员,但是在"万州事件"中发生了毒打路人、抢掠公共财物的行为,在"池州事件"中一家被怀疑与肇事者有关联的超市也遭哄抢,在这两起事件中攻击目标有泛化的倾向,尽管这一点并不明显。而在"瓮安事件"中,攻击对象直指党政机关及其工作人员,目标取向单一,县委、县政府和公安局等机关办公楼被砸烧,一些消防队员和公安民警被打伤,但未造成其他财产损失和人员伤亡,瓮安县公安局被打砸抢烧时对面的多家商铺竟安然无恙。

三、云南"孟连事件"和甘肃"陇南事件":利益诉求 无果酿成直接针对党政机关的群体性事件

2008 年,在贵州"瓮安事件"后,又相继发生了云南"孟连事件"和甘肃"陇南事件",由于参与人数众多、实施方式暴烈,又直接以党政机关为攻击对象,加之发生在北京奥运会前后,三起事件在国内外引起广泛关注。

(一)云南"孟连事件"❶❷

2003 年 5 月 19 日,孟连县勐马镇胶农与勐马橡胶公司签订《胶园管、养、割承包合同》,承包期限为 30 年,橡胶公司拥有 64.22% 的林地产权,以及全部鲜乳胶、凝杂胶、胶头胶线、落地胶等各类橡胶初级产品的收购权和质量监督权。此后,橡胶制品市场价格一路攀升,每吨从几年前的七八千元飙升至 2008 年的两万余元,而橡胶公司却还按 5 年前合同约定价格收购。胶农们以物价上涨为由,多次要求橡胶公司提高收购价格被拒。

勐马橡胶有限责任公司是孟连县最大的橡胶企业,事件发生时种植橡胶 14.42 万余亩,占该县橡胶种植总面积的 57%。该公司于 2002 年 11 月与政府签订《整体收购协议》,采取个人收购的方式,将企业由乡镇集体所有改制为私人企业。官方资料显示:收购人岩雅,男,孟连当地傣族人,1954 年生,时任孟连县政协副主席,公司董事长兼总经理。

---

❶ 参见殷红:"云南孟连事件回顾:一意孤行动用警力酿冲突",《中国青年报》2008 年 9 月 17 日。
❷ 参见段宏庆:"云南孟连'7·19'事件溯源",《财经》2008 年第 16 期。

收购方案规定："公司所在地使用的土地继续保留现有行政划拨方式。"这意味着政府将不属于自己所有的集体土地，以所谓"行政划拨"的方式给了橡胶公司，实质上侵犯了农民的土地所有权。同时，企业私有化后，企业主资产迅速膨胀，成为当地首富，另一些在企业入股的人士也迅速获利。而当地不少农民还停留在解决温饱的局面，贫富悬殊更激化了胶农和企业的矛盾。

起初，纠纷集中在胶农就收购价格与橡胶公司讨价还价。2006 年，云南省成为全国集体林权改革试点地区。当年 7 月 17 日召开的云南省集体林权制度改革工作座谈会确定，该省将"在三年内基本完成全省集体商品林深化集体林权制度及其配套改革，实现'还山于民、还权于民、还利于民'"。于是，2006 年后部分村民开始考虑取消与橡胶公司签订的合同，自主拥有橡胶林地的全部产权，自产自销。对于合同的违约责任，他们认为已在前几年的低收购价格中让利给企业，无需再支付违约金。

胶农与橡胶公司多次协商未果，加之胶农表达自己利益诉求的渠道不畅，他们与橡胶公司的矛盾不断加深，以致围攻、打砸橡胶公司的事件时有发生。2008 年 3 月 25 日，一些胶农与橡胶公司人员又发生了肢体冲突，随后被孟连县选派的工作组和民警强行劝止。7 月 15 日，几位村民再次找橡胶公司理论时，与工作组成员发生语言冲突及身体摩擦。同日，孟连县法院、检察院、公安局发布了《关于限令违法犯罪人员投案自首的通告》，该通告称"组织煽动群众聚众扰乱社会秩序"等人员，须于 2008 年 7 月 5 日起 10 日内投案自首，不主动投案自首者将被从严打击。7 月 16 日，警察强制传唤 8 名涉案者。7 月 17 日，一抓捕对象被扣留引起 300 名群众围堵，两名工作队员被打伤。县里认为工作组的安全受到威胁，有必要动用警力实施打击。

2008 年 7 月 19 日凌晨 4 时，175 名警察从孟连县城整装出发，奔赴 40 公里外的勐马镇勐啊村。黎明时分将村寨重兵包围，5 名嫌疑人随后被强行抓捕。然而情况突变，8 时许勐啊村数百名村民呼啸而来，他们手持长刀、锄头、铁棒、木棍、弹弓等，沿勐马至勐啊公路形成围攻之势，冲击正在孟连农场制胶厂路口执行警戒任务的 58 名警察。警察奉命迅速组成四层防御队形，并用扩音器喊话试图劝阻村民，但村民们不予理睬，他们从公路正面和左侧山坡分两路袭击警察，挥舞刀棒砍砸过来，突破了警戒线，警察的盾牌、头盔、警棍被刀棍劈开砸裂，多名警察负伤。

在对空鸣枪警告无效的情况下,警察被迫使用防暴枪(内装橡皮子弹)自卫,由于距离太近,岩尚软、岩底父子二人被防暴枪击中死亡。另一路村民纷纷用石块、砖头、弹弓发起攻击,警察对空鸣枪并发射催泪弹驱散了人群。至此,围攻人群逐渐停止攻击,但仍聚集在 150 米外与警察对峙。与此同时,两公里外的芒海村也发生了激烈的警民冲突。手持器械的村民一拥而上,攻打执行劝阻任务的警察,数名警察受伤,多辆警车被砸。村民用树干、石头和人墙切断交通,把警察围困在公路边动弹不得,无法回撤。

村民提出必须马上释放被强制传唤的 5 名嫌疑人。闻讯赶到的普洱市委书记高旭升到现场劝导情绪激动的村民,并决定放人,缓和对立情绪。傍晚,被围困达 11 个小时的警察终于得以撤离。这起事件造成两名村民死亡,17 名村民、41 名警察、3 名干部受伤,9 辆执行任务的汽车被砸坏,102 件警械被损毁或丢失。

7 月 20 日,云南省委副书记李纪恒乘直升机急速赶到孟连,他叮嘱在场的各级官员要带着深厚感情做好群众工作。两天后,李纪恒在普洱市领导干部会议上的一番讲话令闻者深受触动:"对共产党充满感恩之情,待人温和善良的傣族群众,拿起了刀斧棍棒与警察对抗,用暴力维护自己的权益,引发了冲突事件。这件事情必须引起我们当政者的深刻反思,必须引起各级干部刻骨铭心、触及灵魂深处的反省。"

云南省纪委副书记、省监察厅厅长郭永东在通报"7·19 事件"时说,此次事件表面是警民冲突,实质是胶农与橡胶公司长期的利益纠纷,当地党委、政府没有及时有效解决群众的合理利益诉求,导致胶农对橡胶公司积怨日深,最后转化为对基层干部、党委和政府的不满。

事后,长期使用橡胶公司豪华越野车的孟连县委书记胡文彬被撤职(后因受贿被判刑),普洱市委常委、政法委书记谢丕坤被责令辞职;孟连县少数领导干部参与橡胶公司入股、分红,参与胶林买卖、租赁等涉嫌违纪违法问题,由云南省、普洱市纪检监察机关查处。

(二)甘肃"陇南事件"❶❷

2008 年 11 月 17 日 9 时 30 分许,陇南市武都区东江镇 30 多名拆迁户集体

---

❶　参见宋常青:"直击陇南事件",《瞭望》新闻周刊 2008 年第 47 期。
❷　参见崔木杨:"甘肃陇南群体事件:冲突背后游离的政府搬迁",《新京报》2008 年 11 月 27 日。

到位于武都区新市街的陇南市委上访，要求市委对陇南市行政中心搬迁后可能导致的住房、土地以及今后生活方面的问题作出答复。陇南市委书记王义安排副市长杨全社等4名市委常委和信访、公安等相关部门和武都区的负责同志负责接访。但是，上访者不仅没有减少，反而越聚越多。

截至15时，上访人数增加到200多人，围观群众超过1000人。上访户们打着"反对搬迁"的横幅，喊着"反对搬迁"的口号，围堵市委大门。陇南市委书记王义安排人员让上访群众选出代表，由他出面进行接访。上访群众表示他们人人都是代表，要求一起同市委书记见面，拒绝选代表进行会面。越来越多的人在市委大门外聚集，要求市委市政府给他们一个满意的答复。在此期间，陇南市出来接访的杨全社等领导一直同上访群众接触，宣讲有关法律法规，并劝告上访群众通过正常渠道依法反映诉求、解决问题。

事后，一些拆迁户表示，他们到市委上访，就是想见一下市委主要领导，听一听市委对行政中心搬迁是什么样的考虑，对他们将来的生活保障有些什么样的准备，不是来听《信访条例》是怎么规定的。一名拆迁户说，只要主要领导出来跟我们说说，说行政中心搬走以后你们的生活保障我们有考虑由谁来管，那就啥事没有了。

19时，陇南市委召开专题会议，传达了省委省政府主要领导的批示精神，并形成了10条具体意见，要求对群众的上访高度重视、认真解决，尊重和爱护群众，耐心细致地做好上访群众的思想疏导工作；同时，对群众关心的陇南市行政中心搬迁问题，要讲明在搬迁后市委市政府会更加重视武都区人民群众的利益，积极稳妥地处理各种遗留问题。

19时30分左右，400多名上访群众陆续突破现场维持秩序民警的拦阻，强行进入市委大院。在市委中院与民警对峙一段时间后，他们聚集到市委后院主办公大楼前。20时，陇南市委调集武警和民警到市委后院主办公大楼前维持秩序，在对峙过程中部分群众继续呼喊"反对搬迁"的口号，并多次冲击维持秩序的武警和民警。22时，武警和民警采取措施将上访人员驱出市委大门。之后，民众继续在市委大门口围堵。截至24时许，上访人员和围观群众增加到2000多人。此时，部分闹事者开始在市委大门前向门口维持秩序的武警投掷砖块、石头、酒瓶，并点燃鞭炮扔到武警当中。

18日零时30分，部分闹事者冲上市委前院三层办公大楼，将1至3楼6个部门的门窗玻璃、办公设施砸毁并哄抢财物。随后冲进前院,砸毁停放在中院的11辆公务用车,继而又冲击中院3层办公楼,砸毁门窗玻璃和办公设施。后来,闹事者又冲进后院,砸毁1辆汽车。为防止主办公楼遭冲击,当日凌晨在现场维持秩序的武警和民警抓捕了30多名打砸抢分子,并将闹事者驱散到前院。闹事者在前院将停放的摩托车、汽车和砸坏的办公用品点燃,并将前来救火的1辆消防车强行抢夺开进大院后砸坏。

10时30分许,约有1000名闹事者冲进市委后院,手持铁锹、棍棒、砖头、石块等攻击武警和民警,并砸毁3辆公务用车。民警开始抓捕带头闹事的不法分子,武警则将其余人员驱逐出市委后院。随后,闹事人员又冲进市委前院和后院,纵火焚烧2栋办公楼和凌晨被砸毁的12辆汽车。与此同时,闹事人员将停放在城区长江大道的7辆警车砸毁并焚烧。

从14点30分左右开始,武警和公安干警对陇南市委门前大街约500米路段实施封锁,但在这条街道的东西两个主要路口及附近街巷仍有群众分散聚集,双方在部分路口对峙。数百名手持盾牌的警察组成了三道防线;聚集者也分成了几部分,数百名年轻人在最前面投掷砖头和石块,一部分十四五岁学生模样的人和妇女则从附近工地上搬运砖头。现场聚集者打出了"誓死捍卫我们的权利,坚决反对市府搬迁"等横幅和标语。中午,甘肃省政府省长助理、公安厅长何挺赶到市委大院,对事件处置进行了具体部署,警察将聚集人员全部清理和疏散出市委大院。

在此次事件中,69名武警、2名民警和3名记者被打伤,其中11人住院治疗,110间房屋、22台车辆被砸烧,市委大院各单位办公设施及其他损失(不含房屋及车辆损失)500余万元。据陇南市委书记王义介绍,"11·17"事件是一起由酝酿中的陇南行政中心搬迁问题而引发的严重扰乱社会秩序的群体性事件,造成事件发生的原因是武都区部分干部群众,特别是拆迁户担心行政中心搬迁后其利益受损。

从2006年开始,陇南市在武都开始大规模城市建设,要将陇南市打造成甘肃、陕西、四川三省相邻地带的区域中心城市,涉及大量征地和拆迁。仅在城区和城郊的东江镇,就有失地拆迁群众3500多户,部分群众生活面临实际困难。一名拆迁户反映,陇南市人均耕地比较少,土地被征用后,原计划随着城市经济发展和兰渝铁路开通,可以靠做小生意维持生活;但行政中心搬迁后,武都区的发展前景很不乐观，非常担心将来的生活保障问题。

（三）主要特征

通过对云南"孟连事件"和甘肃"陇南事件"的简要梳理可以发现，两者具有下列共同特征：

第一，从发生过程来看，有相对较长时间的酝酿、发酵期，蕴藏着本可回旋的关键环节。"孟连事件"的当事方勐马镇胶农与橡胶公司的纠纷和冲突早在2006年就浮出水面，当地政府和司法机关的不当介入又激发了这些矛盾，结果将自己置于胶农的"对立面"，最终酿成激烈的警民冲突。"陇南事件"的重要诱因——市委、市政府搬迁传言，2008年年初就在坊间传播、扩散，众多拆迁户担心利益受损的恐慌情绪迅速蔓延，政府未能及时有效予以化解，最终导致一个地级市的首脑机关遭到冲击。

第二，从方式策略来看，群体行为的暴力性和违法性突出，直接表现为警民冲突。"孟连事件"造成2名村民死亡的惨重后果，另有41名民警和19名胶农受伤，9辆执行任务车辆不同程度损毁。在"陇南事件"中，共有110间房屋、22辆车被砸烧，造成市委大院各单位办公设施等损失503.8万元。在这两起事件中，无论民众的诉求是否合法合理，就最终所采取的方式、手段而言，其行为明显违法，事后一些参与者也被追究了刑事责任。

第三，从实施主体来看，参与者主要为特定群体，是事件诱因的利益相关者。在"孟连事件"中，与当地政府和警方发生激烈冲突的胶农与橡胶公司就收购价格产生纠纷，为利益直接受损群体。在"陇南事件"中，担心行政中心搬迁带来利益损失的拆迁户等当地居民集体到市委上访反映诉求，他们直接参与了对市委大院的冲击和打砸抢烧活动。"孟连事件"中的胶农和"陇南事件"中的拆迁户均为特定群体，拥有明确的利益诉求。

第四，从攻击对象来看，直指党政机关及其工作人员，目标取向单一。在"孟连事件"中，数百名村民手持长刀、钢管、棍棒与警察发生激烈冲突，多人受伤。在"陇南事件"中，聚访者更是把打砸抢烧对象对准一个地级市的首脑机关，一些到现场维护秩序的公安民警和武警受到攻击。但是，除当事双方外，这两起事件均未造成其他财产损失和人员伤亡，没有"波及无辜"。

第五，从群体心理来看，主要表现为对政府处理群众利益诉求问题的不满，对党政机关的不信任感明显。在"孟连事件"中,当胶农与已改制变成私人企业的橡胶公司就收购价格和林权归属发生纠纷后,当地政府主要官员在处理过程中因利益牵涉明显偏袒橡胶公司,从而引发胶农对党政机关及其工作人员的怨恨。在"陇南事件"中,拆迁户更多地表现出对当地党政机关的不信任,搬迁传言盛行、政府回应无力强化了这种不信任感。

(四)与贵州"瓮安事件"的比较

云南"孟连事件"和甘肃"陇南事件"明显表现出发酵时间较长、暴力活动无组织和攻击对象明确的特征,与贵州"瓮安事件"高度相似。不过,两者也存在着以下差异:

第一,实施主体不同。"孟连事件"和"陇南事件"的参与者为与事件诱发因素密切相连的"利益攸关方",胶农和拆迁户均为有着共同或相近利益诉求的特定群体。在"瓮安事件"中,尽管李树芬家人为"讨个说法"曾不断到县、州、省相关部门上访鸣冤,但是并非"6·28"事件的策划者和组织者,打砸抢烧事件发生时由于不在当地甚至毫不知情,暴力活动的实施者为散布在社会多个层面的不特定多数人,这些临时组合而成的群体的暴力行为具有很强的自发性。

第二,群体心理不同。"孟连事件"和"陇南事件"中参与者的不满集中体现在具体事项上,前者为对当地政府偏袒橡胶公司、漠视胶农利益的怨忿,后者则为对市委市政府不顾拆迁户基本生计问题搬迁行政中心的忧愤。而在"瓮安事件"中,民众的不满有个日积月累的过程,且体现在移民安置、房屋拆迁、矿产资源开发和社会治安状况等多个层面,"李树芬之死"将这些不满整合并激发出来,最终体现为对党政机关及其工作人员的极端不信任甚至仇视。

四、四川"大竹事件"和湖北"石首事件":非正常死亡
　　纠纷引发主要以事发场所为攻击目标的群体性事件

2007年四川"大竹事件"和2009年湖北"石首事件",均由普通人的非正常死亡这一常见的"偶发事件"演变而成,这两起事件在很多方面高度相似,透过表象折射的深层次问题同样发人深思。

（一）四川"大竹事件" ❶❷

2006 年 12 月 30 日凌晨 4 时许，四川大竹县公安局接到本县莱仕德商务酒店报警称：该酒店女员工杨代莉在送至大竹县人民医院救治无效后死亡，死因不明。来自大竹县二郎乡罗家村的杨代莉 16 岁，身高 170 厘米，相貌漂亮，初中毕业后就出来打工，2006 年 12 月 1 日到莱仕德酒店夜总会做迎宾小姐。

大竹县公安局派出警力对杨代莉死亡事件展开调查，但长达 10 多天没有一个明确的答复。同时，酒店与死者家属间的协商也颇为艰难。杨的父亲说，酒店方从事发至 2007 年 1 月 8 日累计支付了 1 万余元的亲属生活安排、补助费等后即以"花钱太多"为由停止提供费用。1 月 13 日，酒店在门口贴出告示，宣称杨的死亡与酒店无关。

1 月 15 日起，有人在大竹街头散发传单，为杨代莉的不明死亡鸣不平，街头巷尾及网络上传言四起，"3 名高官下迷药强奸杨代莉致死"等各种各样混乱、无法辨别真假的消息迅速扩散，莱仕德酒店门前有人开始聚集围观。大竹县领导决定先将莱仕德酒店停业，并要求县公安局尽快结案。

尽管事后大竹县公安局一直辩解自己"组织力量对杨代莉案件展开了调查和侦破"，但现实情况却是音讯全无。杨代莉的父亲杨万国事后表示，女儿死亡后的许多天，他们找了很多次酒店，竟然连老板是谁都没人告诉他们。15 日下午，死者亲属、同学及数百名群众到莱仕德酒店门前聚集，要求有关部门尽快查明死因。大竹县警方随即派出数十名警察到酒店前"维持秩序"。但是，除了"杨代莉为醉酒死亡"的说法外，凶手仍然"没有抓到和发现"，当日也未公布任何相关情况。于是，事态进一步恶化，一起简单刑事案件逐步发生性质演变。

17 日，大批群众继续在酒店门口聚集围观，大竹县领导到现场劝说并组织警力维持秩序。16 时许，酒店员工用店内的 3 支消防水枪向围观群众喷射，企图驱散群众，并有人从已停业的酒店楼上向围观人群投掷啤酒瓶等，引起围观者的强烈不满。17 时 30 分左右，一些人冲进酒店，有人开始点火，酒店燃烧起来。危急情况发生后，四川省和达州市领导赶赴现场，一边劝导群众离开，一边组织

---

❶ 参见任硌、陈凯："四川大竹事件反思：地方忙于换届错过处置良机"，《瞭望》新闻周刊 2007 年 3 月 1 日。

❷ 参见尹鸿伟："四川大竹群体事件背后的官场逻辑"，《南风窗》2007 年 3 月 5 日。

消防车进场扑火,到 21 时 30 分许大火被扑灭,围观群众被陆续劝离,事态平息。

但是,这一把大火却烧出了案件的进展。很快,一直没有"进展"的案件侦查工作"经过省市县公安机关、纪检部门的初步侦察和调查,涉嫌强奸的刘持坤(莱仕德酒店调酒师)在当地被抓获并逮捕",另外"还发现民警徐达祥涉嫌违规参与莱仕德酒店经营,由纪检部门进行了'双规'",徐达祥的妻子谢仕凤及其子莱仕德酒店法人代表徐峰同时被立案调查。事实上,徐达祥为大竹县城竹阳西区派出所所长,但官方公布的材料却很少提及。

随后,四川省、达州市纪检部门和公安机关成立了"12·30 专案组",表示"将对案件进一步侦查,如发现失职、渎职行为将对有关人员依法严肃处理,绝不姑息迁就"。1 月 20 日,达州市委决定对组织侦破不力、处置不当的大竹县公安局局长赖劲松和处置不力、负有领导责任的大竹县县委书记王伟停职检查。

大竹县有关人士表示,公安局局长赖劲松和派出所所长徐达祥"关系非同一般",所以之前一直在拖延案件办理,原因是担心影响酒店经营;另外,大竹县群众口中盛传"县委书记王伟几次在开会时发言,说不就是死了个服务员吗,屁大点事!",明显有压制案件事态扩大的意思。这些传言自然会促使民众猜测县委书记、局长和所长三者之间的关系。

经过近 10 天的全力侦破,省市专案组掌握了杨代莉死前 33 个小时的活动轨迹,排除了死前饮酒及离开酒店外出的可能,确定死亡原因为慢性胰腺炎伴急性出血坏死。同时查明:2006 年 12 月 30 日凌晨 2 时 30 分左右,调酒师刘持坤发现杨代莉仰躺在酒店房内地板上昏迷不醒,遂将杨背回出租房内奸淫。不久,刘发现杨脸色惨白、嘴唇发紫,立即打电话给酒店负责人,与酒店来人一道将杨送往大竹县人民医院抢救。刘持坤对犯罪事实供认不讳。有关部门还查明,2006 年 10 月开张的莱仕德酒店既无营业执照,也无卫生、消防等相关证照,是一家"黑店"。

2007 年 1 月 29 日,大竹县有关官员表示:在互联网上散布"3 名高官下迷药强奸杨代莉致死"谣言的犯罪嫌疑人主动到县公安局自首;大竹警方已抓获一批涉嫌实施"打砸抢烧"的违法犯罪嫌疑人,刑事拘留 9 人、治安行政处罚 8 人,到公安机关投案自首 16 人,查获、收缴以及投案自首人员上交哄抢的各类物资价值共计 4 万多元。当天,大竹县城街头恢复了往日的平静,但许多人还在私下讨论这起前所未有的事件,仍然有人表示对当地官方消息将信将疑。

同年 1 月 30 日,大竹县城居民王庆(化名)说:"虽然有人批评我们大竹人做法过激,但是不过激的话,此事又会不了了之。如果政府早点表现出处理事件的积极态度和诚意,谁愿意去冒违法犯罪的风险,谁不喜欢平平安安地生活呢?"2 月 2 日,四川省公安厅党委以不认真履行职责,致使徐达祥的违规违纪行为没有得到及时纠正和查处为由,免去 2006 年时任大竹县公安局局长、事发时已调任达州市公安局通川区分局局长兼党委书记的熊黎明职务。

(二)湖北"石首事件" ❶❷

2009 年 6 月 17 日 20 时许,湖北省石首市公安局笔架山派出所接市公安局指挥中心 110 报警台指令:永隆大酒店门前发现一具男尸,需派人前往。死者为该酒店 23 岁的男性厨师涂远高(石首市高基庙镇长河村人),民警到达现场,法医认为属自杀。

警方通知殡仪馆将尸体拖走,但家属们坚决反对。他们怎么也不相信 23 岁的涂远高会跳楼自杀——为什么没有出血呢?下巴、脖子和胸口上的青紫伤痕怎么来的呢?遗书是真的吗?事发后,永隆大酒店大门紧锁,没有人出来。愤怒的家属砸破玻璃门,将尸体抬进了酒店大厅,他们要求查明死因。

6 月 18 日凌晨和上午,当地政府人员和承包永隆大酒店的两名女老板与死者家属进行了两次谈判,但未能达成协议。当地公安部门要求 17 点之前搬走尸体,死者家属遂跪在街头请求围观群众帮忙守住尸体。6 月 18 日晚,当地公安和政府工作人员试图进入酒店运走涂远高尸体,但在群众集体阻止下警方被迫退却。

6 月 19 日 14 点多,从荆州调来的 200 多名武警出现在街头,加上当地公安和政府有关人员总计 500 余人,分乘 20 余辆车,开进酒店所在的东岳山路。围观人群被彻底激怒,约 2000 名群众拿起砖头、啤酒瓶、椅子阻止前进。冲突中维持秩序人员保持克制没有还手,被群众追赶到约 400 米外的车站,高基庙派出所的一辆警车被砸坏掀翻。

这一天,石首市市长张善彩出现在永隆大酒店对面"健康门诊"的四楼。他

---

❶ 参见欧阳洪亮:"石首的愤怒",《财经》2009 年第 14 期。

❷ 参见陈江:"石首:群体事件后的静默",《南方周末》2010 年 1 月 1 日。

用高音喇叭对下面的人群喊话："大家不要闹，死者是跳楼自杀的，不要被一小撮人蒙蔽……"此举没能缓和局势，反而引来楼下民众的群起谩骂和攻击。啤酒瓶朝市长纷飞砸去，绝大部分没能砸上四楼，但"健康门诊"的玻璃所剩无几。

6月20日7时许，消防车再次进入现场并试图用水柱驱散人群。聚集者在被水柱冲击散开后不久开始反击，他们向武警扔石块、砖头和酒瓶，将轮胎扎穿、车子砸坏。现场有七八名武警受伤，但他们不是目标，有人喊道："我们不打当兵的，只砸车。"

此后，双方拉锯对峙。6月20日上午10时许，更多的民众涌来，武警和民警再度撤离。当天，从皇叔街一直到笔架中学，长达1300米的街道挤满了群众。当日下午，一股莫名的大火从永隆大酒店一楼燃起，渐次汹涌并烧向二楼、三楼。目击者称，纵火者是一个年轻人，点了火就跑了。至于纵火动机，只有猜测：一种认为是要制造混乱，以利于抢夺尸体；还有人认为是为了毁灭证据。人们愈发觉得自己要坚持到底。

当天，从湖南、河南、湖北三省调集的5770名武警陆续赶到。武警晚间封锁了现场入口，只准出不准进。6月21日凌晨5时，守候在永隆大酒店外面的群众疲惫不堪。街上传来武警大举开进的声音，高音喇叭也随之响起："请围观群众迅速离开，否则后果自负……"列队的武警排成方阵，用警棍敲打着盾牌一步步逼进。

人群一点点后退。高音喇叭中传出了死者哥哥涂远华的声音："我以涂远高哥哥的身份，希望大家离开现场……"涂远华读了与政府达成的10条协议，包括遗体运往殡仪馆、待尸检结论公布后才火化等，人群终于开始退却。一辆车开至酒店门口，带着装备的防暴警察进入永隆大酒店。涂远高的遗体被迅速抬上车送往石首市殡仪馆，大规模聚集的人群渐渐散去。至6月21日晚，事态基本平息，大批武警撤离。

"6·17"事件发生前，毒品泛滥并引发治安状况恶化，一直令石首市民怨声载道。石首市公安局禁毒大队提供的一组数字表明：2001年全市受处罚并登记在册的吸毒人员220人，2005年为540人，2006年为660人，2008年则上升为800人左右，而实际吸毒人员预计在3000人左右。吸毒者中最早为南下打工的"淘金者"、无业闲散人员、个体户，近年逐渐向当地演出人员、金融工作者、医生、公务员等蔓延。除传统毒品海洛因之外，麻果等新型毒品由于依赖性相对较小，又有提神、减肥、提高性欲等功效，近年来在石首渐渐流行。隶属于石首市卫生防疫系统的"健康门诊"主任李明安透露：石首一些有钱人请客，餐桌上会放一盘麻果，宾客一起"开心"。

吸毒者每天用于毒品的开支至少两三百元，高者则达到两三千元。石首当地经济并不发达，民众收入总体不高，普通工薪阶层一个月收入不过一两千元，许多吸毒者靠抢劫、盗窃、敲诈勒索、卖淫、"以贩养吸"来获取毒资。一些群众称，在酒店后墙根的垃圾堆里发现大量一次性注射器，"这就是这家酒店搞毒品的罪证！""在当时，从群众走上街开始，楼上摔下来的涂远高是不是自杀已经不重要了，这次事件只是积压了很久不满的一次总发泄，政府在应对方法和时机上都不能称为恰当。"市民黄亮（化名）如是说。

6月25日，荆州市委有关负责人宣布：鉴于"石首事件"因一起非正常死亡案件演变成为重大群体性事件，造成很坏的影响，中共石首市市委书记钟鸣没有及时发现并报告情况，错过了处置的最佳时机，负有重要领导责任，免去其中共石首市市委书记职务，同时免去在事件中负直接领导责任的唐敦武中共石首市委常委职务。随后，唐敦武的石首市委政法委书记、市公安局党委书记兼局长的职务亦被免除。

（三）主要特征

四川"大竹事件"和湖北"石首事件"均由非正常死亡个案演变成为大规模群体性事件，两者具有下列共同特征：

第一，从发生过程来看，有相对较长时间的酝酿、发酵期，蕴藏着本可回旋的关键环节。从2006年12月30日凌晨莱仕德商务酒店女员工杨代莉死亡，到2007年1月17日酒店被愤怒的群众打砸抢烧，约20天后"大竹事件"才最终爆发。在"石首事件"中，2009年6月20日警民冲突升级距离6月17日晚永隆大酒店男厨师涂远高"跳楼自杀"也有3天时间。

第二，从方式策略来看，群体行为的暴力性和违法性突出，发生了打砸抢烧活动。在"大竹事件"中，一栋豪华的四星级旅游涉外酒店在上万人的围观中燃烧了3个小时，消防人员的救火行动被阻拦，酒店员工与聚集者发生冲突，酒店物品遭哄抢。"石首事件"中发生了警民冲突，共有62名民警、武警受伤，16台警用车辆遭到不同程度的损毁，永隆大酒店、市疾控中心、笔架山派出所被焚烧、打砸。

第三，从实施主体来看，参与者为不特定多数人，与起始纠纷和当事人并无利害关系。在"大竹事件"中，10来个学生冒着高压水柱砸碎酒店的钢化玻璃，随后酒店起火，参与者和在网上发布不实消息人员中并无死者亲属。"石首事件"发生后，尽管死者亲属实施了将尸体抬进酒店"讨要说法"的行为，涂晓玉（死者表姐）、涂远华（死者之兄）事后也被以聚众扰乱社会秩序罪判刑，但是暴力活动实施主体为与死者无关的非特定群体。

第四，从攻击对象来看，目标具有较强的确定性，主要为死者生前服务场所和现场维持秩序人员。在"大竹事件"和"石首事件"中，非正常死亡者所在的酒店均成为人群聚集场所和攻击对象，打砸烧主要针对酒店实施，混乱局面导致到现场维持秩序的公安干警和武警与聚集者形成对峙态势，普通死亡事件发展成为警民冲突。

第五，从群体心理来看，主要表现为对警方处置方式的不满，对党政机关的不信任感明显。"大竹事件"中，杨代莉死后10余天警方仍然调查无果，酒店也宣布与己无关，"16岁少女被轮奸致死"的传言迟迟没得到有关部门的澄清，公众的不满情绪在十几天后失控。"石首事件"中，涂远高系"跳楼自杀"的结论无法消除家属的疑虑，当地公安机关和政府部门组织和实施的"抢尸行动"加剧了死者家属和普通民众的不满。

（四）与贵州"瓮安事件"的比较

从事件起因、方式策略、实施主体和群体心理来看，四川"大竹事件"、湖北"石首事件"与贵州"瓮安事件"极为相似。但是，在攻击目标上并不完全相同：

"大竹事件"、"石首事件"和"瓮安事件"，均由一起看似普通和细微的非正常死亡事件演变而成大规模暴力活动。在"大竹事件"中，死者杨代莉生前所服务的莱仕德酒店成为攻击对象；在"石首事件"中，民众攻击目标除了死者涂远高所在的永隆大酒店外，还有到现场维持秩序的公安干警和武警，市疾控中心和笔架山派出所也遭到打砸烧；而在"瓮安事件"中，作为权力象征的党政机关成为攻击对象，县委、县政府、县公安局等机关办公楼遭到打砸抢烧，聚集者与公安干警、消防队员和武警发生冲突。

显然，在"瓮安事件"中，党政机关及其工作人员成为明确而特定的攻击目标，民众的愤怒集中体现在对公权力的不满和政府公信力的否定。一个典型细节突出证明了这一点：在街上的一辆汽车被点燃时，公安人员劝阻不了，但一家商店的小老板对人们说"那辆车是我的，要用，你们别烧了"，打砸者果然放过了这辆车。黔南州委书记吴廷述据此感叹："为什么打砸人群不听我们的话，却能听他们的话？为什么干群关系会紧张成这个样子？"❶

五、湖南"吉首事件"与河南"安阳事件"：非法集资造成人员大规模聚集的群体性事件

中小企业融资难是个老问题，在国际金融危机的背景下这个难题进一步凸显，一些企业为了缓解资金压力不惜高息揽储。2008 年湖南"吉首事件"和2012 年河南"安阳事件"，就是由大规模非法集资引发的群体性事件。

（一）湖南"吉首事件"❷❸

2008 年 9 月 3 日，因福大房地产公司未能按承诺兑现付息，部分集资者到湖南湘西州政府上访，引发群众围观。当晚 10 时许，部分群众向火车站聚集，正在湘西调研的省委常委、政法委书记李江率州委、州政府负责人赶赴现场，进行耐心细致的解释说服工作，至当晚 11 时许上访者及围观群众散去。

4 日上午，部分集资者再次到非法集资企业、市内街道、火车站聚集，一度造成交通堵塞和火车延误。下午 5 时许，湖南省相关部门领导组织指挥公安民警、武警官兵依法对堵塞铁路交通的集资上访者进行疏散，集资上访者和围观群众全部散去，市内和铁路交通恢复正常。从 7 日开始，湖南决定对吉首非法集资活动采取停息、清产核资、控制集资公司负责人、冻结相关财务资料等清理整治措施。

但是，9 月 22 日—24 日又起波澜。因三馆集团无力偿还本金，数千人到湘西自治州政府门口抗议。此后，又发生围堵州政府大门、堵塞市内交通、掀翻车

---

❶ 丁补之："瓮安溯源"，《南方周末》2008 年 7 月 10 日。
❷ 参见夏晓柏、彭立国："湘西 70 亿非法集资调查"，《21 世纪经济报道》2008 年 9 月 9 日。
❸ 参见何忠洲："吉首非法集资案：被地产商裹挟的官员们"，《南方周末》2010 年 2 月 4 日。

辆、冲击火车站等群体性行为。

当地银监部门数据显示,自2004年开始,截止到2008年6月,湘西州非法集资数额高达70多亿元,涉及集资企业数十家,绝大多数为房地产企业,三馆、福大、金浩等本地地产巨头均卷入其中。集资企业开出的月利息多为5%、8%,部分企业甚至高达12%!与非法集资火热现状形成对比的是,湘西州经济近年来一直低位徘徊,并不景气的经济发展环境导致企业利润率普遍偏低,无法承受高息融资带来的巨额利息压力。

中国人民银行湘西州中心支行2008年上半年金融分析数据显示,湘西州一季度经济出现负增长,二季度经济增长虽然有所恢复,但增速同比趋缓。上半年,全州实现GDP104.2亿元,同比增长4.4%,增速较上年同期回落13.1个百分点。而上半年金融机构各项存款余额221.41亿元,比年初增加6.32亿元,增长3%;但与上年同比少增12.01亿元,增速同比回落7.19个百分点。4—6月,已连续3个月出现逐月负增长。

"湘西州经济本就不景气,而两大支柱产业房地产业和矿业,首当其冲地受到国家宏观调控的影响。要命的是,民间融资的资金几乎都流向这两个行业,如果非法集资不能得到有效控制,其后续影响将难以估计。"业内人士称,企业利润无法支撑高额集资利息,非法集资难以为继。

发生于2008年的这次"裸泳",始于房地产商的"社会融资",进而成为牵涉吉首全城和整个官场的非法集资案:涉及本金总额达168亿余元、6.2万余集资群众参与其中。按当地政府统计,吉首全市人口一共才28.9万人。以案发的2008年计,168亿集资额接近湘西当年GDP的75%。

集资者的抗议理由是,集资从来都是政府鼓励和倡导的。公认的事实是,在融资危机爆发前,政府的态度一直是默许。融资规模最大的几家房地产企业,接纳融资与派发利息的办公室都是公开的,公司不断获颁"优秀企业"、"优秀企业家"、"信得过企业"、"重点保护单位"等称号。

在融资规模最大的荣昌集团,融资客户2004年起还持有一本盖着"湘西自治州民政局民间组织管理处"和"荣昌公司投资协会"两个印章的"投资协会会员证",会员证需年检方可续签。2008年9月26日,"融资活动"被最终定性为非法集资,由此引发的群体性事件亦在公安和武警大规模介入下得以控制。

其时,地方政府的责任被撇清。公开的材料称,"这些企业除了艺苑文化娱乐公司外都是经工商登记注册的合法企业,政府及领导干部参与企业的活动并不能说明企业的非法集资就合法了"。而集资户的责任被强调为"不了解非法集资的特性,不知道集资存在巨大的风险,是说不过去的"。不久,处理办法出台,清退方案出笼,一系列相应措施被采取。

9 月 28 日,公安部门称,共抓获 60 名涉嫌打砸抢的违法犯罪人员,其中仅有 2 人参与集资,其余 58 人均系社会闲散人员。记者看到当时一份起诉书称:打锣带头的唐永祥"患有中度精神发育迟滞"。一场"三无人员"大清查和"打黑除恶,缉枪治爆"集中行动也同时开展,自治州还开展了"万名干部下基层,排忧解难促发展"活动。

两年后,吉首特大非法集资案终于进入诉讼程序。该案之一的荣昌公司案,于 2010 年 1 月 27 日在湖南郴州中院开庭。公诉指控称,湘西最大的这家房地产开发商所赖以支撑的却是 37 亿非法融资,涉及集资群众 2 万多人,至案发时止仍有集资本金约 2 亿元无法归还。

该案还显露出与地产利益深度纠结的官场腐败。已查实有 15 名处级以上干部存在不同程度的违纪问题,其中厅级干部 3 人,包括湘西州政协原主席向邦礼,州委常委、统战部部长滕万翠,州人民政府原副州长、巡视员黄秀兰。而最早被免职的是州长徐克勤,他在任湘西州长前曾长期主政吉首市,免职的理由是"对湘西非法集资问题处理不力"。

随着一起起诉讼的逐渐展开,震惊世人的湘西非法集资案逐渐露出全貌。湖南省公安厅副厅长胡旭曦表示:"湘西'10·2'非法集资系列专案涉及时间之长、涉及范围之广、涉及企业之多、涉及金额之大、涉及人数之众、引发的后果之严重,堪称 1949 年新中国成立以来罕见的非法集资系列案件。"

(二)河南"安阳事件"❶❷

2012 年 1 月 1 日 9 点左右,数千参与非法集资的市民聚集在于河南省安阳市火车站、文化宫等地,导致该市解放大道等道路不通,随后,安阳市调集几百名警力开赴现场,通过多种手段维持现场秩序,并要求全市欲前往安阳火车站、汽

❶ 参见马纪朝:"退烧的安阳:集资狂热后遗症",《第一财经日报》2011 年 10 月 24 日。
❷ 参见李哲:"安阳非法集资爆煲　政府部门拆招",《证券时报》2011 年 11 月 8 日。

车站等地的车辆绕道通行。

在安阳这个经济并不十分发达的内地小城,集资活动披着形形色色的外衣,多年来汲取着百姓们并不丰厚的积蓄,通过表面光鲜却不可持续的种种"项目",造出若干暴富神话和民众的财富梦幻,却并没有为当地经济创造真正的繁荣。

房产公司的高息借贷、汽车租赁、酒店客房、农民专业合作社……许多曾被视作"理财"捷径的"投资"渠道,最终被证明是包装花哨的骗局。根据当地政府公布的《关于开展防范和打击非法集资专项活动的工作方案》,该市存在涉嫌非法集资的企业类型包括:投资融资公司、典当行、寄卖行、担保公司、房地产公司、小额贷款公司、汽车租赁公司以及农村资金互助社、农民专业合作社等。

这些骗局,许多都借着民间金融的外壳,在灰色地带滋生。一种典型的方式是通过汽车租赁进行变相融资,安阳市思麒汽车租赁有限责任公司(下称"思麒公司")尤为突出。该公司实际控制人谢保国因涉嫌抽逃出资罪被当地公安机关立案并采取强制措施,集资活动导致 2000 多人的数亿元押金无法收回。

成立于 2000 年的思麒公司曾被视作该市最大的汽车租赁公司。公司仅在安阳就拥有汽车 2000 多辆,多为奇瑞 QQ、吉利熊猫以及长安奔奔等微型车。按照汽车租赁的一般经营模式,租车客户需预付相当于车价一定比例的定金,然后每月交纳一定金额的租车费用。这种模式的利润均源于真实的租赁收入。

但思麒公司却喊出"零元租车"的惊人口号,并宣称:租车人只需交纳每年365 元的会员费,就可免费使用汽车一年,车辆保险、上牌、保养等费用均由思麒公司负担。其实,"零元租车"的噱头和 365 元会费,都只是思麒公司撒下的诱饵而已,其真正图谋在于所谓的"押金"。根据协议,租车人必须向思麒公司预交相当于车辆市价 1.8 倍到 2 倍不等的"押金"后,方可获得租车资格。也就是说,一辆市价不到 3 万的吉利熊猫标配汽车,租车人却要交 5.5 万元左右的"押金"。从众多租车人处收取的高达数亿元的"押金",成了谢保国等人可无偿使用的资金。

与此同时,由于车辆产权仍属于思麒公司,谢保国等人完全有可能以这些车辆为抵押,向当地银行贷款。大批现金在手的谢保国先后成立多家公司,涉及酒店管理、黄金珠宝、商贸投资等"行业",打造起一个在当地人人称羡的"商业帝国"。

但这种"辉煌"的背后,谢保国的"投资"却根本没有什么回报,截至案发时,这些公司大多经营不善,其中还有一些资不抵债。2011 年 7 月 30 日,多名租车人因租赁到期前往思麒公司一门店还车并索取押金，却发现大门紧闭，其他门店同样是"锁将军"把门。思麒公司的骗局终于水落石出。不久后，采用类似模式的子轩汽车租赁公司及百信汽车租赁有限公司等多家当地公司也轰然倒下，负责人张国荣、冯晓斌等金蝉脱壳。

除了"零元租车"，当地集资的名目可谓极尽想象之能事。一名来自安阳下属村庄的村民向记者透露，有一家安阳当地的农民专业合作社到其村做宣传，声称只要村民当天愿将 1 万元存入该合作社，便可立即获得 600 元现金、80 斤大米和 2 桶食用油，同时，还能获得年息 7.2% 的回报。

另一名安阳市民则告诉记者，就在离他家不远的人民大道上，一家新开业的酒店推出了"交押金 10 万元，房间免费住"的集资模式。任何人只要交纳 10 万元押金，便可获得该酒店一个房间 1 年的免费使用权，房间由酒店负责管理维护。"当时他们还专门到我们小区来搞宣传，我开始也觉得挺不错，但更怕有风险，最终没参与。"这名市民说，"万一酒店经营者携款潜逃，我的 10 万元押金岂不是打水漂了？"

不过，让更多安阳百姓担心的是市内最大的两家民营企业——贞元集团和超越集团，虽然这两家公司集资活动参与人数众多，但它们并不在政府公布的非法集资名单中。"集资和融资，安阳贞元集团和超越集团两个公司已做了 10 多年，参与人数也是最多的，保守估计每一家的集资规模都在 10 亿以上，年息一直在 30% 上下。其中，安阳政府机关、大型国企员工，估计有 5 成左右曾经参与其中。"安阳当地市民如是表示。更有人说，也正因为这两家公司存续时间长，才使得安阳普通百姓的投资热情如此之高。

昔日，在大街上随处可见的租车行、房地产投资公司、寄卖行等纷纷关门。如今，在安阳各街道社区公告栏上，都贴满了政府关于集资问题的公告，以及要求参与集资群众到户口所在地登记备案的通知。据民间初步估算，安阳市非法集资案金额超过 200 亿元。而 2011 年上半年，安阳地方财政总收入和一般预算收入计 130.6 亿元，安阳市全区人口仅 500 万，市区人口 100 万，有近八成家庭曾参与集资和融资活动。

（三）主要特征

湖南"吉首事件"和河南"安阳事件"，都是由集资者与相关企业之间的经济

纠纷引发,两者具有以下基本特征:

第一,从发生过程来看,有较长时间的问题积累期。两起事件中的非法集资活动,均可追溯到数年前,在此过程中,参与集资活动的企业、人员、资金量像滚雪球一样越来越多。在 2008 年国际金融危机爆发、中国经济面临下行风险,以及通胀压力下银根缩紧、房地产行业调控力度不断加大的情况下,非法集资企业资金链断裂便易引发连锁反应。

第二,从方式策略来看,群体行为的违法性突出、但暴力性并不明显。在两起事件中,参与者虽数以千计,但其行为主要表现为在交通要道、政府机关、相关企业、城市广场等地点大规模聚集,其间尽管也夹杂着冲击机关、打砸车辆等暴力行为,不过从整体上看行为方式相对温和。这应该与非法集资活动属双方自愿行为,聚集者自身也应承担较大责任有关。

第三,从实施主体来看,参与者主要为特定多数人,为利益相关者。湖南吉首,集资人数达 34 万人次,而该市市区人口不足 30 万;在河南安阳,有近八成家庭参与过集资和融资活动。尽管湖南公安部门称,"共抓获 60 名涉嫌打砸抢的违法犯罪人员,其中仅有 2 人参与集资,其余 58 人均系社会闲散人员"。但是,参与集资者为大规模聚集人群的主体,也是不争的事实。

第四,从诉求对象来看,目标具有较强的确定性,主要为人员流动较大的公共场所。在"吉首事件"和"安阳事件"中,市区主要街道广场和火车站等人员往来较多的地方,成为人群聚集表达诉求的重要场所。显然,这些地方有利于人数众多的集资者聚集,也容易形成声势、引起当地政府关注,以求得问题的解决。

第五,从群体心理来看,主要表现为借聚集活动给政府施压。非法集资是指单位或者个人未依照法定程序经有关部门批准,向社会公众筹集资金,并承诺在一定期限内向出资人还本付息或给予回报的行为。集资者应该清楚这是被我国法律法规明文禁止的行为,自己参与其中难辞其咎,但政府由于对此长期默许甚至纵容也应承担责任。因此,把事情搞大、政府介入解决,便成为聚集者的普遍心理。

(四)与贵州"瓮安事件"的比较

与贵州"瓮安事件"相比,湖南"吉首事件"和河南"安阳事件"有诸多不同,主要表现在以下三个方面:

第一,实施主体不同。"吉首事件"和"安阳事件"的参与者,基本上是切身利益已经或将要受损的集资人。尽管他们来自社会各个层面，具有不同的地位、身份，但其核心诉求还是"钱的问题"，属"特定群体"。而"瓮安事件"的参与者与当事人并无利害关系，亦无明确的利益诉求，属"不特定多数人"，他们只是为了借机发泄对当地党委政府长期积累的不满情绪。

第二，方式策略不同。在"吉首事件"和"安阳事件"中，数量庞大的参与者主要在公共场所和交通要道大规模聚集，以期引起当地领导重视并获得问题的解决，行为方式相对平和。而在"瓮安事件"中，参与者攻击的矛头直指党政机关及现场维持秩序人员，攻击性、暴力性、违法性突出。

第三，群体心理不同。"吉首事件"和"安阳事件"参与者的聚集活动主要还是为了"博取眼球"，把"事情搞大"只是其手段，保证集资款的安全才是目的。而在"瓮安事件"中，民众的不满体现在多个层面，最终归结为对党政机关及其工作人员的极端不信任甚至仇视，把"事情搞大"本身就是目的。

六、广东"乌坎事件"：又一起具有标本意义的群体性事件

始于 2011 年 9 月 21 日的广东省汕尾市"乌坎事件"，随着 2012 年 3 月 4 日乌坎村新一届村委会选举结束而告一段落。尽管在 2012 年全国"两会"期间，中共中央政治局委员、广东省委书记汪洋称乌坎的民主选举"没有任何创新"[1]，但是"乌坎事件"的深层原因、处置策略及其所揭示的群体性事件发展新趋向，仍然值得认真思考和总结。

（一）演变过程

无论是从村民诉求、事件规模、持续时间，还是从政府处置方式来看，"乌坎事件"都极具"标本意义"。其跌宕起伏的发展变化过程，可分为三个发展阶段：

1. 矛盾激化阶段（2011 年 9 月 21 日—12 月 19 日）

2011 年 9 月 21 日上午，陆丰市东海镇乌坎村 400 多名村民因土地、财务、选举问题对村干部不满，到陆丰市政府上访，经市领导接访给予明确答复后，村民

---

❶ "汪洋：乌坎选举无创新　纠正了走过场形式"，凤凰网 2012 年 3 月 5 日。

自行散去。下午,部分村民在村里及村周边企业聚集,打砸、毁坏财物并冲击围困村委会、公安边防派出所。

22 日上午,部分村民阻挠、打砸进村维持秩序民警和警车,6 部警车被砸坏。对此,汕尾、陆丰两级党委政府主要领导高度重视,及时启动应急处置预案,赶赴现场。与此同时,汕尾派出工作组到陆丰督导,陆丰市、东海镇组成工作组进村回应诉求,23 日村内恢复了正常秩序。但是,事件在 11 月中旬又起波澜。11 月 21 日上午又有数百村民聚集到陆丰市政府门口上访,并打出"打倒贪官"、"还我耕地"等标语。经当地官员做工作,部分村民接受劝说。26 日,村里的白布标语、大幅宣传画被拆除。

12 月 9 日下午,汕尾市政府举行新闻发布会称,已对"9·21"事件进行妥善处理,乌坎村村民有关财务审计、土地、选举、扶贫助学等诉求基本得到解决。当天中午,村民薛锦波等 5 人被刑事拘留,薛在被关押了两天后死亡,事态再度恶化,村民在村口设置路障并与武警、民警发生冲突,双方形成对峙局面。

12 月 16 日,乌坎村党支部书记薛昌、村委会主任陈舜意被当地纪检机关"双规"。12 月 17 日,乌坎村举行村民大会,要求在 5 天内交出薛锦波尸体,否则将到陆丰市政府游行示威。12 月 18 日,汕尾市党政主要领导与乌坎村及周边地区的干部、群众、老师、学生代表等 500 多人举行见面会。但是,村民与警方仍然处于僵持状态。

2.事态缓和阶段(2011 年 12 月 20 日至 12 月 27 日)

2011 年 12 月 20 日,广东省工作组进驻陆丰市,"乌坎事件"开始出现重大转机。工作组由中纪委委员、广东省委副书记朱明国任组长,副省长林木声任副组长,并从省直各部门抽调了 9 名厅级干部和一批业务骨干参加。

在 20 日举行的陆丰市干部群众大会上,朱明国说:"陆丰乌坎村群众的主要诉求是合理的,基层党委政府在群众工作中确实存在一些失误,村民出现一些不理性行为可以理解。"当天,村民代表林祖銮与朱明国在陆丰市信访接待室会面。会后,林祖銮表示,工作组答应陆续释放 3 名被捕青年村民,再次对村民薛锦波进行死因确认并尽快交还遗体,承认村民临时代表理事会的合法身份。随即,乌坎村召开村民大会,宣布取消原先定于 21 日下午的游行,并自行拆除村口所有路障。自此,"乌坎事件"开始走向良性互动。

12 月 22 日下午,广东省委副书记朱明国深入乌坎村,走访看望乌坎群众。

朱明国称：党委、政府和村民们的目标是一致的，将依靠群众、依靠村民把"乌坎事件"处理好，保证向工作组反映问题村民代表的自由和人身安全。村民们挂起了多条红色横幅："拥护共产党，拥护党中央！""热烈欢迎省工作组为乌坎人民排忧解难！"。

3. 还权于民阶段（2011 年 12 月 28 日至 2012 年 3 月 4 日）

2011 年 12 月 28 日，广东省工作组在乌坎村召开群众通报会。东海镇政府依法作出关于"陆丰市东海镇乌坎村第五届村委会换届选举整体无效，村民代表和村民小组长选举无效，应当组织重新选举"的认定。

2012 年 1 月 15 日，乌坎村召开党员大会宣布村党总支正式成立。东海镇党委依据党章和有关规定，任命林祖銮为村党总支书记，孙汉民、张水金为副书记；同时成立由 24 人组成的村委会重新选举筹备工作小组，协助村党总支依法组织开展村委会重新选举工作。

2 月 1 日，乌坎村党总支和重新选举筹备工作小组召开村民选举委员会推选大会，经无记名投票推选产生了由 11 人组成的选举委员会。在村党总支的领导下，村民选举委员会负责主持村委会的重新选举工作。

2 月 11 日，乌坎村党总支和村民选举委员会召开推选村民代表和选举村民小组长大会，共选出 109 名村民代表。村民代表产生后，先后多次召开会议，依法对村委会重新选举工作实施方案、选举方式、选举日、参选村民登记等事项进行审议。

3 月 3 日，乌坎村采取不设候选人、本村登记参加选举的村民无记名投票的方式，选举产生村委会主任和副主任各 1 名。当天共发出选票 6899 张、收回 6812 张，村民参选率超过 80%，林祖銮首轮以 6205 票当选村委会主任，杨色茂以 3609 票当选副主任。由于其他人得票均未过半，7 名村委会成员中的 1 名副主任和 4 名委员于 3 月 4 日经另行选举产生。

（二）主要特征

随着村"两委"的产生，持续数月的"乌坎事件"终于画上了圆满句号，这一事件所呈现的特征和趋向发人深思。

梳理"乌坎事件"的演变过程，可以发现其具有以下特征：（1）从发生过程来看，有较长时间的酝酿期和持续性。早在 2009 年乌坎村民就开始上访，但在两年多时间内问题并未得到解决，矛盾日积月累，村民最终在 2011 年 9 月 21 日采取了过激行为,整起事件则持续数月。(2)从方式策略来看,群体行为呈现出阶段性和多元化。乌坎村民在反映诉求过程中,伴随着集会、游行、示威活动采取了打砸、围攻行为,并发生警民冲突、形成对峙局面。后来在德高望重者的主导下,村民行为趋于理性、更讲策略。(3)从实施主体来看,参与者为特定群体。这一事件的参与者均为乌坎村民,属"利益相关方"。(4)从诉求对象来看,目标明确。村民行为主要针对侵害其利益的相关企业、村委会以及没有及时满足其合法诉求的当地党政机关。

纵观进入 21 世纪以来我国发生的群体性事件,整体上看,上述特征并无特别之处。但是,"乌坎事件"在群体诉求和组织方式上的变化值得特别关注:

1.在群体诉求上,趋于复杂化、多样化。根据 2011 年 12 月 9 日汕尾市政府的情况通报,乌坎村民主要有村级财务、土地、选举、扶贫助学和乌坎港污染问题等五大诉求,其中村干部倒卖土地问题为核心诉求。除了与自身紧密相关的"利益诉求"外,乌坎村民还有依法履行村委会选举权的"权利诉求",甚至在集会时打出了"反对独裁"、"还我人权"、"打倒贪官"等横幅。

2.在发起方式上,组织性和主动性突出。为有效维护合法权益,乌坎村民经推选产生了"村民临时代表理事会"、"妇女代表联合会"等组织,并捐款筹集活动经费。尽管村民们的"过激行为"在某种程度上是多方求告无果后的"被迫举动",但其在行为方式、策略选择上却表现出明显的组织性和主动性。

在德高望重的"灵魂人物"——林祖銮的主导下,从 2011 年 11 月 21 日再次到陆丰市政府集体上访起,乌坎村民们的行为选择开始变得讲究策略和方式。林祖銮说,那是一次有组织守纪律的行动,"上访之前,我们就跟派出所打了招呼。如果不按照国家的规定行动,办理相关手续,那第一个犯法的人就是我。我跟村民说,我不害你们,你们也不要害我,谁不听话我就开除谁"❶。而且,在广东省工作组进村前晚,乌坎村民统一认识,主动撤除了路障。

3.在参与人员上,"新生代农民工"成为重要力量。"70 后"、"80 后"甚至一部分"90 后"在"乌坎事件"中是一个很重要的群体,他们常年在外谋生,与父辈相比见识更为广阔、对自身权益更为在意,而且善于运用录音、摄像设备和 QQ、微博等新媒体记录事实、传播消息。为凝聚力量、扩大影响,乌坎年轻人开设了

---

❶ 黎广、甄宏戈:"乌坎事件调查",《中国新闻周刊》2012 年第 1 期。

QQ 群,并有多人注册微博。

2009 年 6 月 21 日,20 多个在珠三角各地打工的乌坎青年分赴广州,开始到广东省政府上访。在此后的两年多时间内,这些年轻人们共上访 10 多次,但均无下文。9 月 21 日上午,几个年轻人从陆丰回到乌坎,看到村北两三公里有施工人员和机械在作业,便用大喇叭在村口吆喝着要将此事查个清楚。村民们奔走相告,聚集起来到陆丰市政府上访,矛盾突然激化、事件骤然升级。

之后,洪锐潮、张建城、庄烈宏这三位"80 后",因为维权过程中的"打砸行为"而被陆丰市公安局刑事拘留。但是,在被释放后,2012 年 3 月 4 日洪锐潮当选为乌坎村村委会副主任,庄烈宏、张建城当选为村委会委员,同时当选为村委会委员的还有另外一名"80 后"女青年陈素庄。在乌坎村新一届村委会成员中,有 4 位是"80 后",最小的仅 25 岁,还有一位是"70 后"。

(三)处置过程

由村内利益纷争和村民权利诉求引发的"乌坎事件",可谓一波三折。值得思考的不仅是这一事件本身所体现出的新特征和新趋向,还有政府处置策略和方式所带来的经验教训。

从政府处置过程来看,以 2011 年 12 月 20 日广东省工作组进驻为界,"乌坎事件"可分为泾渭分明的两个阶段:

在此之前,对"乌坎事件",汕尾、陆丰两级党委政府带有明显的"对立思维"。2011 年 12 月 9 日,在汕尾市政府举行的新闻发布会上,汕尾市委书记郑雁雄说:"一些村民的初衷是赢得利益,但采取了错误的做法,出现打砸等犯罪行为。极少数人担心受到法律制裁,后来采用诱骗、造谣、裹挟的手段,使村民不要那么快了事","被村内外一些别有用心的人所炒作、利用、煽动,企图将事件升级","有境外势力对今次事件推波助澜,致使本已平息的事件又趋严重,改变了事件性质"。❶ 在村民诉求还未得到有效回应、根本问题仍未解决的情况下,当地政府动用警力抓捕村民、设立关卡的强制行为无异于火上浇油。在这种情况下,双方对立情绪增强、矛盾激化,最终形成严重对峙局面。

12 月 20 日,广东省工作组进驻陆丰后的"和解姿态"使事件峰回路转。

---

❶ "省委副书记朱明国带队进驻陆丰乌坎村",《南方农村报》2011 年 12 月 22 日。

在陆丰市干部群众大会上，广东省委副书记朱明国说："'乌坎事件'起源于利益冲突，既是经济社会转型期矛盾高发的必然表现，更与当地农村基层工作、基层干部作风问题直接相关，但事件性质总体上依然是人民内部矛盾。"❶这一符合实际情况的定性，给妥善处置"乌坎事件"奠定了前提和基础。回应村民土地诉求、释放被捕村民、依法组织村委会选举，政府放低身段的"柔软举动"赢得了信任和支持。省工作组不断"释放善意"，与乌坎村民终于形成了良性互动。

尤其值得关注的是，在事态平息后，上访活动领头人林祖銮被任命为该村新的党总支部书记，后来又高票当选为村委会主任；曾因涉嫌"毁坏财务罪"和"妨碍公务罪"而被刑拘的洪锐潮、张建城、庄烈宏，当选为村委会成员；年仅21岁的薛健婉高票当选为村民代表，而她是曾带领乌坎村民维权、被警方抓捕后死亡的薛锦波之女。

事后，乌坎村党总支书记兼村委会主任林祖銮在接受记者采访时认为："乌坎事件"之所以闹大，责任不在上面领导，主要还是下面基层有些人谎报案情造成的。"群众诉求有境外势力参与"、"境外资金支持"、"境外人员操纵"、"境外武器援助"，这些都是谎言，造成上面对乌坎误判。基层政府"没有正确面对人民群众的合理诉求。把群众当成了假想敌，摆在对立面"❷。

2012年4月20日，汕尾市陆丰纪委宣布对原乌坎村"两委"共8名成员实施"双规"，表示将严肃查处他们在土地买卖、财务管理等方面的违纪行为。此前，广东省委副书记朱明国18日到访乌坎时承诺为村民解决的十几项民生工程也已启动建设。

实际上，"乌坎事件"的演变过程包含了处置群体性事件的两种模式——压制与和解，显示了严峻形势下在法律框架内通过协商对话解决问题的可能性，最终实现了民众维护权益与政府维护稳定的"双赢"。

（四）与贵州"瓮安事件"的比较

跨越两个年度的广东"乌坎事件"引起了国内外媒体的高度关注，与贵州

---

❶ 林洁："广东省工作组进村处置乌坎事件"，《中国青年报》2011年11月22日。
❷ 杨江："林祖銮：还原一个真实乌坎"，《新民周刊》2012年第11期。

"瓮安事件"同具标本意义，但两者有以下差异：

第一，实施主体不同。"乌坎事件"的参与者是与自身利益密切相关的本村村民，为具有共同身份、诉求的"特定群体"。"瓮安事件"的参与者来自社会各个层面，为与当事人无利害关系的"不特定多数人"。

第二，诉求目标不同。乌坎村民的主要诉求为村级财务、土地、选举、扶贫助学及港口污染问题，其诉求不仅有以土地问题为核心的"利益问题"，还有为法律所明确赋予、但并未落到实处的"权利问题"。而在"瓮安事件"中，具有"乌合之众"特征的参与者重在借机泄愤、并无利益和权利方面的诉求。

七、具有标本意义的群体性事件

进入 21 世纪以来，考察中国屡见不鲜的群体性事件，有三起非常典型，即 2004 年四川"汉源事件"、2008 年贵州"瓮安事件"和 2011 年广东"乌坎事件"。之所以说其具有"标本意义"，主要原因是它们在事件规模、核心诉求和政府处置方式等方面，均有警示意义和借鉴价值。

（一）事件规模：人数众多，情节严重

在 2004 年四川"汉源事件"中，因安置补偿不到位等问题，瀑布沟水电站涉及的上万移民聚集起来阻止施工并发生警民冲突。按照规划，瀑布沟水电站建成后，汉源县 14% 的土地将被淹没，全县三分之一的人口（10 万人）必须搬迁。通过亲戚、朋友、同事等纽带，瀑电工程几乎与每位汉源人都能产生直接或间接的关联。除阻工外，当地民众还采取了静坐、游行、罢市以及冲击当地党政机关等抗议方式，甚至亲临汉源的四川省委主要领导也遭到围困而难以脱身。尽管由于严密管控媒体对这起事件报道很少，但是一些信息仍然通过网络、电话等渠道传至外界，一些境外媒体甚至用"汉源暴动"来描述这起"大规模聚集事件"。

2008 年贵州"瓮安事件"源于一起看似微小的女中学生溺亡事件，但最终却演变成不法分子对当地党政机关实施的打砸抢烧活动。在施暴过程中，上万民众围观并有很多人拍手叫好。除打砸抢烧外，在事件发生的初期阶段，参与者表

达不满的主要方式为游行、请愿。事件发生后,由于省级工作组介入后采取了较为开明的态度,境内外媒体报道很多,文字、图片、视频等亦见诸网络,有境外媒体用"瓮安骚乱"来形容这起由民事纠纷引发的暴力事件。

在 2011 年广东"乌坎事件"中,由土地、选举等问题引发的村民不满,最终发展成为严重的警民对峙。为维护与自身休戚相关的合法权益,有 7 个自然村、78 个姓、13000 多人的乌坎村形成了空前团结。伴随着集会、游行、示威等和平抗议活动,部分村民还采取了打砸、围攻等暴力行为,并最终与警方形成严重对峙局面,乌坎一时间成为与外界隔离的"孤岛"。颇具声势的媒体报道和网络传播,以及一拨又一拨前往探视的记者、律师、学者等群体的介入,使这起事件引发了更为广泛的国内外关注度。在乌坎村民民主选举新一届村委会后,一些媒体对这起事件的化解过程更是冠之以"乌坎模式"的名头。

显然,"汉源事件"、"瓮安事件"和"乌坎事件"的参与人数成千上万,其行为选择尽管也有游行请愿等和平方式,但警民冲突等暴烈行动更是产生了本不应有的惨痛后果,就事态发展而言堪称严峻。

(二)处置方式:既有教训,也有经验

从结局来看,2004 年四川"汉源事件"、2008 年贵州"瓮安事件"和 2011 年广东"乌坎事件"最终都得到了较为圆满的解决。但是,在政府处置过程中,却存在着基层政府和上级工作组对事件性质的解读差异,不同的定性和姿态也带来了迥异的结果。

四川"汉源事件"在 2004 年 9 月 21 日由村民阻工行为引爆后,10 月 29 日汉源县城又出现了商家罢市和学生上街游行的情况,其间县政府办公楼玻璃被砸坏。当地官方称"10·29"事件是"一小撮不法分子强迫个体工商户罢市",将之定性为"有组织、有计划、有目的的打砸抢事件"。11 月 3 日,省里下派的工作组在汉源多次召开会议,强调"要打击闹事分子,决不姑息迁就",并要求其"无条件向政府自首"。但是,这种严厉态度并未使事态好转,事件进一步发展。之后,中央派出时任国务院副秘书长的汪洋带领工作组赶赴汉源,在当地党员干部会议上传达了胡锦涛总书记和温家宝总理的"四点指示":在移民提出的问题和要求没解决前,瀑布沟电站不复工;维护安定团结、恢复正常生产生活秩序是解决问题的关键;要广泛听取人民群众的各种意见,维护移民权益;保证国家重点

水电工程建设，支持西部大开发。❶ 而 10 月 27 日发生的数万移民齐聚施工现场的行为，则被定性为"不明真相的移民大规模聚集事件"，这一相对中性的定性和注重移民利益的解决方案使"汉源事件"迅速得以平息。

2008 年 6 月 29 日，即贵州"瓮安事件"发生的次日，在瓮安县委有关负责人与黔南州有关部门联合举行的新闻发布会上，该事件被当地官方描述为："这一事件是'有组织、有预谋'的，起因是死者家属对公安部门的鉴定结果不服，组织了一些人员拉横幅在街上游行，围观人员跟随聚集到县政府上访。在县政府有关负责人接待过程中，一些人煽动不明真相的群众冲击县公安局、县政府和县委大楼，随后少数不法分子趁机打砸抢烧。"7 月 3 日，贵州省委召开的"瓮安'6·28'事件阶段性处置情况通报会"上，却没有出现"有组织、有预谋"的定性，曾三次向当地百姓道歉的贵州省委书记石宗源称："这起事件看似偶然，实属必然，是迟早都会发生的。对此，瓮安县委、县政府和有关部门的领导干部负有不可推卸的责任。"省级领导的柔软态度和亲民举动，赢得了瓮安群众的信任，为深入化解引发这一事件的深层次问题奠定了基础。

2011 年广东"乌坎事件"发生后，在 12 月 9 日由汕尾市政府举行的新闻发布会上，市委书记郑雁雄说，乌坎事件"被村内外一些别有用心的人所炒作、利用、煽动，企图将事件升级"，"有境外势力对今次事件推波助澜，致使本已平息的事件又趋严重，改变了事件性质"。之后，广东省委工作组的介入让趋于严峻的事态峰回路转，11 月 20 日在陆丰市干部群众大会上，省委副书记朱明国说："'乌坎事件'起源于利益冲突，既是经济社会转型期矛盾高发的必然表现，更与当地农村基层工作、基层干部作风问题直接相关，但事件性质总体上依然是人民内部矛盾。"随即，村民取消原定于 21 日的集体上访和游行，并自行拆除村口所有路障。自此，"乌坎事件"走向良性互动。事后，新当选的乌坎村党总支书记兼村委会主任林祖銮在接受记者采访时认为："乌坎事件"之所以闹大，责任不在上面领导，主要还是下面基层有些人谎报案情造成的。

梳理上述三起群体性事件的处置过程，不难发现，事发后当地政府习惯于将之仓促定性为"有组织、有预谋"的敌对行为，因此"高压手段"的使用也就顺理成章。由于参与者的主要诉求并未得到回应和解决，在这种情况下的压制方式

---

❶ 参见"汉源事件：中共中央强调维护移民利益"，联合早报网 2004 年 11 月 10 日。

只能使事态进一步恶化。在另一方面,更高层面党委政府介入后,在"人民内部矛盾"的范畴内采取了与前不同的"柔性方式",通融、妥协甚至退让却使事态迅速好转,事件平息后当地官员亦受到了法纪惩处。其中的教训和经验,值得执政者深思。

(三)核心诉求:利益表达、不满宣泄与价值追求

之所以说四川"汉源事件"、贵州"瓮安事件"和广东"乌坎事件"具有"标本意义",除了它们在事件规模上具有显著性和警示意义、在处置方式上具有复杂性和借鉴价值外,还在于这三起事件彰显了群体性事件的类型化特征,各自在所属类别中颇具典型性和"标杆意义"。

在2004年四川"汉源事件"中,参与者的核心诉求是利益问题,群体性行为亦属"利益表达"和"利益驱动"。汉源移民的利益问题主要体现在征地补偿和安置地点两个方面,由于仍用14年前的补偿标准,再加上补偿统计漏掉11亿元,移民们遭受巨额利益流失;另外,安置地的生产、生活环境也远不如老地方,相对恶劣的地貌和相对贫瘠的耕地也让移民们觉得"会吃亏"。因此,瀑布沟水电站项目涉及的汉源居民担心迁移后生活会陷入窘境,"国家政策我们都支持,但要保证我们的生活水平不能降低"❶。显然,汉源移民的利益诉求并不过分,却长期得不到解决,促使他们为最起码的生存所需而奋起抗争。

在2008年贵州"瓮安事件"中,参与打砸抢烧者与溺亡少女并无利害关系甚至素不相识。他们是以社会混混和学生、教师为主体,来自社会多个阶层的"不特定多数人"。"冰冻三尺,非一日之寒"。正如贵州省委领导所说,"这起事件表面的、直接的导火索是李树芬的死因。但背后深层次原因是瓮安县在矿产资源开发、移民安置、建筑拆迁等工作中,侵犯群体利益的事屡有发生,而在处置这些纠纷和群体事件过程中,一些干部作风粗暴、工作方法简单,甚至随意动用警力","概括地讲,在于当地积案过多,积怨过深,积重难返"❷。在"瓮安事件"中,参与者并无利益诉求,而是重在借机宣泄长期积累的不满情绪。

在2011年广东"乌坎事件"中,村民们的诉求则表现为利益与价值(包括权

---

❶ 谭新鹏:"开发商把良田说成高山峡谷　大渡河移民巨资流失",《中国青年报》2004年10月28日。
❷ 刘子富:《新群体事件观——贵州瓮安"6·28"事件的启示》,新华出版社2009年版,第24~26页。

利)的交织。2011 年 11 月 26 日,在全省做好新形势下群众工作经验交流会上,广东省委副书记朱明国说,乌坎村民主要有两个诉求:一是土地问题,乌坎村有 9000 亩土地,卖了 6700 多亩了,剩下 2000 多一点,既没把村民变成市民,又没解决城市的低保;二是村务不公开问题,主要反映村干部贪污受贿、卖地不跟他们商量的情况。❶ 其实,归结起来,乌坎村民的核心诉求为利益问题和权利问题。按照《村民委员会组织法》,涉及村民利益的重大事项必须经村民会议讨论决定方可办理;乌坎村干部私自倒卖集体土地的行为,显然侵害了村民们的经济利益和法定权利。

如果说,"汉源事件"的内在驱动力是利益问题,"瓮安事件"的内在驱动力为长期积累的不满情绪;那么,"乌坎事件"的动力机制和群体诉求则表现为"利益"与"权利"的交织,这是社会发展到特定阶段的必然结果。随着经济社会的发展和人们权利意识的增强,彰显出某种"价值符号"的群体性事件必将呈现出日渐增多的态势。

八、小　结

从对上述典型群体性事件的比较分析可以看出,贵州"瓮安事件"与它们既有诸多相似之处,也有独属于己的特征。我们既可以从事件本身的演变过程来分析其异同,也可从深层次原因这一角度予以考察。由于西藏"3·14"事件、新疆"7·5"事件等属于"敌我矛盾"的群体性事件,在性质上与贵州"瓮安事件"等明显属于"人民内部矛盾"的群体性事件直接相悖,因此这类具有特殊属性的群体性事件不在归结之列。

(一)从事件本身的演变过程看,由偶发因素或日常纠纷发展成为群体性事件

四川"汉源事件"源自当地移民对征地补偿和安置地点问题的不满,这种基于利益受损产生的干群矛盾在市场经济深入发展、利益主体趋于复杂多元的 21

---

❶　参见王鹤、应立敏、黄轩:"设身处地为底层群众着想",《广州日报》2011 年 12 月 27 日。

世纪属常见纠纷。但是,对群众利益的长时间漠视和侵害,却使原本不应发生的干群摩擦最终演变成了数万群众参与的"大规模聚集事件",在国内外造成了极为恶劣的社会影响。

重庆"万州事件"和安徽"池州事件"的起因均为常见的街头碰撞,但是处于强势地位一方的不当言行使事态迅速升级。在"万州事件"中,胡权宗夫妇不仅殴打了搬运工余继奎,还出言不逊:"我是公务员,什么事情都可以摆平",并与前来处理纠纷、素不相识的警察握手显示自己"熟人多,路子广"。这种言语和举动让围观者产生强烈抵触情绪,从而对警方能否公正处理此事心存疑虑,一起个体间的"民事争执"迅速演变成为普通民众与当地政府和警察之间的"官民冲突"、"警民冲突"。

同样,安徽"池州事件"也发端于街头摩擦,外地商人吴军兴乘坐轿车与当地学生刘亮碰撞后双方发生争执,吴在所带保安殴打刘亮过程中口吐狂言:"打死了不就是赔 30 万吗?"这种带有蔑视意味的挑衅性言语刺痛了出面打抱不平的摩的司机和围观者的神经。而且,警察在带走肇事者时并未给后者戴上手铐,聚集者出于对"官商勾结"的担心很快将矛头对准了处理事故的派出所,警民冲突瞬间爆发。

云南"孟连事件"、甘肃"陇南事件"均发端于普通利益纠葛,但是当地政府的不当介入或消极应对使事态逐渐恶化。在"孟连事件"中,胶农与当地橡胶公司围绕收购价格和林权归属的矛盾和冲突由来已久,之前已发生多起肢体冲突,但是本应处于居中调停地位的当地政府明显偏袒橡胶公司,对求告无门的胶农采取打压政策,在多次向上级请求调动警力打击"农村黑恶势力"被拒后擅自出警,警民冲突造成多人死伤的严重后果。

如果说"孟连事件"中胶农所争取的是直接而现实的利益的话,那么"陇南事件"中的拆迁户等当地居民所担心的则是行政中心搬迁后将会带来的利益损失。多次搬迁传言没有得到当地政府的有力澄清,加之生活保障问题未能妥善解决,到市委聚集上访时"要见市委书记"的诉求也未能实现,这些都使人们对党政机关的不信任感加剧,在对峙过程中发生警民冲突,市委大院遭到围攻和冲击。

湖南"吉首事件"和河南"安阳事件",都是由集资者与相关企业之间的经济纠纷引发。参与集资活动的居民和企业众多,具体情况也不尽相同,既有因民间借贷问题产生的普通民事纠纷,也有以非法占有为目的而吸收公众存款的涉嫌犯罪活动。集资者在公共场所和交通要道的大规模聚集,主要是为了引起党政机关重视,从而保证资金安全。

在广东"乌坎事件"中,村民因村内利益纷争和村民权利诉求,两年多时间内多次上访反映土地被村干部倒卖等问题,但未得到有效回应和及时处理。在村民集体上访采取非理性行为后,当地政府仓促定性、抓捕村民、动用警力,使事态发展一波三折,最终形成警民对峙的严重局面。局限在一个小村庄的权益问题,对整个社会面来讲显然是微小的,但最终却需要省级派出工作组才得以平息事件。

四川"大竹事件"、贵州"瓮安事件"和湖北"石首事件"的导火索均为非正常死亡个案,但是警方草率处置、政府消极应对使事态一发不可收拾。"大竹事件"中,当地警方侦查迟缓,官方对诸多疑点和迅速扩散的流言也未积极回应,事件爆发的前几天正值大竹县人代会召开,为完成换届选举,县领导对此次会议投入了相当精力,却忽略了正在发酵的民众愤怒情绪,最终酿成事端。

"石首事件"中,面对民众对厨师涂远高死因的质疑和酒店背景的猜测,当地政府选择了沉默,在此情形下官方主导的"抢尸行动"更是加重了死者亲属和普通民众的猜疑和不满,酒店周围突然增加的公安、武警和政府工作人员彻底激怒了围观人群,冲突一触即发。同样,"瓮安事件"中,警方仓促下达的李树芬系"溺水死亡"的结论也引起了质疑,关于死因的各种流言版本迅速扩散,当地政府在几个关键环节失语、缺位,这些都为民众郁积的不满增添了燃料。

(二)从事件发生的深层原因看,长期积累的问题和矛盾为事态恶化提供了土壤

从表面来看,上述群体性事件均由偶发事件或日常纠纷引发,但细究起来,其深层原因却是当地日积月累的问题和矛盾,在民众的心理上集中表现为对事发地党委、政府的不信任。

考察四川"汉源事件"的深层次原因,不仅有移民多次反映合理利益诉求却长期得不到解决的因素,也有当地触目惊心的"官商共同体"对经济社会发展的侵蚀。这些都极大地损害了当地党委政府的权威和形象,引起广大人民群众的反感甚至愤恨。2004 年 11 月 13 日,四川省委常委扩大会议强调,"做任何事

情,一定要充分尊重和保障群众的切身利益,不能使绝大多数群众受益的,或者得不到绝大多数群众理解支持的,坚决不要实施"❶。

在重庆"万州事件"和安徽"池州事件"中,民众心理的敏感和脆弱程度令人惊讶,一些言语和举动足以惹起众怒,不过在社会现实中也可找到内在根由。"万州事件"发生后,重庆市一位主要领导在相关会议上表示:"产业空心化导致人民生活水平降低,引起了人民的不满情绪是这次事件的深层次原因"。位于三峡库区中心地带的万州城市居民有 40 多万,但是低保和失业人口数量惊人。万州区社会保险局有关人士说:"万州享受低保的人口达 5.6 万人,低保标准调整以后低保人口还会增加。❷"而据三峡学院有关专家的分析,万州区城镇人口应该纳入低保范围的实际上差不多有 10 万人。

在"池州事件"中,当地招商力度很大,前来投资的外地商人很多,但是一些群众认为"钱被外地人赚走了,抬高的房价等成本却由本地人来承受",因而产生"仇富"、"排外"心理。而摩的司机作为事件参与者中的重要群体,在事件发生前一个月曾成为池州市的整治、清理对象,受到处罚的达 1500 多人次,并且将退出营运市场。赖以维生的大门即将关闭,不难想象这一群体对政府的不满。正如一名当地干部所说的那样,"警民关系、干群关系不好是个原因,跟现在的贫富差距扩大也有关系,这些问题不光是池州的,这是全国性的问题"。

"孟连事件"表面是警民冲突,实质上源自胶农与橡胶公司长期的利益纷争,当地党委、政府未能及时有效解决群众的合理利益诉求,导致胶农对橡胶公司积怨日深,最后转化为对当地党委、政府及基层干部的不满。"陇南事件"背后隐藏的则是拆迁户等当地居民对行政中心搬迁后生活来源问题的担忧,仅在城区和城郊的东江镇就有失地拆迁群众 3500 多户,部分群众生活面临实际困难。事后,甘肃省省长徐守盛在同拆迁户座谈时表示:拆迁户的生活要保障和行政中心搬迁不搬迁是两个问题,无论搬与不搬关键是要发展,"我们要使群众短期生活没有损失,长期生活得到保障"。

湖南"吉首事件"和河南"安阳事件"之所以发生,与当地非法集资活动长期得不到有效遏制密切相关,问题长期积累使涉及面和影响度越来越大,一旦遇到

---

❶ 钟岚:"珍惜来之不易大好形势　维护改革发展稳定大局",《四川日报》2004 年 11 月 14 日。

❷ 周远征:"万州事件:恶性循环下产业空心化的现象折射",《中国经营报》2004 年 10 月 25 日。

宏观经济政策调整导致相关企业资金链断裂，就会像多米诺骨牌一样引发连锁反应，造成社会震荡。而政府官员的参与和漠视，就很有可能将老百姓的不满引至党政机关。

关于"乌坎事件"的成因和性质，中共中央政治局委员、广东省委书记汪洋指出："'乌坎事件'的发生有其偶然性，也有必然性，这是经济社会发展过程中，长期忽视经济社会发展中发生的矛盾积累的结果，是我们工作'一手硬一手软'的必然结果。作为负责任的政府，必须直面和解决好这些矛盾和问题。"乌坎村民反映的土地和村干部腐败等问题，也在长时间未能得到当地党政机关的回应和解决，矛盾日积月累。

在"大竹事件"中，死者所在的莱仕德商务酒店老板为当地派出所所长，且这家酒店既无营业执照，也无卫生、消防等相关证照。事件发生后，主持大竹全面工作的达州市副市长何平发表电视讲话称，"'1·17'事件暴露了我县执政能力建设特别是干部队伍建设方面存在的突出问题和薄弱环节"。在湖北石首，当地吸毒现象突出导致治安状况恶化，民众对警方和政府的不满借一起非正常死亡事件得到了集中宣泄。

"瓮安事件"发生的深层次原因，则如贵州省委书记石宗源所说："在矿产资源开发、移民安置、建筑拆迁等工作中，侵犯群众利益的事情屡有发生，而在处置这些矛盾纠纷和群体事件过程中，一些干部作风粗暴、工作方法简单，甚至随意动用警力"。"冰冻三尺，非一日之寒"。"6·28"事件参与者身份的多样性表明，瓮安民众长期郁结的不满已经蔓延至整个社会层面。

通过以上分析不难发现，中国高发的群体性事件在表面诱因和深层原因上都有明显的共性。但就参与主体、驱动力量和攻击对象而言，又有可各归其类的较大差异。对执政者来说，需要高度警惕的是那些参与者来自多个社会阶层、内在驱动力为长期积累的不满情绪、攻击目标直指党政机关及其工作人员的群体性事件，如贵州"瓮安事件"。这也正是本书将其作为主要"解剖标本"的关键原因。

第五章　一种新的解释框架

通过对"瓮安事件"演变过程和深层原因的阐述,以及将其与其他多起典型群体性事件的比较分析,可以发现中国群体性事件的发生已呈现出一些新的特征和趋向,需要在学理视角下予以重新观照。

一、群体性事件的界定

笔者认为,从学术研究的角度出发,对群体性事件概念的学理界定应侧重于其表现形式和运行特征,而不能预先为其设定某种价值判断和性质归类。综合考量现有概念的优劣(详见本书导论部分),结合不断发展变化的社会现实,可将群体性事件界定为:"特定群体或不特定多数人通过规模性聚集,采取没有法律依据的行为,对一定范围内的社会秩序造成影响的体制外活动。"这种表述顾及到了实施主体、行为特征和后果等多方面要素,在某种程度上克服了已有概念界定的不足,具有较大的包容性。

将群体性事件归入"体制外活动"，比较符合中国社会的变迁现实和人们的表述习惯。一方面表明参与者不在所处的国家机关、企事业单位内部组织机制框架下谋求问题的解决，将其与通过内部自洽机制化解冲突的活动区别开来；另一方面表明其采取的策略、方式和手段还未被完全纳入制度化轨道，属于政策法律未置可否的"模糊地带"或予以明确禁止的"违法活动"，对一定区域内的社会层面造成了较大影响。

二、群体性事件的类型化

如本书在第一章中所阐述的那样，中国的"群体性事件"类似西方狭义上的"集体行动"概念，不同专业领域的学者可从政治、经济、社会等视角作出千差万别的界定和诠释。但是，对其进行科学分类是开展进一步研究和妥善处置的前提和基础。

按照事件性质，群体性事件分为"人民内部矛盾性质的群体性事件"和"敌我矛盾性质的群体性事件"两大类。中国的群体性事件绝大多数还属于"人民内部矛盾"的范畴，具有"敌我矛盾"性质的群体性事件主要是指由"三股势力"（暴力恐怖势力、民族分裂势力和宗教极端势力）制造的打砸抢烧活动。

根据目标指向的不同，则可将群体性事件分为"抗争"、"纠纷"和"骚乱"三种："抗争"指那些以党政机关、立法机构和司法部门等行使公权力者为诉求对象的群体性事件，参与者主要是为了维护自身权益或发泄不满情绪，处于相对弱势地位、与诉求对象的关系"不对等"，如2004年四川"汉源事件"、2008年贵州"瓮安事件"和2011年广东"乌坎事件"；"纠纷"则是指由平等主体在民事关系基础上产生的矛盾引发的群体性事件，参与者主要是基于经济利益而采取行动，其诉求对象为在法律关系上的"对等方"，如由劳资矛盾引发的群体性事件等；"骚乱"指伴随着暴力活动、攻击目标为"不特定对象"的群体性事件，参与者行为的最显著特征是"波及无辜"，机关、商店、学校甚至素不相识的路人等都可成为其攻击对象，如2008年拉萨"3·14"事件和2009年乌鲁木齐"7·5"事件。

在对中国群体性事件进行比较分析时，笔者发现，核心诉求和驱动力量与事件的运行机制、方式手段密切相关，对核心诉求作出准确判断还可为政府有效处置和化解群体性事件提供明确的策略选择。根据核心诉求和驱动力量的不同，可将群体性事件分为以下三类："基于利益表达的群体性事件"，"基于不满宣泄的群体性事件"和"基于价值追求的群体性事件"。

（一）基于利益表达的群体性事件

顾名思义，"基于利益表达的群体性事件"由具体的利益问题尤其是经济利益引发，目的在于维护、争取和实现自身利益。"利益"通俗地来说就是"好处"，它涵盖经济利益、政治利益以及精神生活层面的利益等，也包括个人身体健康方面的利益。在现实生活中，"利益"主要表现为物质层面的经济收益。

其实，"基于利益表达"实际上在很大程度上表明了这类群体性事件的基本特征：

1.由特定群体实施，有明确利益诉求。一定地域内具有相似身份和地位的群体，往往拥有共同的经济利益。这类群体性事件由具体的经济利益引发，目的在于维护、争取和实现自身利益，如云南"孟连事件"和甘肃"陇南事件"。在自身权益受到现实侵害或即将受到侵害时，会自发或有组织地结成特定"利益共同体"，以信访、集会、游行甚至围攻党政机关等方式反映诉求、施加压力。如云南"孟连事件"中的胶农、甘肃"陇南事件"中的拆迁户等，土地征收、房屋拆迁、移民安置、环境污染、企业改制和劳资纠纷等方面的群体性事件均由特定群体实施。

2.具有一定的组织性，事件爆发之前的诉求表达方式相对温和。由于群体的形成基于共同的利益诉求，相似的处境、共同的目标使他们较易呈现一定的组织化形态，在目标设定、方式选择上显得较有章法，有些甚至选出了"意见领袖"和"维权精英"。如，在税费负担较重时代农民的"依法抗争"或"以法抗争"，以及在城市社区出现的"业主维权"活动，等等。组织化特征使"利益表达"主体的前期维权活动，多以不断上访请愿等相对温和的方式呈现出来，只是在多方求告无门、走投无路后才采取暴力方式，最终酿成事端。

也许有人会问，云南"孟连事件"和甘肃"陇南事件"这些"基于利益表达的群体性事件"，为何最终表现得如此暴烈？其实，在"孟连事件"中，胶农与橡胶公司围绕收购价格和林权归属发生的争执，起初只是表现为胶农围堵橡胶公司、与橡胶公司员工发生肢体冲突，不断到党政机关上访、围堵政府工作组成员等"相对温和的方式"。当地政府错误地把胶农与橡胶公司之间基于利益的民事纠纷定性为"农村黑恶势力作怪"，并擅用警力贸然对部分村民采取抓捕措施，最终酿成大祸。因此，"孟连事件"中的警民冲突并不是胶农为谋求自身经济利益而主动采取的行动，在很大程度上是一种人身受到侵害时的被动选择。

在甘肃"陇南事件"中，拆迁户的利益诉求更多地表现为对行政中心搬迁后可能带来利益损失的担忧。事件发生两年前，陇南市提出东扩西进规划，新的行政大楼将建在武都区东江镇，并拆迁完毕居民也建起新房。之后，两度传出市政府要搬迁至成县，东江镇居民两次上访，而政府两度辟谣"不会搬迁"，但武都处于地震带同时地形狭窄不利于城市发展的现状又困扰着政府。2008年地震后，专家论证后上报搬迁方案，搬迁传言再出，30多户居民又到市委大院上访，多个社会群体聚集与民警、武警形成对峙局面并最终爆发冲突，事态发展偏离了拆迁户上访反映利益诉求的轨道，打砸抢烧行为由于不特定多数人的参与实际上已不再受拆迁户这个"特定利益群体"掌控。

3.诉求对象比较明确。由于行为主体为相对特定的人群，且是为了具体的利益而展开行动，因此诉求对象为损害其利益或者能够实现其利益的"利益攸关方"。在中国这个各级政府掌握着大量资源、权力比较集中的国家，"基于利益表达的群体性事件"诉求对象往往为各级党政机关及其工作人员。无论是农民"依法抗争"和"以法抗争"，还是各种"维权活动"，群体性事件的实施者都有既定而明确的诉求对象。

4.化解相对容易。"特定群体"和"具体经济利益诉求"的特性使政府在处置"基于利益表达的群体性事件"时，有明确的协商对象，如果能够满足参与者的利益诉求，群体性事件就失去了发起和开展的基础。而且，由于此类事件具有一定的组织性，降低了政府对话、协调和瓦解的成本，将"组织"中的"意见领袖"或"维权精英"争取过来，可为化解此类事件减轻很大的阻力。

在21世纪以来所发生的典型群体性事件中，从核心诉求和驱动力量来看，2004年四川"汉源事件"、2008年湖南"吉首事件"、2011年广东"乌坎事件"和2012年河南"安阳事件"，均可归为"基于利益表达的群体性事件"。除此之外，还有两起围绕利益诉求展开、曾引起广泛关注的大规模群体性事件：

由国企改制引发的2009年吉林省通化市"通钢事件"❶。2009年7月24

❶ 参见欧阳洪亮、张伯玲："通钢悲剧与国企改制陷阱"，财经网2009年7月27日。

日,吉林通钢集团通化钢铁股份公司部分职工因不满企业重组而在厂区内聚集抗议,反对河北建龙集团对通钢集团增资扩股,一度造成工厂内 7 个高炉停产,建龙集团派驻通化钢铁股份公司的总经理陈国军被群殴致死。当天夜间,吉林省国资委宣布建龙集团不再介入通化钢铁重组事宜后,围聚的工人逐渐散去,武警和公安得以进入现场。

由征地拆迁补偿引发的 2010 年江苏省苏州市"通安事件"❶。从 2010 年 7 月 14 日起一个多星期内,苏州市虎丘区(高新区)通安镇村民向镇领导索要"被克扣的"动迁补偿款遭拒,怒砸镇政府、挟持镇领导,并走上马路、封堵 312 国道,与防暴警察发生冲突。21 日,虎丘区政府紧急宣布通安镇暂停动迁,镇党委书记王军和镇长孟晓瑜就地免职。28 日,苏州高新区党工委书记、虎丘区委书记王竹鸣被就地免职。

此外,随着工业化、城市化进程的快速推进,中国由环境问题引发的群体性事件明显增加。因环保问题与所在区域每个人的身体健康等切身利益均休戚相关,此类群体性事件的参与者往往数量庞大,甚至"全城行动"。如 2007 年厦门"PX 事件"❷——由于担心 PX 项目落户厦门带来污染,6 月 1 日起数千市民连续两天走上街头"集体散步",表达反对建设该化工项目的意愿,最终这一已获国家相关部门批准、投资过百亿元的项目迁至漳州。2008 年上海"磁悬浮事件"❸——1 月 12 日,"沪杭磁悬浮项目上海机场联络线"规划地段附近上千居民,高呼反对污染的口号"集体散步"至人民广场,次日又有许多市民到南京路步行街"集体购物"以示抗议,后来上海市长韩正表示该项目线路选址尚需进一步听取各方意见。

上述两起因公众环保担忧引发的群体性事件,最终以良性的官民互动而落幕。但是,由环保问题导致的群体性事件更多的却是以相对暴烈的方式呈现出来。如 2011 年大连"PX 事件"❹——8 月 14 日上午,因担心福佳大化 PX 项目产生危害,上万大连市民到位于人民广场的市政府集会请愿,随后高呼口号游行示威,形成警民对峙。当天下午,大连市委市政府作出决定:该 PX 项目立即停

---

❶ 参见陈统奎:"苏州'通安事件'善后",《南风窗》2010 年第 17 期。

❷ 参见袁越:"厦门 PX 事件",《三联生活周刊》2007 年第 37 期。

❸ 参见杨传敏:"上海'散步'反建磁悬浮事件本末",《中国市场》2008 年第 11 期。

❹ 参见邓益辉:"大连 PX 事件阴霾初散",《民主与法制时报》2011 年 8 月 24 日。

产并将被尽快搬迁。2012 年四川"什邡事件"❶——7 月 1 日,因担心"钼铜项目"污染,什邡居民集会、游行、示威并冲击党政机关,最终造成警民冲突。7 月 3 日,什邡市委宣传部召开新闻发布会称:"停止该建设,今后不再建设这个项目。"2012 年江苏"启东事件"——7 月 28 日上午,因担心"南通大型达标水排海基础设施工程"污染,启东上千市民占据市委、市政府大楼,损坏办公物品和车辆,并形成警民对峙局面。12 时左右,南通市紧急宣布"永久取消"该项目,群众陆续撤离,事件逐渐平息。2012 年浙江"镇海事件"——10 月 26 日至 28 日,因担心"炼化扩建一体化项目"污染,镇海居民大规模聚集并冲击国家机关。28 日宁波市政府新闻发言人表示,宁波市经与项目投资方研究决定:坚决不上 PX 项目;炼化一体化项目前期工作停止推进,再作科学论证。

据 2011 年召开的全国"水污染司法和行政执法研讨会"透露,"我国因环境问题引发的群体性事件以年均 29% 的速度递增"❷。不难发现,在迅速增多的环保类群体性事件中,大城市民众表达诉求的抗争方式往往是"和平"的,而村镇和中小城市的群众却常采取"暴力"方式。在笔者看来,其主要原因在于:后者的参与者多为农民和社会闲散人员,他们对法律的认可度低、诉求渠道相对狭窄、组织性较弱,在大规模聚集时行为容易失控。而大城市居民有较高的文化素质,对媒体和网络的运用也更为熟练,拥有较为丰富的维权资源,习惯于在法律、政策的框架内表达意愿。另外,发生在大城市的群体性事件更易引起社会关注和政府重视,从而也就容易得到及时化解。

需要警惕的是,在一些基层官员眼中,"基于利益表达的群体性事件"常被视为"可以用人民币解决的问题","花钱买平安"、"花钱买稳定"成为他们的习惯做法。但是,在"稳定压倒一切"、"一票否决"的压力型体制下,对一些既不合法也不合理利益诉求的无原则满足,已超越了法规政策的框架,不仅损害了法律的尊严和政府的权威,还易助长"无理取闹"行为,反而影响社会和谐稳定。

(二)基于不满宣泄的群体性事件

此类事件,参与者在行为动机上既无"利益诉求",又与作为事件诱因的当

---

❶ 参见崔文官、王力凝:"什邡事件:钼铜梦魇",《中国经营报》2012 年 7 月 7 日。
❷ 储皖中、施怀基:"环保执法借鉴醉驾入刑",《法制日报》2011 年 5 月 17 日。

事方并无"利害关系",重在发泄不满,如重庆"万州事件"、安徽"池州事件"、四川"大竹事件"、贵州"瓮安事件"和湖北"石首事件"等。

这种"基于不满宣泄的群体性事件"正越来越引起社会的关注,其主要特征如下:

1.由不特定多数人实施,无明确利益诉求。此类群体性事件的主体与事件的直接诱因或"导火索"并无关联,甚至与当事人素不相识,属于"无利益相关方"、参与其中并不能得到任何"好处"。他们实施群体性事件,从表面上看是出于对处于弱势地位当事人的同情、对政府或警方处置方式的不满,但从深层次分析却源自对当地施政偏差所造成的问题和矛盾,以及对分配不公、官员腐败、环境污染等现象的不满,而这三方面的情感倾向最后都集中在党政机关身上。社会不满这种宽泛的情感指向决定了其主体成分的多样性和复杂性,此类群体性事件的实施主体常来自于社会各个层面,尤其是处于相对弱势地位的群体。

2.基本无组织性,行为方式比较暴烈。由于没有具体的利益诉求,来自不同阶层、处于不同地位、由不特定多数人临时组合的群体难以采取一致的行动步骤,因此行动过程一般表现为"来去匆匆",这种"群龙无首"的特性使得参与者的行为容易失控而演变成为暴力事件。无论是重庆"万州事件"、安徽"池州事件",还是四川"大竹事件"、湖北"石首事件"和贵州"瓮安事件",在打砸抢烧活动中都没有发现整个暴力事件的组织者和策划者,散乱参与群体的行为具有很强的突发性、自发性和攻击性。

3.诉求对象相对宽泛。无论起源于何种具体而细微的"偶发事件"或"日常纠纷",在此类群体性事件中非特定群体的不满和怨恨常最终集中在党政机关身上,其诉求对象一般是作为国家权力象征的各类党政机关及其工作人员。由于公安干警和武警常被基层政府推上一线维持秩序,因此在局势失控时"官民矛盾"首先直接表现为"警民冲突"。还有些表现为对公共基础设施的破坏上,如对公路、铁路等的围堵,甚至夹杂着对超市、商店等私人财物的打砸抢烧,借以发泄不满。显然,这类群体性事件的攻击目标有扩大化甚至"波及无辜"的倾向。

4.从根本上予以化解比较困难。对"基于不满宣泄的群体性事件"来说,由于局限在一定地域范围内,尽管围观者众多但只有少数人参与打砸抢烧,因此政府动用警力平息暴力活动比较容易。但是,要从根本上铲除群体不满的社会心理基础却很费时日,有些则需通过政治、经济、社会等方面的体制改革才能予以缓解。比如,民众对贫富差距、贪污腐化等方面的不满,绝不会随着单个群体性事件的平息而消除,如果又有"导火索"出现,在政府管治乏力的情况下则还有可能酿成大的事端。

值得注意的是,此类群体性事件的参与主体还呈现出"阶层化"的特征。如,2011年广东"潮州事件"———起由"农民工讨薪被打"引起的外来工与本地人之间的群体性冲突❶。6月1日,四川籍民工熊汉江在讨薪过程中被老板找人将"手筋、脚筋砍断",激起亲属和老乡们的愤怒。6日晚,冲突升级,一度形成外来务工者与本地人双方之间的对抗,造成车辆损毁和人员受伤。一起简单的劳资纠纷,很快演变成为外来人员与本地居民之间的"阶层冲突"。

几乎与此同时,广东又发生了"增城事件"❷。2011年6月10日晚,占道经营的四川籍孕妇王联梅与当地治安员产生纠纷,广州增城新塘镇千余名外来务工人员围攻派出所,破坏车辆、银行柜员机,袭击公安民警。12日,广州市政府召开新闻发布会,认定这是一起个别群众与治保人员纠纷引发的聚众滋事事件。事件的深层原因是:大敦村8万外地人长期遭受当地40人治保队粗暴执法与乱罚款,事发当晚治保队长叫嚣"打死一个外地人也就50万",从而引爆长期郁积的不满情绪。

2012年6月25日,广东省中山市又发生一起"外来人员聚集事件"❸。事件由一名重庆籍少年打骂一名当地小学生被村治保员制服之后,双方发生冲突而引发。聚集围观的重庆等地外地人员增至300人左右,部分外来务工人员向事发地村委会和镇政府办公场所投掷石块等,并与前来维持秩序民警发生冲突。两名少年之间的个体冲突引发了这起群体性事件,其背后仍是"农民工"无法融入城市生活而形成的"阶层对立"。

在"潮州事件"、"增城事件"和"中山事件"中,参与者虽与作为事件起因的当事人并无直接利害关系、亦无明显利益诉求,但却同属"外来务工者"阶层。

---

❶ 参见张岂凡:"广东潮州增城连发群体事件 本地的'资'和外地的'劳'棍棒对抗",《新闻晨报》2011年6月15日。

❷ 参见于松:"广州增城打砸烧事件调查:棍棒下20年的治安积怨",《东方早报》2011年6月20日。

❸ 参见邓媛雯、陈彦儒:"广东中山市迅速妥处一起外来人员聚集事件",广东新闻网2012年6月26日。

这一群体由于共同的身份、地位,而容易站在一起共同发泄由城乡分割、对立形成的怨气。2011 年 6 月 15 日,参与"增城事件"的 19 名犯罪嫌疑人被以妨害公务罪、寻衅滋事罪、故意破坏财物罪执行逮捕,他们来自四川、重庆、江西、湖南等多个省份。这三起外来者与本地人的冲突表明,"让不同人群和谐共处,携手融入不断发展的工业化、城市化图景中,是今天社会管理需要破解的新课题"❶。

(三)基于价值追求的群体性事件

在此类群体性事件中,参与者的行动目标既不是为了维护和实现自身的经济利益,也不是重在发泄不满情绪,而主要是为了追求某种具有意识形态色彩的"价值"。这里所说的"价值"不是指经济学意义上的"体现在商品里的社会必要劳动",也不是指社会学意义上的"用途或积极作用",而是指政治学意义上的理念、规范、原则或主张。

"基于价值追求的群体性事件"的核心诉求和驱动力量主要为权利和自由,参与者的行为具有较强的主动性。这些政治权利和自由既可是宪法和法律所明确赋予但没有落到实处的,也可是公民认为应当享有但未以法律和政策文本予以确认的,如:选举权和被选举权,言论、出版、集会、结社、游行、示威自由以及宗教信仰自由等。

进入 21 世纪以来,在一些农村地区围绕村委会选举因村民自治权引发的群体性事件呈多发态势。2002 年在浙江省永康市古山镇前黄村发生的"选举风波"就是一个典型案例❷:2002 年 5 月,前黄村进行村委会换届选举,但是政府领导下的选举指导小组多次违反选举程序,暗箱操作,村民们觉得其民主权利受到侵害,从而与政府官员发生对峙并到市政府集体上访。

又如,曾引起社会广泛关注的河南省唐河县"农民上访被抓事件"❸:2001年至 2002 年,唐河县上屯镇张清寨村岳春栓等部分群众,因村级财务不清、村民选举等问题,多次到县乡政府及有关部门集体上访。2002 年 10 月 11 日,唐河

---

❶ 詹勇:"流动时代唱好融合大戏",《人民日报》2011 年 6 月 15 日。

❷ 参见熊伟、杨志敏、李正超:"浙江前黄村选举风波",《中国改革(农村版)》2002 年第 7 期,第 38~39页。

❸ 参见李钧德:"上访该不该被判刑:河南唐河县五名上访村民被判刑的调查",《瞭望》新闻周刊 2003年第 14 期。

县人民法院以聚众扰乱社会秩序罪，分别判处岳春栓、张明才、谢志法等5名上访者有期徒刑二至五年。唐河县检察院指控认为，岳春栓等人多次组织群众集体上访，用拖拉机堵住县委机关的大门，并在大门口敲锣打鼓，起哄谩骂，致使有关部门工作无法正常进行，已构成聚众扰乱社会秩序罪，依法应予严惩。

不过，近年来，又发生了一些国内外高度关注、由"价值追求"驱动的群体性事件。如，中共十八大前后个别地方发生的"呼吁官员财产公开"活动、持续时间较长的在京外地家长要求"教育平权"的活动等，参与者多采取集会、静坐、示威等方式表达意愿。其中，2013年广东"南周事件"格外引人注目。同年伊始，因新年献词被改换并出现错误，《南方周末》员工群起抗议，在网络世界引发强烈反响，进而演变成为"反对媒体管控，呼吁新闻自由"的社会公共事件。1月7日下午，在南方周末报社办公楼外，开始有人举行示威活动，并在大门口献花、演讲等。

另外，价值追求也表现在对某种具有意识形态色彩的话语符号的宣扬，或者对执政者施政理念的质疑。如，在中国1989年春夏之交发生的政治风波，学生行为在早期具有鲜明的群体性事件特征（后来更像一场社会运动），一些学生打出了"反对'官倒'"、"惩治腐败"等横幅并在游行请愿过程中高呼口号。在中国这个多民族的国家，由于历史、文化、宗教以及国外势力介入等方面的复杂因素，价值追求有时还会以某个民族中的分裂分子寻求"民族自决"、"建立国家"的极端方式呈现出来，如西藏"3·14"事件和新疆"7·5"事件。这两起事件背后既有着恐怖主义、分裂主义和极端主义思潮的深厚影子，也有根深蒂固的宗教思想支撑。

"基于价值追求的群体性事件"往往由特定群体实施，带有较强的组织性，诉求对象为执政者或权力机关。就化解难度而言，对那些有法律明确规定、在广大区域内已经落实、只是在特定范围内没有执行的"权利诉求"，化解起来较为容易，相关部门认真执行法律规定就可以了；但对于那些追求法律之外权利和对执政方式提出异议的群体性事件，由于其价值追求涉及到法律修订和政策调整，真正化解起来难度很大。

现在中国"基于价值追求的群体性事件"相对较少，且主要以农民维护村民自治权的形式展现出来。但是，随着经济社会的发展和人们权利意识的觉醒，此类群体性事件必将呈现出日渐增多的态势。如何将其限定在一定范围内，防止向社会运动方面演进,是值得执政者认真思考的问题。

当然,在复杂多变的社会情势下,上述三类群体性事件并非泾渭分明,在很多时候会发生某种程度的交集,但是其核心诉求往往只有"利益"、"不满"和"价值"中的一种。如在"乌坎事件"中,村民的主要诉求虽然是以土地为核心的"利益问题",但是他们同时还有依法行使村委会选举权的"价值(包含权利)追求"。

三、关于"集体行动"的再认识

目前,国内学者在分析群体性事件时常在起源于西方的"集体行动"理论中寻找学术资源,这种理论诠释对理解中国的群体性事件起到了重要的支撑和深化作用。但是,它并不能完全涵盖中国复杂多变的社会现实,硬性嫁接不仅有损学术研究的严谨性和规范化,也不利于对中国社会冲突事件的准确认知,还有可能为政府有效处置相关群体性事件带来偏差。因此,对中国层出不穷、形式多样的群体性事件,需要在借鉴和运用西方有关理论资源的基础上,给予更加贴合实际的本土化解释。

(一)概念梳理

在国外,"集体行动"是社会心理学、经济社会学、政治经济学(尤其是公共选择学派)和公共管理学研究的一个共同主题,凡是涉及到群体或集体行为的研究都离不开对"集体行动"这一范畴的探讨。

社会心理学中的群体行为(勒庞,1895),社会学的社会运动范畴(斯梅尔塞,1962;梯利,2004),新制度经济学的制度变迁(道格拉斯·诺斯,1981;埃莉诺·奥斯特罗姆,1993),以及公共管理学中的公共物品(或集体物品)供给(奥尔森,1966;埃莉诺·奥斯特罗姆,1993)等有关集团利益或共同利益的获取过程,都属于集体行动的范畴,这可看作对广义"集体行动"的界定。最广义的集体行动,是指代各种形式的由一定群体参与的社会冲突的共同属性❶。芝加哥

---

❶　BERT USEEM. Breakdown Theories of Collective Action[J]. Annu. Rev. Social ,1998. 24.

大学教授赵鼎新认为，"所谓集体行动（collective action），就是有许多个体参加的、具有很大自发性的制度外政治行为"❶，这种界定可称为狭义的集体行动，在很大程度上类似于中国的"群体性事件"范畴。

目前，国内外尤其是国内学者对"集体行动"的认知和界定，可谓众说纷纭、莫衷一是，尚无一致认可的概念。但是，很多学者跳出纠缠于概念界定的泥潭，直接用它来阐述和分析纷繁芜杂的社会现实尤其是多人参与其中的社会冲突事件。对基本概念的不同理解显然不利于学者间的对话和交流，也易引发不必要的学术争论和冲突，更不利于对群体性事件本身的科学探究和认知。

（二）国内学者对"集体行动"的类型化

近年来，国内已有学者意识到对"集体行动"进行概念界定及类型化的重要性，并作了初步探讨。如中国人民大学国际关系学院博士王国勤认为："集体抗争"、"维权行动"、"群体性事件"、"社会冲突"、"社会运动"、"集体行动"等，在中国当前各类研究社会矛盾或冲突的文献中，构成了一组具有"家族相似性"的概念，而其中每一个概念又往往包含一系列的子概念。在对这些具有"家族相似性"的概念逐一简要分析后，他尝试对"集体行动"给出了一个初步的多维度的界定：

第一，参与者：很多个体参加的。行动的发起者是普通民众，政府是该行动的诉诸对象或协调人或其他重要第三方；第二，组织化程度：很低，具有很大的自发性；第三，制度化程度：很低，多属于制度外政治行为；第四，改变现状的诉求程度：很低，寻求或者反对的目标一般是与具体的物质利益或较低范围内的抽象利益有关；第五，持续时间：一般比较短；第六，行动方式：表现为从有节制的行动到逾越界限的行动间的连续谱，一般规模较小。据此，王国勤认为，当前中国的集体行动，"主要是由于各种利益即将或已被损害或剥夺而引发的旨在维护或索赔的利益表达的行动或过程"，将其界定为"主要是社会上弱势群体的各种利益表达的集体行动，简言之，就是基于利益表达的集体行动"❷。

笔者部分认同王国勤对"集体行动"的界定，他从名目繁多的概念中提炼出

❶ 赵鼎新：《社会与政治运动讲义》，社会科学文献出版社 2006 年版，第 2 页。
❷ 王国勤："'集体行动'研究中的概念谱系"，《华中师范大学学报（人文社会科学版）》2007 年第 5 期。

共同的特征予以归纳,并将其统摄于一个总概念之下的尝试无疑很有意义。但是,将"集体行动"与"利益表达"联结在一起甚至进行等同化处理的做法,明显没有考虑到复杂多变的社会矛盾或冲突现实,表现出简单化的倾向。如,这种界定无法解释 2004 年重庆"万州事件"和 2005 年安徽"池州事件",它们均由偶发因素当天便迅速发展成为带有骚乱性质的突发群体性事件,主体参与者实际上与初始当事人并无关联,在参与过程中也无明显的利益诉求。同样,这一界定也无法解释 2008 年贵州"瓮安事件"。至此,王国勤试图探寻"契合中国情境的研究社会矛盾或冲突的一个统摄性、规范性和学理性概念"❶的努力,显然并不能涵盖复杂多变的中国群体性事件形态。

另外,在华中科技大学中国乡村治理中心博士刘燕舞看来,"集体行动研究首要的问题是厘清其基本类型"。但是,弄清其基本类型的前提是对"集体行动"予以准确界定。他在相关研究中将"集体上访、集体维权、集体抗争、群体性事件、集体行为"等泛指为"集体行动",认为所谓的"集体行动""是指由有相互关联的个体、群体或组织按某一种方式所组成的集合体,采取某些策略与技术,为达到某一特定的共同目标而做出的努力"❷。在长篇论文《基于利益表达的农民集体行动研究》中,刘燕舞对为何如此界定做了较为详细的解释:

一是关系结构对"集体行动"的影响,所以定义中强调"有相互关联";二是强调参与行动的规模,如果是个人所采取的行动则不叫"集体行动",所以定义中强调"集合体";三是基于学界关注对"集体行动"的动员机制的研究,将"按某一方式组成"考虑进来;四是基于学界普遍关注"集体行动"的策略与技术研究,所以定义中需要将"采取某些策略与技术"考虑进来;五是基于对"集体行动"的动力机制的强调,将"为达到某一特定的共同目标"考虑进来。

刘燕舞关于"集体行动"的概念界定最大缺陷是过多考虑了学者的研究现状,有将研究凌驾于社会现实之嫌,存在强烈的"削足适履"意味。其实,许多"群体性事件"的参与者之间并无多大关联甚至彼此陌生,刘的概念界定中"有相互关联的个体、群体或组织"与此相悖。所谓"按某一方式组成"、"采取某些策略与技术"和"为达到某一特定的共同目标"的表述,由于未能描述其与众不

❶ 王国勤:"'集体行动'研究中的概念谱系",《华中师范大学学报(人文社会科学版)》2007 年第 5 期。
❷ 刘燕舞:"基于利益表达的农民集体行动研究——以豫东曹村的土地纠纷为个案",三农中国网 2009 年 1 月 14 日。

同的特征而实属多余;因为任何"群体行为"都天然地具备这些要素,关键是要指出这些方面的独特性。刘燕舞对"集体行动"的界定过于泛化,依其概念,课题小组、健身团体甚至临时聚会都可归入"集体行动"的范畴。

中国社科院研究员单光鼐认为:对于"自下而上"的体制外行为,若依诉求、组织化程度、持续时间和对制度的扰乱程度四个维度,可以将其排列成一个谱系,那就是:"集体行为"、"集体行动"、"社会运动"和"革命"。目前中国的群体性事件尚表现为"集体行为"和"集体行动",是广义社会运动的初始阶段。它既不是诉求明确、组织化程度高、持续时间长的"社会运动";更不是带有鲜明政治诉求,有党派势力从中作祟的、社会危象频仍的"革命"前夜。❶

如上所述,王国勤和刘燕舞均将"集体行动"作为一个可以涵盖所有社会冲突的统摄性概念,群体性事件只是其中的一个类别,而单光鼐则认为"集体行动"只是体制外行为的一种形式。其实,从严格意义上讲,"集体行动"并不能完全包容中国丰富的社会冲突情形尤其是那些由非特定群体自发开展的体制外活动,将其作为一个总括性概念有些牵强附会。而且,"集体"所蕴含的"组织性"也决定了"集体行动"范式对一些"基于不满宣泄的群体性事件"并不适用,这就需要另辟蹊径。

(三)笔者关于"集体行动"的界定

必须认识到,在中国社会这个特定的语境中,"集体"是"许多人合起来的有组织的整体(跟'个人'相对)"❷,"有组织"是其重要特性。集体有比较高的内聚性,集体成员愿意参与集体的活动,不做有损这个集体的行为;也就是说,"集体行动"具有高度的组织性❸。综合众多典型群体性事件的特征,笔者将"集体行动"界定为,"主要由利益诉求引发,特定群体实施的带有一定组织性的体制外活动"。如此界定,主要有三方面的考量因素:

一、矛盾性质。整体看来,中国数量众多的群体性事件并未呈现对改变政治制度和社会结构的目标诉求,基本属于以维护经济利益和法定权利为核心的

---

❶ 参见覃爱玲:"'散步'是为了避免暴力——中国社会科学院社会学所研究员单光鼐专访",《南方周末》2009 年 1 月 14 日。

❷ 中国社会科学院语言研究所词典编辑室编:《现代汉语词典》,商务印书馆 2005 年版,第 640 页。

❸ 参见吴江霖等:《社会心理学》,广东高等教育出版社 2004 年版,第 212 页。

"人民内部矛盾",远未达到挑战中国共产党执政地位、颠覆社会主义制度的"敌我矛盾"层面,矛盾性质的判定对分析研究和妥善处置群体性事件具有至关重要的意义。

二、参与主体。"集体"二字本身就有"许多人聚集在一起"的意思,"特定群体"体现了参与者之间的关联性,主体一般有相似的身份、地位和共同的诉求目标。其关键内核是"组织性",即:行动有相对明确的目的和步骤,显得较有章法,甚至有自己的"意见领袖"或"维权精英"。

三、策略方式。相比于"制度外","体制外"更符合中国的社会变迁现实和人们的表述习惯,它一方面表明参与者不在所处的国家机关、企事业单位内部组织机制框架下谋求问题的解决,将其与通过内部自治机制化解冲突的活动区别开来;另一方面表明其采取的策略、方式和手段还未被完全纳入制度化轨道,属于政策法律未置可否的"模糊地带"或予以明确禁止的"违法活动",对一定区域内的社会层面造成了较大影响。

"值得注意的是,新的集体行动或者集体行动的新的特征的大量出现,挑战了很多既有的理论,它需要研究者们给予更多的关注"。❶ 尽管"集体行动"理论资源对中国拥有相似利益诉求、带有一定组织性的群体性事件是有解释力的;但是,对于那些并无明确利益诉求,由临时聚集形成的偶合群体自发实施的群体性事件却难有说服力,这类群体性事件需要新的解释框架。

四、关于"瓮安事件"的解读

2008 年贵州"瓮安事件"发生后,社会各界广泛关注,学界和实务界进行了多种阐释,对准确把握此类事件的特性提供了很有价值的借鉴。笔者在前几章的基础上提出新的解释框架。

(一)已有的解读

下面以时间为序,对现有关于"瓮安事件"的解释框架予以概述:

---

❶ 王国勤:"当前中国'集体行动'研究述评",《学术界》2007 年第 5 期。

1.社会泄愤事件

2008年贵州"瓮安事件"发生后，我国研究社会冲突问题的知名学者、中国社科院农村所教授于建嵘，提出了"社会泄愤事件"❶的概念并在相关论文中对此进行了详细阐释。"瓮安事件"具有四个方面的特点：

第一，事件起因偶然，升级剧烈，失控迅速。"瓮安事件"的直接起因是一个女学生非正常死亡，从政府管治角度来看，这是不可测的偶然事件。

第二，绝大多数参与者与女学生之死并没有直接利益关系。他们参与事件，一方面是路见不平，更主要的是借题发挥，表达他们心中郁积的对于社会不公正、政治不清明的强烈不满。

第三，从事件的发生过程看，有关女学生死因和死亡事件处理的各种半真半假、似真似假的信息凭借现代传播手段四处流传，激励民众寻求事实真相、要求司法正义，发挥了大众动员作用。

第四，事件中行为狂热和反常规，严重扰乱社会秩序。整个事件"过程难以控制，而行为结果对社会秩序和社会稳定也会造成不同程度的破坏"。

因此，于建嵘认为：2008年贵州"瓮安事件"与2004年重庆"万州事件"、2005年安徽"池州事件"、2006年浙江"瑞安事件"、2007年四川"大竹事件"，在起因、过程、后果等方面具有高度的结构相似性，可把它们统称为"社会泄愤事件"。

2.县域青年

2008年年底，长期关注群体性事件的中国社科院社会学所研究员单光鼐，在接受人民网以"群体性事件应对与社会和谐"为题的访谈时说，一些大规模的群体性事件往往发生在小县城或乡镇，比如"瓮安事件"和"孟连事件"，直接参与暴力行为的是很多年轻人。因此提出了一个概念——"县域青年"❷，也就是生活在相对封闭县域环境里的年轻人。

这些年轻人既不是农民，也不是城市居民。他们很多人有在外打工的经历，经济形势下滑以后，他们从外地回乡，但是他们又不会干农活，也不愿意再待在农村。他们文化程度低，也不可能从事什么高技能的职业和工作。不少人在县

❶ 参见于建嵘："社会泄愤事件中群体心理研究——对'瓮安事件'发生机制的一种解释"，《北京行政学院学报》2009年第1期。

❷ 参见于建嵘、单光鼐："群体性事件应对与社会和谐"，人民网访谈2008年12月29日。

城闲逛，无所事事。还有另外一部分年轻人，那就是县城里的中学生尤其是初中生，我们现有的教育制度有不少毛病，农村子弟要从初中升入高中，比高中升入大学更难。大量的农村初中生毕业以后就失去了再往上升入高中的机会，因而在县城很多中学生对前途丧失了信心。

"瓮安事件"发生以后，就传讯、拘留了不少涉案的中学生。单光鼐认为，这反映出我们对"县域青年"过去缺乏认识、了解，也缺乏有针对性的社会政策。

3.新群体事件观

2009年3月，在出版的相关著作中，新华社贵州分社原社长刘子富提出了"新群体事件观"❶的概念。现阶段，我国利益主体多元化的格局已经形成，各利益主体之间的矛盾和冲突不断发生，矛盾积累和尖锐到一定程度，不可避免要发生群体性事件。

各级党委和人民政府有必要重新审视共产党执政条件下发生的群体事件，树立新群体事件观——群体事件是经济社会发展中不可避免的正常现象，是国家走向现代化必然要经历的一个过程；要正确区分和处理在新的历史条件下两类不同性质的矛盾；要把群体事件作为帮助党和政府认识自身体制、机制、制度、作风等方面深层次问题的清醒剂；作为敦促党委和政府深化改革、加快发展的助推器；只有正确处理改革、发展、稳定的关系，才能确保社会政治稳定，建设和谐社会，坚持科学发展观，促进全面、协调、可持续发展，才能巩固执政根基，党和国家才能长治久安。

单光鼐在为该书所作的序言中将"新群体事件观"归纳为："现场第一原则、就事论事原则、第一时间公布事件真相原则、反思自责原则、问责制原则以及慎用警力原则"。

4.接点政治

2009年年底，我国著名政治学学者、华中师范大学政治学研究院院长、教授徐勇撰文提出了"接点政治"❷的解释框架：现阶段农村群体性事件的重要特点是"由乡入城"，规模和影响大，规模性群体性事件主要发生于城乡结合、人口相对集中的县城。

---

❶ 参见刘子富：《新群体事件观——贵州瓮安"6·28"事件的启示》，新华出版社2009年版，第2~3页。

❷ 参见徐勇："接点政治：农村群体性事件的县域分析"，《华中师范大学学报（人文社会科学版）》2009年第6期。

在社会结构性变革的当今，政治体系各部分的"政治应力"更为不平衡，社会矛盾及其集中反映的群体性事件很容易在那些"政治应力"最为脆弱的"接点"部位发生。从县级政治看，县政承上启下，是国家上层与地方基层、中央领导与地方治理、权力运作与权力监控的"接点"部位；从县域社会看，县城是城市与乡村、传统与现代、中心与边缘地带的"接点"部位，比较容易发生群体性事件。运用"接点政治"的框架解释农村群体性事件，是要说明不能孤立地看待已发生的群体性事件，也不能仅仅将其视之为互不相干的个案，而是要将农村群体性事件置于社会结构转变和整个国家治理体系的背景下考察。

徐勇认为：县域群体性事件持续不断，说明它们不是孤立的个案，必有内在的逻辑关联，也不能只是简单地处理当事人。对这一历史和体制变迁中的结构性问题，需要从完善国家治理体系的角度寻求长治久安之策。

综上所述，"社会泄愤事件"着重从发生机制和内在逻辑对"瓮安事件"予以定性，非常准确地把握了其发生、发展并最终爆发的心理动因，为政府跳出"偶发事件"的束缚，从更深层次研究解决群体怨恨赖以产生的社会现实问题提供了十分重要的视角。

"县域青年"侧重于观照"瓮安事件"参与者的群体特性，有助于政府和社会加强对这一群体的关注，采取措施将其纳入"体制轨道"，成为正常社会秩序的维护者而非破坏者。

"新群体事件观"基本是从事发地政府如何认识和化解社会冲突的角度，对"瓮安事件"进行了详细描述和归纳提炼，为基层干部处置转型期群体性事件提供了难得素材。

"接点政治"从更宽广的视野深刻回答了为何大规模群体事件主要发生在县域这一命题，这种分析框架要求执政者将县置于整体社会发展和国家治理体系中分析，找准县的位置和特性，把握其薄弱环节，采取相互联系的整体性措施破解难题。

上述分析视角和解释框架，从不同角度对"瓮安事件"进行了观照，为全面、准确地认识此类事件提供了可贵资源。

（二）"瓮安事件"的几个关键词

要对"瓮安事件"作出贴切解释，首先需要准确把握其中具有关键意义的几

个要素:

1.偶合群体

在群体性事件发生后,地方政府习惯于用"一小撮不法分子煽动不明真相的群众"、"有组织有预谋"等词句来作定性描述,试图以这种带有强烈"敌对色彩"的界定减轻责任。但是,就"瓮安事件"而言,其中并未发现组织者和策划者,打砸抢烧活动呈现出"一哄而起、一哄而散"的特征,行为主体是无组织无纪律的一群人。

"瓮安事件"中的300多名实质性参与者,除中小学生和黑恶势力成员外,主要为分布在社会多个阶层的"以情绪宣泄为主导的人员群体","这一部分人占了绝大多数,其中不乏水库移民,因拆迁受损、矿山污染的上访户,下岗职工和无业居民"❶。他们在日常生活中并无一致的经济地位和身份特征,而是扮演着不同的社会角色,一起中学生非正常死亡的"偶发事件"将其暂时拼凑起来组成"异质类群体",行为具有高度自发性。"当人们聚集成一个群体时,一种降低他们智力水平的机制就会发生作用"❷,极端行为一触即发。因此,"瓮安事件"的参与者并不是由基于共同的利益表达或价值诉求而组成的特定群体,而是由不特定多数人临时聚集而成的"偶合群体"。

所谓"不特定多数人"中的"不特定"一词,是指人数、规模不特定。"不特定多数人"本是一个法学概念,原意指危害公共安全罪中的被侵害对象,一般是多数人,而这个"多数"是"不特定"的,即"事先无法确定"到底有多少人、"难以用具体数字表达"❸。作为群体性事件的构成要件,"不特定多数人"已不再是受侵害对象,而是参与主体。"在此,不特定多数主要是指可能参与的群众成分和人数'事先无法确定',行为人对此无法具体预料也难以实际掌握,各级各部门也很难事先掌握和控制其参与规模的程度,对此,一般也就可以理解为'难以用具体数字表述'。"❹

显然,"瓮安事件"的参与主体为"偶合群体",即由无共同利益和价值诉求

❶ 武和平:《打开天窗说亮话——新闻发言人眼中的突发事件》,人民出版社2012年版,第72页。
❷ [法]古斯塔夫·勒庞:《乌合之众——大众心理研究》,冯克利译,广西师范大学出版社2007年版,第178页。
❸ 张明楷:《刑法学》,法律出版社2003年版,第537~538页。
❶ 周保刚:《社会转型期群体性事件预防、处置工作方略》,中国人民公安大学出版社2008年版,第48页。

的不特定多数人临时聚集而成的群体,其基本特征为群体成分的多样性、群体形成的临时性和群体行为的无组织性。

严格来讲,无论是带有很强突发性的重庆"万州事件"、安徽"池州事件",还是有较长酝酿期的四川"大竹事件"和湖北"石首事件",这些群体性事件的参与主体都应称之为"偶合群体"或"集群",从而与有着明确诉求、基于共同目标凝聚而成、行为带有一定组织性的"特定群体"或"集体"区别开来。如果"集体行动"可译为"collective actions"的话,那么"集群行为"可译作"crowd behaviors",在英文语境中也可感受到二者之间的差异。

2.社会心理失衡

考察"瓮安事件"这种"基于不满宣泄的群体性事件",除需对表面呈现的群体事件演变过程进行梳理外,更值得探究的是作为事件驱动力的民众不满从何而来,这就涉及到社会心理层面。社会心理是人们对社会现象的普遍感受和理解,是社会意识的一种形式,表现于人们普遍的生活情绪、态度、言论和习惯之中。社会心理是自发的、零乱的,是对社会生活初级的多含直觉成分的反映。人们的社会心理状况最终取决于社会生活实际,直接形成于种种现实生活迹象对人们的刺激,最终表现为人们对社会现实的感知。

"瓮安事件"从表面上看是一起由女中学生非正常死亡个案引发的群体性事件,但其背后隐藏的却是矿产资源开发、移民安置、房屋拆迁和治安形势恶化造成的群体利益相对受损以及由此而生的"被剥夺感"。社会利益结构失衡、普通群众利益受损,使瓮安民众产生"发展型被剥夺感"并形成对当地政府的不满,这正是"瓮安事件"爆发的群体或社会心理基础。四川"大竹事件"发生后,当地一位退休干部分析说,"这次事件实际体现了群众长期郁积于心的情绪,贫富差距、社会分配不公、权钱交易、官员腐败,在杨代莉死亡事件上,这些情绪找到了发泄口"❶。

无独有偶。2009 年湖北"石首事件"背后也隐藏着严重失衡的社会心理。石首市乡镇干部刘国林在"县域经济论坛"网站发布帖子《参与处理石首事件的一些感言》,文中写道:"石首事件"演变不是单纯的死因质疑事件,而是由死因质疑引发的长期以来积淀的社会深层次矛盾的总暴露。这些深层次矛盾说穿

---

❶ 贾云勇:"四川大竹事件追记:传言未澄清公众走向失控",《南方都市报》2007 年 2 月 4 日。

了,就是干群之间、警民之间、贫富之间的矛盾。也就是很多媒体在总结已经发生的其他公共突发事件的社会背景时,所说的那种社会上蔓延的仇富心理、仇官心理、仇警心理。为什么仇官? 因为存在官场腐败。为什么仇富? 因为存在为富不仁。为什么仇警? 因为存在治警不严和治安混乱。

存在决定意识。其实,无论是"瓮安事件"、"大竹事件"、"石首事件"这三起由非正常死亡个案引发的大规模暴力事件中所折射的民众不满,还是"万州事件"反映的"仇官心理"和"池州事件"隐含的"仇富心理",这种社会心理失衡都可在社会现实中找到根源。经济转轨、社会转型对利益格局的改变和利益关系的调整,以及基层政府片面追求经济增长速度、忽视普通百姓生活改善的执政偏差,造成不同群体受益或受损程度的差异。特别是像贫富差距扩大、社会分配不公、官员贪污腐化、司法机关和执法部门徇私枉法等老百姓可以明确感知的现实问题,已使社会心理出现了严重失衡,而在某些特殊情境下这种心理失衡状态一旦受到外界刺激就很容易发展成为群体性事件。

3.谣言盛行

各种谣言的快速传播加剧了民众的不满情绪,对"6·28"事件最终爆发起到了煽风点火、推波助澜的作用。"谣言就像雪球:起初很小,可是当它一路滚下山时,却越变越大、越滚越快。最后,原本一块静默的石子却以一场声势浩大的雪崩收场"。❶ 这些谣言主要围绕"李树芬死因"和"李秀中被打"展开"想象的翅膀":李树芬因为在考试中不让一名女同学抄袭,而被后者找社会青年"先奸后杀",凶手由于是当地干部的亲属而被"无罪释放";李树芬的叔叔李秀中在与警方发生争执后,被公安唆使黑社会成员"毒打致死"。

在"瓮安事件"酝酿过程中,谣言在当地的传播并不是借助于互联网和手机短信完成的,而是主要经由西门河大堰桥头的停尸地点聚集、放大并扩散出去的。其实,当时谣言的传播可以分为两个路径,它们以不同的方式展现出来:一是内部传播,指在瓮安这座小县地域内的扩散,这主要是通过"熟人社会"间的口口相传(人际传播)完成的;二是外部传播,指向超出瓮安地域的社会面的扩散,这主要是通过互联网和手机短信等现代媒介(大众传播)完成的。其中,流

---

❶ [美]罗伯特·门斯切:《市场、群氓和暴乱——对群体狂热的现代观点》,上海财经大学出版社2006年版,第43页。

言局限于当地熟人之间的人际传播对"6·28"事件的发生至关重要，西门河大堰桥头这个出事、停尸地点已成为谣言的集散地和不满情绪的发酵器。而当地政府未能及时发布真实信息予以辟谣，则为谣言扩散提供了时间和空间。

在四川"大竹事件"中，酒店服务员杨代莉非正常死亡后，关于死因的谣言风行全城：三位省里的高官，也是酒店老板的朋友，强求杨代莉陪酒，而后对其轮奸并进行野蛮摧残；杨死亡时几颗牙齿掉落，脖子上有乌黑的掐握痕迹，下阴被弄烂；警方欲以杨系醉酒而死结案。关于"16 岁少女被轮奸致死"的传言迟迟没得到有关部门的澄清，公众的情绪走向失控。在湖北"石首事件"中，关于酒店厨师涂远高死因和酒店背景的各种猜测同样在当地迅速传播，有人在酒店后墙根的垃圾堆里发现大量一次性注射器，这为流言添加了毒品的佐料，面对满天飞的流言当地政府却选择了沉默，暴力事件最终爆发。事件平息后，6 月 22 日当地社会再次流传在永隆大酒店下水道发现两具尸体、挖出多块尸骸等多个版本的谣言，不少闻讯而来的当地市民向酒店聚集。后经有关部门证实，并组织部分群众代表进入酒店实地察看，未发现传言中所说尸体或尸骸，谣言不攻自破。

"谣言就像野草一样，只有在最适合成长的条件下才会生根发芽。"[1]实际上，谣言扩散不仅是一种信息传播活动，更是一种复杂的群体心理或社会心理现象，而这种心理动因则源于社会现实生活。从上述群体性事件中的谣言版本其实可以看到民众对官员徇私、警匪勾结、官商结合的不满，"仇官"、"仇警"、"仇富"心理突出。而谣言之所以迅速传播，既与当地政府"失语"、未能及时发布真实信息密切相关，也与长期以来民众对党政机关及其工作人员形成的不信任感密不可分，这也是为什么在事件发生、政府多次辟谣后很多人仍对事实真相持质疑态度的重要原因。

4.群体暴力抗争

目前，对"群体性事件"的概念界定还远未达成一致。公安系统掌握的概念基本来自 2000 年公安部制定的《公安机关处置群体性治安事件规定》，认为群体性治安事件"是指聚众共同实施的违反国家法律、法规、规章，扰乱社会秩序，

---

❶ ［美］罗伯特·门斯切：《市场、群氓和暴乱——对群体狂热的现代观点》，上海财经大学出版社 2006 年版，第 43 页。

危害公共安全,侵犯公民人身安全和公私财产安全的行为"。显然,"群体性治安事件"的范畴比现实生活中多发的"群体性事件"要窄得多。

笔者认为,所谓群体性事件,是指由特定群体或不特定多数人通过规模性聚集,采取没有法律依据的行为,对一定范围内的社会秩序造成影响的体制外活动。这种表述顾及到了实施主体、行为特征和后果等多方面要素,在某种程度上克服了已有概念界定的不足,具有较大的包容性。可以看出,"群体性事件"并不一定意味着参与者采取了暴力方式,如未经许可到公共场所或国家机关的聚众静坐、游行、示威、围堵等;也不一定针对国家机关及其工作人员,如村民之间因土地纠纷或用水矛盾发生的大规模械斗等。

但是,"群体暴力抗争"与此明显不同,它指由人民内部矛盾引发,特定群体或不特定多数人实施的,针对党政机关及其工作人员的打砸抢烧活动。"群体"表明作为主体的参与者人数众多,与"个体行为"区分开来;"暴力"表明参与者手段的攻击性和破坏性,有别于"和平方式";"抗争"一词在中国传统文化语境中隐含着"对抗(政府)"、"争取(权益)"之义,并不意味着主体行为具有"正当性"或"合法性",而是表明主体行为指向各级党政机关及其工作人员,这就与有其他目标取向的群体性事件区分开来。

就"瓮安事件"来说,除李树芬亲属使用我国农民常用的合法诉求方式——不断到县、州、省相关部门"上访"反映问题外,"6·28"事件的实质性参与者一开始采取上街游行请愿这种相当温和的"违法方式",无官员理睬后在警民对峙过程中发生暴力行为,党政机关及其工作人员成为明确的围攻对象。显然,暴力活动参与者对当地党委、政府和公安机关怀着强烈的敌视态度,失衡的社会心理借此次事件得以集中宣泄和释放。

(三)"瓮安事件"的发生机制:不满—刺激—攻击

通过以上对"瓮安事件"内核的提炼分析,可以得出如下结论:倘若当地民众没有形成失衡的心理状态,"李树芬之死"这一偶发个案就不可能演变成为由多个群体参与的大规模暴力事件。当然,社会心理失衡在很多时候只是社会现实反映于人们心理之上的"静态呈现",如果没有"李树芬之死"和"李秀中被打"这些"刺激性因素"的出现,这种"静态呈现"就能够得以维持。从这种意义上讲,正是"刺激性因素"打破了"社会心理失衡"的平静状态,最终如洪水决堤般一泻千里。

"刺激性因素"是指使人情绪激动、推动事件发展变化的东西,它既可是一起"偶发事件"或"日常纠纷",也可是一种不当举止甚至一句带有挑衅性的话语。如:在重庆"万州事件"中一名水果市场临时工在打人后被群众阻拦时说"我是公务员,什么事情都可以摆平",安徽"池州事件"中肇事的外地商人在保安打人时称"打死了不就是赔 30 万嘛",这些话语都深深刺痛了围观群众尤其是弱势群体,街头摩擦很快演变成为针对党政机关和公安干警的暴力事件。"刺激/反应:这就是群体,群体中的每位成员都好像共同生活在巴甫洛夫那条名犬的唾腺里。"❶

在社会心理学上,"挫折—攻击理论"(frustration-aggression hypothesis)可为我们分析暴力事件提供借鉴。该理论最早由美国心理学家多拉德(J. Dollard)和米勒(N.E.Miller)等人在 1939 年提出。"所谓挫折(frustration),是指当一个人为实现某种目标而努力时遭受干扰或破坏,致使需求不能得到满足时的情绪状态。"❷这种理论认为:当一个人意识到自己在目标的达成上受到阻碍时,他做出攻击反应的可能性就会增加,攻击行为的发生通常以挫折的存在为先决条件。

1978 年,美国精神科医生杰尔姆·费兰克对这一理论进行了修正和补充,他认为:❸那个时代最严重的暴乱,不是发生在最贫穷的地区,而是发生在洛杉矶和底特律——在那些地方,美国黑人的生活处境并不比其他地区更糟糕。这里的关键是,相对于他们眼中看到的白人生活状况以及许多美国黑人有权期待的正面改变,他们的处境是非常糟糕的。因此,引起攻击的不是剥夺,而是相对的剥夺:觉得自己或自己所属团体所拥有的东西比自己的应得还少,或者比自己的被引导去期待的还少,或者比跟自己类似的人拥有的还少。

应该说,"挫折—攻击理论"对我们认知攻击行为因何发生提供了新的视角,对解读因需求得不到满足而发生的群体性事件颇有借鉴意义。但是,在"瓮安事件"这类"基于不满宣泄的群体性事件"中,很难说暴力活动的参与者在具

---

❶ [美]罗伯特·门斯切:《市场、群氓和暴乱——对群体狂热的现代观点》,上海财经大学出版社 2006 年版,第 106 页。
❷ 全国 13 所高等院校《社会心理学》编写组编:《社会心理学》,南开大学出版社 2008 年版,第 247 页。
❸ 参见[美]阿伦森等:《社会心理学》,侯玉波等译,中国轻工业出版社 2005 年版,第 338~339 页。

▶ **168**

体情境下产生了"挫折感",他们专门针对党政机关的打砸抢烧行为更多地是发泄由社会现实问题引发的不满和怨恨,这种"不满"超越了个人在特定情形下的挫伤,具有广泛的群体或社会心理基础。因此,用"不满—刺激—攻击"来描述"基于不满宣泄的群体性事件",更为准确、细致和全面。

(四)"瓮安事件"的学理归类:基于不满宣泄的集群行为

人们的行为一般说来大都处在既定的社会规范制约之下,但在特殊情境中产生的一些不受通常行为规范约束的、自发的同时也是难以预测的群体行为方式,就是社会心理学上所说的"集群行为"。

美国社会学家帕克在其 1921 年出版的《社会学导论》一书中,最早从社会学角度定义"集合行为",认为它"是在集体共同的推动和影响下发生的个人行为,是一种情绪冲动"。斯坦莱·米尔格拉姆认为,集群行为"是自发产生的,相对来说是没有组织的,甚至是不可预测的,它依赖于参与者的相互刺激"。戴维·波普诺也指出,集群行为"是指那些在相对自发的、无组织的和不稳定的情况下,因为某种普遍的影响和鼓舞而发生的行为"❶。

在社会心理学上,"集群行为"是指"一种相当数量的群众自发产生的,不受正常社会规范约束的狂热行为"❷,"自发性"是其关键特征。"集群"是由多个社会阶层的民众聚集而成的临时性群体,而"集体"则是有共同利益和共同目标的个体集合。"集群行为"有多种表现形式,哈佛大学心理学家布朗(R. W. Brown)把它分为四类:一是侵略性集群行为,如暴乱行为;二是逃避性集群行为,如一批有组织或无组织的群众在遇到危险情况时产生的恐惧反应;三是获取性集群行为,如群众在物价上涨时抢购和囤积商品的行为;四是表现性集群行为,如宗教群众狂热的情绪和行为表现。

集群行为有如下特征:一是情绪支配性,每个参加者的情绪都异常兴奋,处于狂热状态,失去了正常的理智思索,在认识上持有偏见,无法反省和控制自己的行为;二是迅速接受性,集群行为的参加者互相传递的每一种信息都会被迅速接受并引起反应,他们不愿意怀疑也不会怀疑这些信息的真实性;三是容易越轨

---

❶ 张兆端:"关于集群行为和群体性事件研究若干观点述评",《新华文摘》2002 年第 5 期。
❷ 全国 13 所高等院校《社会心理学》编写组编:《社会心理学》,南开大学出版社 2008 年版,第 307 页。

性，虽然集群行为并非都伴随着暴力，但是参加者受狂热情绪支配，很容易背离正常的社会规范，发生扰乱社会秩序的行为甚至杀人放火。❶ 这种由分散个体组成的群体具有借机发泄、逆反、盲目从众、法不责众心理和英雄情结，因此容易丧失理性和责任感而施暴。❷

还有学者在运用西方集体行动理论阐释中国的群体性事件时认为，"行为"与"行动"有细微差异。在中国社科院研究员单光鼐看来，作为"自下而上"的体制外行为，"集体行为"与"集体行动"的差异为：在诉求、目的、组织化程度、持续时间以及与现存制度的关系上，"集体行为"都要比"集体行动"弱得多。❸ 虽然，笔者并不认同将中国群体性事件的行为主体全部划入"集体"的范畴，因为部分群体性事件的行为主体实际上是由不特定多数人组成的"集群"；但是，单光鼐对"行为"与"行动"的比较分析是有道理的。

现代西方哲学有一个专门领域叫做"行动哲学"（philosophy of action），而"行动"和"行为"之间的区分被认为是"行动哲学"的基本前提。行动哲学是在维特根斯坦（Ludwig Wittgenstein）的影响下形成起来的一个哲学分支；研究这个分支学者的一个基本共识，是认为"行动"（action）和"行为"（behavior）的区别在于有无"意向性"（intentionality）。行动当然是行为，而行为如果没有意向性的话就不是行动。❹ 哲学家尤根·哈贝马斯曾做过一个题为"行为与行动的区别"的演讲，他"在肯定行动与行为的区别在于行动的意向性的同时，强调行动的意向性特点与行动的遵守规则的特点有密切联系"❺。这就是人的自由与社会规范的对立统一。

总而言之，"行动"的意向性、规范性和组织性明显，而"行为"则有随机性、散乱性和自发性的特征；加之，由特定群体组成的"集体"与由不特定多数人形成的"集群"之间也有差异；而且，如前所述，"瓮安事件"中针对党政机关的暴力

---

❶ 参见全国13所高等院校《社会心理学》编写组编：《社会心理学》，南开大学出版社2008年版，第307~308页。

❷ 参见于建嵘：《抗争性政治：中国政治社会学基本问题》，人民出版社2010年版，第5页。

❸ 参见覃爱玲："'散步'是为了避免暴力——中国社会科学院社会学所研究员单光鼐专访"，《南方周末》2009年1月14日。

❹ 参见童世骏："大问题和小细节之间的'反思平衡'——从'行动'和'行为'的概念区分谈起"，《华东师范大学学报》2005年第4期。

❺ 参见孙惠柱："社会表演学与和谐社会"，《解放日报》2006年4月3日。

活动并不是基于利益诉求，而是重在发泄不满。因此，从学术严肃性和规范性的角度考虑，应使用"基于不满宣泄的集群行为"来概括和描述"瓮安事件"之类的群体性事件。

在以上分析的基础上归纳提炼，可以给"基于不满宣泄的集群行为"下个定义：由不特定多数人临时聚集形成的偶合群体，受外界刺激而实施的没有法律依据、重在发泄不满的体制外活动。其主要特征为：

1.行为主体为"偶合群体"。实施者由没有利益牵涉和价值诉求、来自不同阶层甚至素不相识的民众组成，这种临时聚集而成的群体缺乏组织性和凝聚力，在完成相关行为或行为被迫中止后便自动散开，个体重归茫茫人海。

2.行为本身具有高度自发性。尽管某个环节或某些人的行为可能源于旁人挑唆或某个团体的策动，但绝大多数参与者并未收到明确指令，而是受外界影响自愿加入其中。

3.行为的驱动力为不满情绪。参与者之所以采取行动并不是因为有利可图，而是为了发泄郁积于胸的不满和怨恨，这种情绪由于受到某种刺激（导火索）而被点燃化为实际行动。

4.行为方式容易失控。在谣言和暗示的动员下群体行为趋于情绪化，在管治缺失的情况下常最终失控而发展成为暴力事件。

第六章　中国群体性事件的发展趋向

纵观 21 世纪以来,尤其是新世纪前 10 年中国发生的群体性事件,在学理上可分为两大类:集体行动和集群行为——前者实施主体为"特定群体(集体)"、着眼利益表达或价值追求;后者实施主体为"不特定多数人(集群)"、重在宣泄不满。当今,中国的群体性事件除在实施主体上呈现出由"特定群体(集体)"向"不特定多数人(集群)"的转变外,还有下面一些不同以往的特征和趋向。

一、在发生地域上,从"村落乡镇"到"县城社区"

前述几例典型群体性事件——2004 年重庆"万州事件"、2005 年安徽"池州事件"、2006 年浙江"瑞安事件"、2007 年四川"大竹事件"、2008 年贵州"瓮安事件"和 2009 年湖北"石首事件"等,其发生地点都已不再是农村和乡镇,而是开始"由乡入城",主要发生在县城甚至开始向地级市延伸。

这种地域变化与国家大政方针的调整密切相关。在 20 世纪八九十年代,许多地方的农民因负担过重而被迫采取"集体抗税"等行为,一些群体性事件也由此而起。21 世纪以来,随着国家取消农业税、实施种粮补贴等一系列强农惠农政策的实施,农民负担大幅度减轻,早期农村群体性事件发生的前提和基础已发生根本性动摇。虽然,一些工业相对发达的农村地区由土地征用和环境污染等因素引发了许多群体性事件,但是这一问题正越来越引起中央政府的重视,相关政策法规的出台有利于遏制此类群体性事件的高发势头。

而且,随着工业化和城镇化进程的加快,亿万农民走出乡村,进入城市务工甚至在那儿安家落户,在中西部的很多农村地区"打工收入"早已超出"种植业收入"而成为农户的主要经济来源。此外,大量青壮年劳动力外出务工使一些农村剩下了"386199 部队"(即:妇女、儿童和老人),"留守儿童"和"空巢老人"的现象突出。从这种角度来看,农村群体性事件的主体力量缺失也是客观事实。

因此,无论是从动因还是从参与主体来看,农村密集发生群体性事件的可能性正在降低,而城市尤其是县城发生群体性事件的比例却在快速上升。"从县级政府看,县政承上启下,是国家上层与地方基层、中央领导与地方治理、权力运作与权力监控的'接点'部位;从县域社会看,县城是城市与乡村、传统与现代、中心与边缘地带的'接点'部位,比较容易发生群体性事件。"❶而从实施主体来看,集中在县城的辍学青少年、无业游民和流浪乞讨者等"社会闲散人员",由于无所事事极易为某些"偶发事件"所吸引而聚集起来,他们易将对自身处境和社会现状的不满迁怒至他人甚至党政机关身上,而成为"集群行为"的主角。

进入 21 世纪后尤其是近些年来,群体性事件"由乡入城"的趋势明显,这应当引起执政者的高度重视。作为维护社会稳定、促进社会和谐的基本单元,县域的行政改革、经济发展和社会管理应被置于更为紧要的位置。

二、在核心诉求上,从"利益表达"到"不满宣泄"

当今,中国已进入改革发展的关键时期,经济体制深刻变革,社会结构深刻

---

❶ 徐勇:"接点政治:农村群体性事件的县域分析",《华中师范大学学报(人文社会科学版)》2009 年第 6 期。

变动,利益格局深刻调整,思想观念深刻变化。这种空前的社会变革,给中国发展进步带来巨大活力,也必然带来这样那样的矛盾和问题。伴随着以市场为导向的经济体制改革不断深入和社会转型,利益分化和利益主体多元化趋势明显,不同利益群体之间的矛盾和冲突增多。

在这种背景下,清华大学社会学系教授孙立平认为中国已进入"利益博弈时代","在一个利益分化和利益博弈时代,任何一个具体的经济社会事务都可以成为一种利益,从中滋生一群分享这种利益的人,并围绕这种利益进行博弈"。❶ 对利益表达的诉求,除了源自经济体制变革和社会结构变迁带来的利益分化和冲突之外,"理性经济人"和"理性小农"这种受到利益驱动本能采取行动的理论框架,也成为一些学者诠释以农民为主体的中国群体性事件的重要资源。

考察中国居高不下的群体性事件不难发现,因房屋拆迁、移民安置、企业改制、环境污染、劳资纠纷等引发的暴力事件在其中占有相当大的比例,这类群体性事件显然主要围绕利益表达展开,而"利益表达往往意味着冲突,因为它包括了为达到争取利益的目标而采取的施加压力的方式"❷。2009 年 12 月 18 日,时任中共中央政治局常委、中央政法委书记在全国政法工作电视电话会议上称:"信访和群体性事件背后反映的大多是因利益诉求而引起的人民内部矛盾,是改革发展过程中的问题。"❸

但是,进入 21 世纪以来,一些因"细微事件"或"日常纠纷"引发,众多"无利益相关者"参与,主要以党政机关为攻击目标的群体性事件呈多发态势,这些事件背后的群体或社会心理基础发人深省。如,2004 年重庆"万州事件"、2005 年安徽"池州事件"、2006 年浙江"瑞安事件"、2007 年四川"大竹事件"、2008 年贵州"瓮安事件"和 2009 年湖北"石首事件",等等。有学者将此类事件称为"非阶层性的、无直接利益的群体性冲突"❹:"非阶层性的"是说参加的人群来自社会各个方面,"无直接利益的"是指参加群体性事件的人与事件诱因本身没有关系。其实,早在 2006 年这种情况就引起了中央高层的关注,同年 11 月 27 日中

---

❶ 孙立平:《博弈——断裂社会的利益冲突与和谐》,社会科学文献出版社 2006 年版,第 20 页。

❷ 孙立平:《博弈——断裂社会的利益冲突与和谐》,社会科学文献出版社 2006 年版,第 11 页。

❸ 周永康:"深入推进社会矛盾化解、社会管理创新、公正廉洁执法,为经济社会又好又快发展提供更加有力的法治保障",《求是》2010 年第 4 期。

❹ 参见中国社科院社会学所所长李培林在 2010 年《社会蓝皮书》发布会上所作的主题报告,载于"2010年社会蓝皮书发布暨中国社会形势报告会实录",新浪网 2009 年 12 月 21 日。

共中央政治局常委、中央政法委书记罗干在全国政法工作会议上指出："在一些地方,有的参与群体性事件的群众,自己并没有直接利益诉求,而是借机宣泄长期积累的不满情绪。这种社会现象很值得我们深思。"❶

尽管多数群体性事件仍是"因利益诉求而引起的人民内部矛盾",但是必须看到:"基于不满宣泄的集群行为"呈逐渐增多的态势,其参与人数、暴烈程度和负面影响一般都会超出"基于利益表达的集体行动"。

三、在动力机制上,从"压迫—反应"到 "不满—刺激—攻击"

2006 年,针对奥尔森选择性激励理论的不足,在分析中国当代农民维权抗争的动力机制时,于建嵘提出了"压迫性反应"❷的概念:当"集团"并没有明确的边界即还没有形成比较明确的组织形态时,社会群体中的部分成员为了改变某一社会政策或社会现实进行集体行动,其真正原动力不是来自"集团"内部的"奖罚分明",而是主要来自"集团"外部的压力。一般情况下,这种压力来自三个方面,即基层政府及官员的压迫,农村社区道德评价的压力,家庭具体利益的需求。"而在这三者中,基层政府及官员的压迫是农民走向集体行动最为主要的动力。也就是说,在一个只有共同的利益诉求而没有明确组织形态的社会群体中,集体行动参与者的真正动力是'集团'外部的压力"。

其实,无论是"日常抵抗"、还是"依法抗争"和"以法抗争","压迫—反应"机制对中国农民的这些维权活动都是颇具解释力的。在中国历史上尤其是漫长的封建社会,农民作为社会的最底层经常成为被剥夺、被损害的对象,这种角色使中国农民身上具有"顺民"和"暴民"的双重特性:一方面,由于长期处于被支配地位而养成了"逆来顺受"的性格特征;另一方面,当被压迫程度难以承受时又会"揭竿而起"。改革开放以后,随着家庭联产承包责任制的推行和社会主义市场经济体制的逐步建立,经济地位的提高带来了权利意识的逐渐觉醒,中国农

---

❶ 罗干:"政法机关在构建和谐社会中担负重大历史使命和政治责任",《求是》2007 年第 3 期。
❷ 参见于建嵘:"集体行动的原动力机制研究——基于 H 县农民维权抗争的考察",《学海》2006 年第 2 期。

民正在经历从"臣民"到"公民"的角色转变。

在农业税负沉重时代，以农民为主体的中国群体性事件带有明确的抗税减负目标，具有很强的被动性，整体属于"压迫性反应"的范畴。即使在免除农业税后，"压迫—反应"对那些因切身利益受到侵害而奋起抗争的群体性事件仍有很强的说服力，如：云南"孟连事件"中的警民冲突很大程度上是当地政府与橡胶公司一起损害胶农应得利益、压制胶农合法诉求，并擅用警力抓捕胶农代表所带来的结果。总的来看，"压迫性反应"通常适用于"基于利益表达的集体行动"，他们往往由群体利益受到损害或即将受到侵害而起，主体行为的被动性和因应性特征突出。在美国心理学家马斯洛看来，从行为的动机这一角度来看，人的行为分为因应性行为和表现性行为：因应性是有目的的、有动机的，而表现性通常是没有动机的；因应性特别体现为手段行为，其目的是满足需要或消除威胁，而表现性往往就是目的本身。

值得注意的是，在日渐增多的"基于不满宣泄的集群行为"中，参与者基本上属于"无利益相关方"，其行为并无明确的利益诉求，而是重在发泄不满、释放怨恨。在此类群体性事件中，作为事件诱因的当事人通常置身于暴力活动之外，参与打砸抢烧者的不满在受到外界偶发因素刺激下而集中爆发，其行为具有较强的主动性和表现性，遵循着"不满—刺激—攻击"的运行逻辑。

四、在策略技术上，从"依法抗争"到"暴力抗争"

在 20 世纪八九十年代，名目繁多的收费、提留、摊派、罚款和集资在中国很多农村地区已危及农民的"生存底线"，以农民集体抗税为主要形式的群体性事件基本上在"依法抗争"的轨道中运行。"依法抗争所依的法是中央政府制定的法律和政策，抗争的目标则是地方政府制定的不符合中央法律、政策或'中央精神'的种种'土政策'和其他侵犯农民'合法权益'的行为"❶。尽管在抗争过程中，可能会伴随或导致堵塞交通等明显触犯法律或政策的行为，但从整体上看参

---

❶ 李连江、欧博文："当代中国农民的依法抗争"，吴国光主编：《九七效应》，香港太平洋世纪研究所 1997 年版。

与者基本上是在国家法律和中央政策的框架内维护自身的合法权益。

20世纪90年代末,李连江和欧博文在谈及"依法抗争"对现行政治秩序可能造成的冲击时称,"处理得当,依法抗争可以改善法律和政策的贯彻执行,可以提高政府的威信;处理不当,依法抗争也可能演变成或导致政治性的暴力冲突甚至一定范围的局部暴乱"❶,当时在某些地区少数农民已经因为对依法抗争失去信心而转向了暴力抗争。令人痛心的是,21世纪以来在中国发生的"集体行动"越来越呈现出暴力化的倾向。"在过去三十年间,随着集体行动目标的世俗化和集体行动爆发空间的基层化,集体行动更多地表现出暴力化的倾向(violence-oriented),尤其表现为对生命和财产的集体性侵犯"❷,"暴烈程度显著上升,暴力化倾向越来越明显,这是2009年群体事件最鲜明的特点。继2008年'瓮安事件'后,群体事件冲突的激烈化程度就呈上升的态势。"❸

尤其让人感到忧虑的是,在"瓮安事件"这类"基于不满宣泄的集群行为"中,从一开始参与者的行为就偏离了法律和政策的轨道,直接表现为游行请愿、堵塞交通、围攻党政机关甚至打砸抢烧,这既与行动者没有明确的利益诉求、政府缺乏磋商对象有关,也与参与者对政府解决具有普遍性的现实问题缺乏耐心相关。而且,这种"暴力抗争"往往以党政机关和到现场维持秩序的警察为明确攻击对象,属于"敌对性攻击"而非"工具性攻击"。"敌对性攻击是一种源自愤怒的行为,目的是将痛苦或伤害加给别人。而在工具性攻击中,则是有伤害他人的意图,但这伤害是作为达成某种目的的手段,而非以造成痛苦为目的。"❹

显然,进入21世纪以来,逐渐增多的"基于不满宣泄的集群行为",在策略技术上已与"基于利益表达的集体行动"有较大差别,呈现出"暴力抗争"逐渐取代"依法抗争"的趋势。

---

❶ 李连江、欧博文:"当代中国农民的依法抗争",吴国光主编:《九七效应》,香港太平洋世纪研究所1997年版。

❷ 刘能:"当代中国转型社会中的集体行动:对过去三十年间三次集体行动浪潮的一个回顾",《学海》2009年第4期。

❸ 单光鼐:"尽快开启越来越逼近的制度出口——2009年群体事件全解析",《南方周末》2010年2月4日。

❹ [美]阿伦森等:《社会心理学》,侯玉波等译,中国轻工业出版社2005年版,第331页。

第七章　群体性事件的处置思维和策略

本章主要针对属于"人民内部矛盾"性质的群体性事件,从处置思维、制度设计、操作技术以及治本之策四个层面来寻求化解之道。具有"敌我矛盾"性质的群体性事件,因在处置思维、策略及方式上相对单一,且这类群体性事件在现实生活中所占比例极小,故未列入研究范围。

一、在处置思维层面:顺应新形势树立新理念

面对群体性事件呈现出的新特征和新趋向,在处置上必须抛弃惯常思维和陈旧做法,以新的理念破解难题。

(一)理性看待"稳定压倒一切"

"稳定压倒一切"的提法源于 20 世纪 80 年代末。1989 年 2 月 26 日,邓小平在会见美国总统布什时说:"中国的问题,压倒一切的是需要稳定。没有稳定

的环境,什么都搞不成,已经取得的成果也会失掉。"❶仔细研读这篇讲话就会发现,邓小平提出"压倒一切的是需要稳定",主要是针对当时的政治环境和发展社会主义民主而言的。他强调,"中国一定要坚持改革开放,这是解决中国问题的希望。但是要改革,就一定要有稳定的政治环境","民主是我们的目标,但国家必须保持稳定"。❷

值得重视的是,邓小平当年所言的"稳定压倒一切"早已超越了特定时代的"政治"和"民主"范畴,在各级政府的实际操作中成了无所不包的"超级容器","社会稳定问题泛化"的趋势愈益突出——政治、经济、社会、文化甚至居民生活中出现的一些问题也被一些地方政府列为"不稳定因素"。由于影响稳定的问题如此之广,加之有"一票否决"的指挥棒左右着个人进退,因此在很多领导干部眼中便出现了"不稳定幻象"❸,有的甚至到了风声鹤唳、草木皆兵的地步。

在这种操作理念和压力型体制驱使下,公民正当的利益表达也常被一些地方政府视为"影响社会稳定的不和谐因素"而横遭干涉。为确保"社会稳定",对群众诉求,一些基层领导干部习惯于采用"打压"(动用强制手段压制民众的正当诉求)和"赎买"(使用经济手段满足一些人的无理甚至非法要求)的方式,而这些都伤害了法律尊严和规则底线。其实,矛盾无时不有、无处不在,社会本来就是在不断克服矛盾、解决问题的过程中发展进步的。从这个角度讲,"在我们这样大的国家里,有少数人闹事,并不值得大惊小怪,倒是足以帮助我们克服官僚主义"❹。面对错综复杂的矛盾和问题,关键是要有正确的态度和化解办法。毕竟,"一致与冲突,都是社会存在的两种基本动力。稳定与变迁,是社会存在的两种基本形式。冲突是社会结构固有成分;冲突引起社会变迁,社会变迁排除冲突的消极影响"❺。

有媒体曾用"体制性迟钝"❻来描述群体性事件中的政府反应:面对这些冲突,在事件萌芽和聚集的初期,一些基层部门对社会矛盾却普遍表现出"体制性迟钝"——反应迟钝,信息失真,处理失当,往往走入"小事拖大,大事拖炸"的怪

❶ 《邓小平文选》第三卷,人民出版社 1993 年版,第 284 页。
❷ 《邓小平文选》第三卷,人民出版社 1993 年版,第 284、285 页。
❸ 孙立平:"'不稳定幻象'与维稳怪圈",《人民论坛》2010 年第 13 期。
❹ 《建国以来毛泽东文稿》第 6 册,中央文献出版社 1992 年版,第 352 页。
❺ 宋林飞:《西方社会学理论》,南京大学出版社 1997 年版,第 321~322 页。
❻ 黄豁、朱立毅、肖文峰、林艳兴:"体制性迟钝",《瞭望》新闻周刊 2007 年第 4 期。

圈，集中暴露出应急能力的薄弱。不过，笔者看来，在"社会稳定问题泛化"的情况下，基层政府对群众的"维权抗争"和"民间纠纷"还表现出与"体制性迟钝"迥异的反应，那就是"体制性过敏"——反应过度，处置过分，最终使矛盾激化、冲突爆发。如2008年云南"孟连事件"就是典型案例，由于当地政府的不当介入，胶农与橡胶公司之间的经济纠纷最终演变成为激烈的官民对立、警民冲突，造成人员伤亡的惨痛后果。

尤其值得警惕的是，在个别地方，"维护社会稳定"已成为政府官员肆意妄为的"挡箭牌"和"遮羞布"，仿佛在"维稳"的旗号下一切行为都具有不容置疑的正当性，公民的权益、法律的尊严和政府的威信可以被晾在一边。如据媒体报道❶，长沙市某区政府的一名负责官员，以"维稳"的名义卖掉了一家公司市值上亿元的土地。后又打出"维稳"旗号，成功抗拒了法院对该土地的强制执行。于是乎，出现了世上罕见的法院"裁定书"："本院合议庭审查后认为……解除查封理由不成立。但湖南省高院从维护社会稳定出发，指令本院解除查封，本院经审判委员会讨论，决定解除对本宗土地的查封"（《××县人民法院执行裁定书》[（2009）×法执异字第395—16号]）。

这是地方政府在"维护社会稳定"的旗号下，实施的一起明显违法、侵害他人合法权益并有较大腐败嫌疑的典型案例。然而，在"稳定压倒一切"、"稳定是第一责任"的政治话语和硬性要求下，这种做法似乎冠冕堂皇、理直气壮而无可非议。正如广东省委副书记朱明国所说：一些地方和领导干部片面理解"稳定压倒一切"，认为平安就是"不出事"。对群体性事件应对失当，要么乱扣帽子、加剧冲突，要么丧失原则、一味妥协。这种逻辑下的维稳，不是权利维稳，而是权力维稳；不是动态维稳，而是静态维稳；不是和谐维稳，而是强制维稳。❷

毋庸置疑，在进行政治改革和民主建设时，社会稳定必不可少甚至是"压倒一切"的"第一责任"；否则，不仅政治民主无法实现，还很有可能造成社会动荡、生灵涂炭。但是，不能将局限在特定区域内的普通群众诉求上升到社会稳定层面而过度反应甚至大动干戈。因此，必须冷静、理性地看待"稳定压倒一切"。

---

❶ 参见曹勇："被'维稳'的法院裁决"，《南方周末》2010年11月5日。

❷ 参见朱明国："莫让'权利维稳'变成'权力维稳'"，《人民日报》2012年7月18日。

（二）坚决摒弃"敌对思维"

在现阶段，我国的群体性事件主要表现为利益表达、不满宣泄和某种程度的价值（包括权利）追求，基本上属于"人民内部矛盾"的范畴。但是，一些基层官员在群体性事件发生后，出于推卸责任、快速处置等方面因素的考虑，往往冠之以"一小撮人煽动不明真相的群众"、"有组织，有预谋"、"境外敌对势力遥控指挥"等"大帽子"，结果常适得其反，使事态进一步恶化。

"人民内部矛盾"这一表述来自 1957 年毛泽东在最高国务会议上的讲话，他认为：社会主义社会存在着敌我矛盾和人民内部矛盾这两类性质完全不同的矛盾，在剥削阶级作为阶级消灭以后，人民内部矛盾处于突出的地位。敌我矛盾需要用强制的、专政的方法来解决，人民内部矛盾只能用民主的、说服教育的方法，也就是团结——批评——团结的方法去解决。现在一般认为，"人民内部矛盾"是指人民群众在根本利益一致基础上产生的矛盾，为非对抗性的矛盾。在新中国成立初期，对一些干部习惯用革命战争年代对付敌人的方式对待"群众闹事"的做法，毛泽东曾予以尖锐批评："现在我们有些同志，对待人民内部问题动不动就想'武力解决'，这是非常危险的，必须坚决纠正的。"❶

不过，当群体性事件发生后，基层政府的惯常做法却是将属于"人民内部矛盾"的事件当成"敌我矛盾"来处理。这就容易使事态由"非对抗性"向"对抗性"演变，最终酿成大的事端。正如广东省陆丰县乌坎村新任党总支书记兼村委会主任林祖銮所说的那样，"乌坎事件"之所以闹大，责任不在上面领导，主要还是下面基层政府"没有正确面对人民群众的合理诉求。把群众当成了假想敌，摆在对立面"。"矛盾激化是因为看不到解决问题的希望，矛盾平息也正是因为从省工作组看到了解决问题的希望"。❷

需要认真思考的是，为何基层政府习惯于对人民群众的"维权抗争"采取"敌对行为"？笔者认为，这主要有政治考量和经济利益两个方面的原因：一是现行的官僚体制和权力来源方式决定了基层官员对上负责、对下漠视的基本态度，"一票否决"的考核方式又促使其为求政绩、保官帽而不惜动用武力以尽快

❶ 薄一波：《若干重大决策与事件的回顾（下）》，中共中央党校出版社 1993 年版，第 571 页。
❷ 杨江："林祖銮：还原一个真实乌坎"，《新民周刊》2012 年第 11 期。

平息事态;二是地方官员往往与事件起因或群众诉求有关系到个人利益的经济纠葛,甚至会牵涉到其腐败行为,这些都促使他们对可能有损自身经济利益的群众"维权抗争"怀有敌视态度和抵触情绪。2011年4月1日,中共中央政治局常委、中纪委书记贺国强在中央党校所作的专题报告中称,"从这些年查处的一些群体性事件和重大责任事故看,背后往往隐藏着官商勾结、以权谋私等问题"❶。

如前所述,在具有标本意义的群体性事件中,无论是四川"汉源事件"、贵州"瓮安事件",还是广东"乌坎事件",处置策略和方式上的不同选择带来了不同结果。事件发生初始,地方官员对群体性事件参与者有着明显的"对立思维",并采取了压制性做法,但问题并未化解、矛盾反而激化;之后,省级或中央派出的工作组介入,放低身段、协商对话,最终打破僵局、平息事态。必须认识到,从整体上看,我国多发的群体性事件还远未触及政治体制和社会制度层面,"人民内部矛盾"的界定对分清性质、妥善处置具有十分重要的意义。

(三)牢固树立"规则意识"

在现代社会,规则主要表现为法律、政策和道德规范,而政策法规则是其中的"硬约束"。对行政机关来说,"法无授权则不可为",但是在实际生活中,一些地方政府行为的随意性、违规甚至违法性已成常态。这种行为方式不仅引发了许多群体性事件,而且也会给群体性事件的处置埋下诸多隐患。比如,在日常社会管理中,一些政府机关和公务人员奉行"搞定就是稳定"、"摆平就是水平"、"没事就是本事"的官场哲学。在这种具有官场"潜规则"意味的思维指引下,想尽一切办法平息事态——不管方式、手段是否合法,就成了习惯。

于是,便出现了一种见怪不怪的现象:事发后当地官员一方面大骂群众做事不讲规则,另一方面又无原则、无底线地使出浑身解数息事宁人。在维护自身权益上,群众则信奉"大闹大解决"、"小闹小解决"、"不闹不解决"的信条。这样一来,官员与群众的"无原则行为"便形成了恶性循环,进一步损害和削弱了整体社会的"规则意识"。无论是对党委、政府而言,还是对社会中的个人、团体、组织来说,法律法规都是其最需严格遵守的"规则"底线,而党委、政府本应在其

---

❶ 贺国强:"认清形势 坚定信心 深入推进党风廉政建设和反腐败斗争",《人民日报》2012年5月21日。

中起到带头和示范作用。因此,必须采取切实措施,"更加注重发挥法治在国家治理和社会管理中的重要作用","提高领导干部运用法治思维和法治方式深化改革、推动发展、化解矛盾、维护稳定能力"❶。

当今,"依法治国"、"依法执政"已成为中国共产党的政治承诺,"中国特色社会主义法律体系"也已于 2011 年"两会"期间宣告形成。为了约束作为重要执法主体的行政机关,2004 年国务院公布了《全面推进依法行政实施纲要》,明确提出:当前我国推进依法行政的任务是"经过十年左右坚持不懈的努力,基本实现建设法治政府的目标"。可以说,政治宣言和法律文本意义上的法治目标和规则已经明晰,基本做到了"有法可依",下一步亟须强化的是对法律法规这一基本规则的敬畏和遵守,在"有法必依,执法必严,违法必究"上下大力气、苦功夫。

意识决定行动,观念支配行为。在全社会尤其是党委、政府中牢固树立以法律法规为核心的"规则意识"已成当务之急。"从法律实施主体来看,行政执法中需要规则意识,司法活动需要规则意识,公民守法更需要规则意识,法律监督也离不开规则意识。当前我国法律实施的最大障碍是规则意识的缺乏,也是目前法律实施不甚理想的主要症结。"❷这就需要加强法制宣传教育以提高思想认识,加大对违规者的法律惩戒力度以塑造敬畏感。

(四)积极维护"合法权益"

"合法权益"是由宪法、法律和法规赋予公民的权利和利益,主要有政治权利、民主权利、人身权利、经济权利、教育权利等。其实,"权益"本来就有符合法律规定的内在要求。这里使用"合法权益"的概念,主要是为了强调"法定"(法律明文规定,实然层面)的意蕴,从而与法律还未明确规定、处于应然层面的"自然权益"区分开来。既然"合法权益"是指"法定权益",那么这种权益就理应得到积极维护,但实际情况却并非如此。

以 2011 年广东"乌坎事件"为例。在 2012 年"两会"期间,针对"乌坎事件""在民主选举上开了先河"、"对于深化政治体制改革有积极作用"的说法,中共

---

❶ 2012 年中国共产党第十八次全国代表大会报告:《坚定不移沿着中国特色社会主义道路前进　为全面建成小康社会而奋斗》。

❷ 刘作翔:"强化和提高规则意识是法律实施的关键",《人民法院报》2012 年 3 月 30 日。

中央政治局委员、广东省委书记汪洋在接受记者采访时称："实事求是地讲，乌坎民主选举是严格按照《中华人民共和国村民委员会组织法》和《广东省村民委员会选举办法》进行的，没有任何创新，只不过把《组织法》和《选举办法》的落实过程做得非常扎实，让这个村子在过去选举中走过场的现象得到纠正。"❶而在此之前，乌坎村从未举行过真正意义上的"民主选举"。

应该说，汪洋的回应是客观公允的。"乌坎事件"中的民主选举并无新意，但为何引起国内外高度关注呢？这本身就是一个值得深思的问题。它说明，长期以来，很多地方并没有严格按照法律法规和相关政策规定，切实维护人民群众的合法权益，而是习惯于对群众在政策法规框架内的"依法抗争"采取漠视甚至打压的做法，结果往往导致维权活动走上"暴力抗争"的道路。坦率地讲，"依法执政"、"依法行政"的理念在很多地方并未变成党政机关的自觉行动。与一些地方政府的惯常做法相对照，"乌坎事件"的确也有"创新"意义。

在一些基层党政官员眼中，群众的依法维权活动损害了当地形象、破坏了社会秩序甚至挑战了党的领导，是理应打压的"不法行为"。这种思想认识显然有悖中国特色社会主义政治的运行逻辑。实际上，"宪法和法律在我国是党主导的政治过程的结果，是党领导人民通过立法过程产生的，是党的意志上升为国家意志的具体形式。司法活动，则是将法制化的党的意志普遍适用于社会生活的过程，是实现这种意志的权威性和规范化形式"❷。因此，支持人民群众在法律框架内的维权活动，通过执法过程和司法程序维护群众的"合法权益"，不仅不会削弱反而能够加强党的领导。

法律是党和人民意志的根本体现，这是由我国的国体和政体所决定的。人民群众的合法权益与中国共产党的坚强领导，以宪法、法律、法规为载体实现有机统一。随着经济的发展、社会的转型，我国已进入一个利益多元化、矛盾复杂化的特殊时期，人民群众的民主、平等和权利意识不断增强。面对新形势，需要在全社会弘扬法治精神、强化法治观念，形成尊重法律权威、依法解决纠纷的社会风气。而党政机关更应理直气壮地依法保障人民群众在合法合理范围内的

---

❶ "汪洋：乌坎选举无创新　纠正了走过场形式"，凤凰网 2012 年 3 月 5 日。

❷ 封丽霞：《政党、国家与法治——改革开放 30 年中国法治发展透视》，人民出版社 2008 年版，第 379～380 页。

"维权活动",因为在某种意义上,"维权就是维稳、维权才能维稳"❶。

二、在制度设计层面:调整政策削弱冲突爆发的社会基础

许多群体性事件背后隐藏着较强的社会心理基础,并不能简单地"花钱搞定",而是应跳出从操作技术层面暂时化解冲突的思维,以更宽广的视野来寻求化解之道。

(一)加快推进政府转型

改革开放以来,中国经济高速增长在很大程度上是"政府主导"的结果,权力充当着资源配置的重要角色。在制定好符合实际的执政理念或发展战略后,这种对社会资源的集中掌控能力有利于经济社会沿着既定的轨道运行。基层政府在以 GDP 为主要考核目标的"指挥棒"下,形成了"围绕数字做工作"的政绩观,经济增长在某些地方成为官员们的首要执政目标。对中国这个曾被"文化大革命"拖入崩溃边缘的国度而言,"经济建设型政府"在特定时期有其必要性、迫切性和合理性。

但是,这种不顾资源环境承受能力的发展模式越来越显示出弊端。相对于经济体制改革,政治体制和社会体制明显滞后并直接阻碍或延缓了经济体制改革向纵深推进,在这种情况下政府的"越位、缺位、错位"便不可避免,并带来了一系列经济社会问题。如在"瓮安事件"发生之前,当地 GDP 增长率连续多年超出黔南州、贵州省乃至全国的平均水平,但是这种政府主导的发展在很大程度上是以牺牲资源环境甚至老百姓的利益为代价的,广大群众未能分享改革发展的成果,加上当地治安状况恶化,"发展型相对剥夺感"由此而生并形成对当地政府的不满甚至怨恨。从这种意义上讲,"瓮安事件"的爆发"看似偶然,实则必然"。

"政府改革既联结经济体制改革,又联结社会体制改革和政治体制改革,处

---

❶ 本报评论部:"倾听那些'沉没的声音'",《人民日报》2011 年 5 月 26 日。

于改革的中心环节,是构建社会主义和谐社会的关键。"❶为此,2007 年中共十七大报告明确提出了"加快行政管理体制改革,建设服务型政府"的任务,强调"行政管理体制改革是深化改革的重要环节",要"健全政府职责体系,完善公共服务体系"。2010 年 3 月 5 日,国务院总理温家宝在《政府工作报告》中提出"努力建设人民满意的服务型政府",指出"政府工作与人民的期望还有较大差距":职能转变不到位,对微观经济干预过多,社会管理和公共服务比较薄弱;一些工作人员依法行政意识不强;一些领导干部脱离群众、脱离实际,形式主义、官僚主义严重;一些领域腐败现象易发多发。

应该看到,政府自身存在的上述问题并不仅限于某个特定地域,而是在全国范围内具有普遍性,这些"老问题"如果长期得不到解决,将直接影响到广大人民群众对党委、政府的信任度,为群体性事件发生提供社会心理基础。此外,政府对经济活动和社会生活的过度干预,常使原本属于平等民事主体之间的纠纷,最终演变为"干群矛盾"、"官民冲突",原本属于经济和法律范畴的问题呈现出政治化、敌对化的趋势,为群体性事件向更高层面演进提供了可能。

其实,在许多群体性事件中,参与者的"不满"或"愤恨"来自三个层面:一是微观层面,对政府在"偶发事件"或"日常纠纷"中的处置方式不满;二是中观层面,对当地存在的一些突出问题不满,如瓮安和石首居民对当地治安状况的担忧等;三是宏观层面,对全国普遍存在并在当地得以呈现的官员脱离群众、脱离实际、形式主义、官僚主义和贪污腐化等现象不满。要从根本上遏制群体性事件高发势头,除需提高治理技术和解决当地问题外,更应从全国层面加快政府职能转变,积极推进政府从"全能型政府"、"管制型政府"、"经济建设型政府"向"有限政府"、"法治政府"、"服务型政府"迈进。

在政府转型过程中需着重在以下几个方面用力:一、坚持市场化改革取向,剥离经济管制权力、减少行政审批事项;二、改革以"GDP"为中心的政绩考核方式,构建以人为本、民生导向的考核体系;三、积极培育社会组织,在政府、企业、民间组织三者之间建立良性互动机制。"在市场经济体制框架初步建立的条件下,政府应当把自己的基本职能定位为公共服务,把主要注意力转移到加快解决就业、收入分配、社会保障等方面,积极促进社会事业的发展。这样,才能有效地

---

❶ 高尚全:《政府转型》,经济科学出版社 2008 年版,第 95 页。

缓解社会矛盾,解决经济社会发展失衡的问题"。❶

(二)着力调整社会结构

所谓社会结构,"是指一个国家或地区占有一定资源、机会的社会成员的组成方式及其关系格局"❷。具体而言,社会结构包含着各种重要的子结构,除了作为基础要素的人口结构外,还有体现社会整合方式的家庭结构、社会组织结构,体现空间分布形式的城乡结构、区域结构,体现生存活动方式的就业结构、收入分配结构、消费结构,以及体现社会地位格局的社会阶层结构等。

改革开放以来,中国社会结构发生了深刻变动,正在由农业社会向工业社会、农村社会向城市社会、传统社会向现代社会转型。但是,由于长期以来过度追求经济增长速度,社会建设在很大程度上被忽视,因此社会结构调整明显滞后。在经济增长过程中,资源与机会配置的效率优先并不能保证实现社会公平,经济结构的变化也不能必然推动社会结构的合理调整。"总的来说,中国社会结构变动滞后于经济结构发展,以及社会结构内部存在种种偏差和不协调,正是导致社会出现结构性紧张,诸多社会矛盾和问题不断涌现的主要根源所在"。❸

综合就业结构、消费结构、社会阶层结构等指标,并考虑到中国经济发展态势等多种因素,"总体来看,中国经济结构已经处于工业化中期阶段,而社会结构仍然处于工业化初期阶段,二者存在结构性偏差,而且这种偏差较大","中国社会结构滞后经济结构大约 15 年左右。也就是说到 2025 年左右,目前的社会结构才能进入工业化中期阶段"❹。而据清华大学教授李强的研究,中国的基本社会结构比一般金字塔的结构还要差,可以说是"倒丁字型"的,即 64.7% 的人处在非常低的分值位置,与其他群体形成鲜明的分界,其他群体则像一个立柱,显示了巨大的差异性。"倒丁字型"的社会结构,导致社会群体之间以至整个社

---

❶　方栓喜执笔:"以政府转型为重点建设和谐社会",迟福林主编:《建言中国改革》,中国经济出版社 2008 年版,第 151 页。

❷　汝信、陆学艺、李培林主编:《2010 年中国社会形势分析与预测》,社会科学文献出版社 2009 年版,第 194 页。

❸　"当代中国社会结构变迁研究"课题组:"新阶段社会建设的核心任务:调整社会结构",陆学艺、宋国恺、胡建国、李晓壮执笔,http://www.sociology.cass.cn/shxw/shgz/shgz65/P020100114678504219845.pdf。

❹　陆学艺主编:《当代中国社会结构》,社会科学文献出版社 2010 年版,第 33~34 页。

会处于一种"结构紧张"状态。"在这样一种状态之下，社会矛盾比较容易激化，社会问题和社会危机比较容易发生"❶。

值得注意的是，"20 世纪 90 年代中期，是中国社会结构演变的一个重要转折点，这就是自改革以来就不断分化、演变、调整的社会结构开始逐步定型化下来"❷，尤其是在社会结构中居于核心地位的社会阶层结构框架可能会相对稳定较长时间。"社会墙"❸——社会不同群体之间、社会对政府有关部门表现出的种种猜疑、隔膜和不信任感——的出现正是社会结构失衡的必然结果。中国社会正呈现出身份地位"代际传承"和社会"阶层固化"的趋势，流动性的减弱和上升通道的褊狭，不仅会使社会活力退化，还将直接造成阶层、族群之间的对立和冲突，最终危及社会稳定。

2004 年，中共十六届四中全会第一次提出"构建社会主义和谐社会"和"社会建设"的战略任务。此后，以保障和改善民生为重点的社会建设被执政者提上重要位置。2007 年，中共十七大报告强调"必须在经济发展的基础上，更加注重社会建设"。2012 年，中共十八大报告要求，"要多谋民生之利，多解民生之忧，解决好人民最关心最直接最现实的利益问题，在学有所教、劳有所得、病有所医、老有所养、住有所居上持续取得新进展，努力让人民过上更好生活"。社会结构调整的目标需要中央尽快强化在加快城镇化步伐、完善收入分配制度、促进中产阶层发育等方面的政策导向。

其中，收入分配制度改革当属重中之重。"改革以来特别是 90 年代下半期，中国社会的收入分配格局发生了重大变化，从全民'分享型'或'共享型'增长到部分'获益型'增长，从全民'非零和游戏'增长到'零和游戏'增长，从'人人受益'增长到部分人'获益型'增长"。❶ 在此背景下，早期的普惠式经济增长已发生了变化，并非所有群体都平等地分享了改革开放的成果，"富者愈富，贫者愈贫"的现象突出。人社部劳动工资研究所的报告显示：尽管中国行业工资高低比已连续 3 年下降，但 2011 年行业间工资差距最高仍达 4.48 倍；以平均水

❶ 李强：《社会分层十讲》，社会科学文献出版社 2008 年版，第 256 页。
❷ 孙立平：《博弈——断裂社会的利益冲突与和谐》，社会科学文献出版社 2006 年版，第 24 页。
❸ 参见"和谐中国要拆除'社会墙'"，《人民日报》2010 年 1 月 14 日。
❶ 王绍光：《安邦之道：国家转型的目标与途径》，生活·读书·新知三联书店 2007 年版，第 371～372 页。

平比较,最高的金融行业中的一个职工单季度工资比最低的农林牧渔行业一个职工全年的工资都要高。❶ 中国社会自古以来就有"不患寡而患不均,不患贫而患不安"的思想,分配不公所带来的贫富分化极易滋长不满情绪,给社会稳定带来深重隐患。

令人忧虑的是,一些群体性事件背后所隐藏的"仇富"、"仇官"心理明显,这种失衡的社会心理无疑来源于现实生活。而且,在改革开放前沿阵地——广东省相继发生了"潮州事件"、"增城事件"和"中山事件",外来工与本地人之间的小摩擦最终酿成群体之间的大冲突。这些,都显示了群体性事件向阶层对立、族群冲突演进的趋势。因此,必须密集出台"着力提高低收入者收入水平,逐步扩大中等收入者比重,有效调节过高收入"的政策措施,下大力气解决农民工融入城市生活和大学生就业问题,不断健全社会保障体系、提高社会保障水平。

(三)尽早改革信访体制

当今,中国普通民众在体制内反映诉求的渠道主要有两种:一是信访,二是诉讼。由于诉讼方式耗时费财,一般群众难以承受,而且不能认可司法机关的公信力,加上几千年封建社会传承下来的"青天情结",因此,中国民众尤其是不能调动社会资源为己所用的底层群众,一般采取向各级党政、司法机关乃至中央领导反映问题的信访方式"鸣冤叫屈"。在此背景下,2005 年国务院颁布实施《信访条例》,进一步强化了信访体制。

按照该条例的界定,信访是指"公民、法人或者其他组织采用书信、电子邮件、传真、电话、走访等形式,向各级人民政府、县级以上人民政府工作部门反映情况,提出建议、意见或者投诉请求,依法由有关行政机关处理的活动"。为缓解各种社会矛盾,上级政府希望通过"一票否决"等信访责任追究制,对下级政府施压来解决信访涉及的问题,"压力型信访体制"逐渐形成并产生了新的矛盾和问题。其实,从上访者诉求的正当性来看,主要可分为三类:一是确有"冤情",自身合法权益的确受到了侵害;二是理解"有误",由于认识偏差误以为自己"冤枉";三是无理取闹,明知要求无理仍然上访不断。各级政府不分青红皂白将信访量作为考核指标的做法,不仅无助于依法化解社会矛盾,还会助长缠

---

❶ 参见白天亮:"行业工资差距在缩小",《人民日报》2012 年 7 月 10 日。

访、闹访甚至恶访行为。

在这种制度安排下,一方面,地方党政领导为了自身的政治利益,不得不采取截访、销号等手段减少上访登记量,因为这比逐个去化解矛盾真正解决"引发信访的问题"显然要容易得多;另一方面,许多上访人员都相信一个行动逻辑,那就是地方政府怕什么他们就偏偏做什么,于是夹杂着围堵政府等不当行为的上访便屡见不鲜。"信访各参与方对信访制度的理解和运用存在这样的冲突,便形成了'信访悖论'"。❶ 而且,据于建嵘所带团队的调查,"信访制度或许不那么有效,上访人员也不一定认为信访制度有多大用处。但是,至少在某些地方,来自中央的压力把信访制度从无用变成了有害。这样一来,信访制度就从减压阀变成了增压器"❷。

"压力型信访体制"迫使基层政府耗费大量的人力、物力和财力来减少上访登记量。笔者曾在一份基层主要领导关于信访工作的讲话稿中看到"宁算政治账,不算经济账"的要求,有多名基层干部提起扭曲了的"信访经济学"概念:一是基层政府派人常年尤其是在举行重大会议、庆典期间在北京驻守,随时准备截回进京上访的本辖区居民,这些人的衣食住行累计下来是一笔不小的开支;二是寻找门路做工作在信访部门"销号"也要产生数目不菲的开销,除请客送礼外有些基层干部甚至采取直接用钱贿赂的办法;三是为暂时平息事态,有时基层政府不得不采用经济补偿等方式满足一些上访者的不合法、不合理诉求。

笔者在调查多起群众权益受损事件时还发现,这种"压力型信访体制"直接影响到了法院对案件受理的取舍,使普通民众处于求告无门的境地。如:一些人按照《信访条例》走完办理、复查、复核三级信访程序后,对相关部门的处理意见仍然不服,由于不能以同一事实和理由再次提出投诉请求,便企求通过诉讼解决问题。但是,一些基层法院担心判决后"引火烧身",对"民告官"等"敏感事项"采取了不予立案的做法,这就堵塞了民众在法律框架内通过合法方式解决问题的渠道,最终不得不采取围攻党政机关等制度外的非法手段反映诉求。更有甚者,还出现了"上访绑架判决"的案例❸:河南平顶山中院为了阻止一起故意杀人

---

❶ 于建嵘:"'信访悖论'及其出路",《南风窗》2009 年第 8 期。

❷ 于建嵘:《抗争性政治:中国政治社会学基本问题》,人民出版社 2010 年版,第 235 页。

❸ 参见李钧德:"河南平顶山法院为阻被害人亲属上访承诺判死刑",《半月谈(内部版)》2012 年第 6 期。

案的被害人亲属上访,"承诺"对该案嫌疑人判死刑。该案多次一审死刑判决均被河南高院以证据不足为由撤销,该嫌犯一直被关押在看守所,超期羁押已超过10年。知情人称原被告双方仍在不断上访,有关方面进退两难。

　　"《信访条例》的本意是让地方政府认真对待上访反映的问题,从源头上杜绝上访现象,但是一些地方却只要通过各种手段'围追堵截',保持上访'零记录'就能创造和维持圆满的'政绩'"。❶ 某县委书记在一篇讲话中就明确要求:"各乡镇(街道)要通过每户一封公开信,明确告之县委、县政府的坚定决心和处理非正常上访的明确规定,即今后凡是到北京非正常上访的,第一次训诫谈话并罚款;第二次拘留;第三次劳教。并且在集中整治活动中,对早有劣迹、确定了犯罪事实的少数违法分子要及时抓捕归案,强力震慑,以儆效尤。"❷

　　2007年中共十七大报告提出"保障人民的知情权、参与权、表达权、监督权"的要求,2010年国务院总理温家宝又在《政府工作报告》中强调"创造条件让人民批评政府、监督政府"。这都需要畅通人民群众的"诉求渠道"。显然单一而狭窄的信访方式已不能满足人民群众日益多元和复杂的诉求需要,而且通过这一渠道真正解决问题数量的偏少有将访民对基层政府的不满转移至中央层面的风险。尤其令人忧虑的是,在中国的现实国情下,"强化信访就是鼓励上访"、"信'访'不信'法'"现象突出,削弱了法律权威和规则意识。

　　笔者认为,信访体制改革的基本方向应是弱化权利救济职能、强化信息传递职能,可考虑在以下方面调整和改进信访体制:一、取消在信访量上的层层"目标考核责任制"。将重点放在对群众信访所反映问题的处理上,而不是不分缘由地将信访量作为考核内容。二、将信访职能逐渐集中到具有法定监督权的部门。主要由各级人大、纪检监察机关和检察院受理来信来访,保障宪法所赋予的公民的申诉、控告和检举权。三、将信访受理内容限定为国家机关及其工作人员的违法违规行为。对属于民事主体之间矛盾和纠纷的事项不予受理,劝导访民通过司法渠道或人民调解途径解决。

(四)切实保障司法公正

　　司法是指国家司法机关及其工作人员依照法定职权和法定程序,具体运用

---

❶ 张千帆:"上访体制的根源与出路",《探索与争鸣》2012年第1期。
❷ 洪启旺:"官员雷语滚滚来,谁比谁更雷?",《羊城晚报》2010年11月4日。

法律处理案件的专门活动。司法是维护社会公平正义的最后一道防线。2011年5月4日,时任中共中央政治局常委、中央政法委书记在会见阿根廷最高法院院长洛伦塞蒂时说:"这些年,中国经济持续快速发展,取得了举世瞩目的成就,同时也难以避免地产生了大量社会矛盾。这些矛盾和问题越来越多地进入司法程序,各级人民法院每年受理的各类案件上千万件,维护社会公平正义的压力前所未有。"❶

公平正义是社会主义社会的本质特征,也是社会稳定的基础。在群体性事件发展变化过程中,司法活动既可成为有效应对、妥善处置的重要途径,也能成为群体性事件的关键诱因。之所以说,司法活动可能成为群体性发生的诱因,主要原因有:一是对司法的不信任和司法过程的繁复,使普通百姓不愿通过司法渠道解决问题,而是寻求体制外途径;二是司法不公所造成的冤假错案,促使当事人在求告无门的情况下铤而走险。"如果一个纠纷未得到根本解决,那么社会肌体上就可能产生溃烂的伤口。如果纠纷是以不适当的和不公正的方式解决的,那么社会肌体就会留下一个创伤,而且这些创伤的增多,又有可能严重危及对令人满意的社会秩序的维护"❷。

正如英国思想家培根所言,"一次不公正的判决,其恶果超过十次犯罪。因为犯罪虽然无视法律——好比污染了水流,但不公正的审判却毁坏了法律——好比污染了水源"。现实生活中,人情案、关系案、金钱案以及党委、政府对司法活动的不当干预等司空见惯。在这种情况下,司法活动就很难在维护社会公平正义上发挥关键性作用,相反还会损害法律的尊严和政法机关的形象,增加社会不稳定因素,这就与司法本应发挥的功能背道而驰。

值得注意的是,近些年涉法涉诉信访案件呈增多态势,这一方面与信访体制得到强化、相对简便易行有关,另一方面也与司法公信力和权威性不足相关联。针对一些涉法涉诉信访反复申诉、没完没了的问题,2009年中办、国办转发《中央政法委员会关于进一步加强和改进涉法涉诉信访工作的意见》。该《意见》提出,对合理诉求确实解决到位、实际困难确已妥善解决的问题,经过公开听证、公开质证、公开答复,由省级以上政法机关审核后,按有关规定作出终结决定,各级

---

❶ 徐松:"周永康会见阿根廷最高法院院长",《人民日报》2011年5月5日。

❷ [美]博登海默:《法理学:法律哲学与法律方法》,邓正来译,中国政法大学出版社1999年版,第505页。

政法机关不再受理、交办、通报,以维护司法裁判的权威性和终局性。

但是,这只能从操作技术层面有限度地遏制涉法涉诉信访上升势头,根本性解决办法还是需要进一步改进和完善司法体制,以确保司法公正。"这场改革的核心在于理顺党的领导与司法独立的关系,在维护和改进党对司法工作的领导之下,充分尊重司法自主权和司法活动的独立性、专业性和技术性特点,创造有利于司法独立与公正的社会条件和氛围,为社会主义法治国家筑起一道坚固的正义防线"。❶ 这是由于,在我国地方利益具有独立性和分散性,加之人财物受制于地方,在这种情况下党委、政府直接干预司法活动已成常态,国家司法的地方化和工具化特征明显,这在很大程度上是造成司法不公和司法腐败的制度性原因。

这里,必须正确认识和处理"党对司法工作的领导"问题。在现实生活中,容易将此等同于党委政法委及党政领导对具体司法活动的干预,结果直接妨碍了司法独立和司法公正。其实,"党对司法工作的领导"已通过相应的法律、政策和组织安排得以体现:一、通过立法程序将党的意志上升为国家法律,使之成为司法活动的依据和准则;二、通过制定方针政策,为司法工作指明方向;三、通过司法机关的党组,实现对政法部门的组织领导;四、通过各级纪检监察部门,对司法机关中违法乱纪的党员干部实施监督。因此,"为了加强党的领导"而在各级党委设立统筹政法工作的专门机构并无太多必要,在制度设计上可逐渐弱化其司法调控权限,强化其在司法改革过程中的政策设计和决策咨询功能。

"党对司法工作的领导"主要是一种政治、思想和组织上的领导。为克服"国家司法的地方化"、畅通公民依法维权渠道,应在以下几个方面实施改革:一是对省级以下政法机关(包括公、检、法、司、安全等 5 部门)实行垂直管理,摆脱司法活动集中的县、市一级党委的直接干预;二是政法机关的办公经费由国家财政予以保障,改变财权受制于地方政府的局面;三是各级公安厅(局)长不再兼任当地党委常委或政法委书记,避免警察权高于司法权的问题;四是在保证法律正确实施的前提下,简化维权程序、减轻诉讼成本,为公民通过法律途径化解冲突提供便利。

---

❶ 封丽霞:《政党、国家与法治——改革开放 30 年中国法治发展透视》,人民出版社 2008 年版,第 378 页。

三、在操作技术层面:准确把握介入的时机和方式

群体性事件往往由偶发事件或日常纠纷引发,民事主体之间的矛盾最终演变成为"官民对立"和"警民冲突",其中当地政府的不当介入或介入无效起到了推动作用。因此,必须在这个方面认真检视。

(一)认清事件性质区别对待分类处置

在性质上,中国的群体性事件绝大多数仍属于"人民内部矛盾"的范畴。这种定性,也就决定了政府在处置群体性事件时的行为边界:一是切忌在事实还未查清的情况下,就仓促将事件定性为"有组织、有预谋"的对抗性行为。二是不能随意动用专政工具打压人民群众的维权或抗争活动,尤其是不可在事发现场滥用警力强力压制。

群体性事件发生后,如果对其定性错误,就会将人民群众推到对立面,将非对抗性矛盾转变成为对抗性冲突。这样,即使能够暂时平息事态,也会严重损害党群、干群关系,长此以往还会对以"全心全意为人民服务"为宗旨的中国共产党的执政合法性和正当性提出严峻挑战,为社会动荡埋下巨大隐患。对这一问题,各级党委、政府必须予以高度警惕和重视。

按照本书第五章的分析、归纳和提炼,当今中国的群体性事件可分为三大类:基于利益表达的群体性事件、基于不满宣泄的群体性事件和基于价值追求的群体性事件。这种根据核心诉求和驱动力量所作的类型化,对于准确把握、妥善处置群体性事件具有重要意义。面对具体诉求和表现形式多种多样的群体性事件,需要把握其核心要素予以分类处理。

在"基于利益表达的群体性事件"中,不管事件的起因是土地征收、房屋拆迁、移民安置、矿群矛盾,还是企业改制、劳资纠纷、非法集资,这些因素均属与经济收入密切相关的"利益问题"。那么,在事件发生后,事发地党委、政府首先需要考量的就是这些利益诉求是否合理合法。对人民群众的合法诉求,应当坚决满足,并依法依规查处侵害群众利益的行为,严肃追究相关部门及人员的责任;对没有法律依据的合理诉求,应当在法制框架内尽量予以灵活性、人性化的处

理,以密切党与人民群众的血肉联系;对非法诉求,则应开展耐心细致的解释、说服工作,力争使群众认识到自身诉求的不妥,如果仍不能理解也不可"法外施恩"。总之,应如中共十八大报告所指出的那样,严格遵循"两个凡是"的原则(凡是涉及群众切身利益的决策都要充分听取群众意见,凡是损害群众利益的做法都要坚决防止和纠正)。

需要注意的是,一些因环境问题引发的群体性事件之所以迅速增多,与地方政府在上大项目过程中的信息不透明、不公开密切相关。在 2011 年大连"PX事件"发生前,一场台风冲垮了化工公司的防波堤,记者采访遭到殴打,大连市民才因此明白身边还有个"PX 项目";2012 年四川"什邡事件"中涉及的钼铜项目,因一场盛大的奠基典礼仪式才为公众知晓。尽管上述项目拥有完备的审批手续和环评报告,但是已很难消除民众疑虑,政府的公信力和权威性广受非议。此类事件表明,如何在决策过程中保障人民群众的"知情权、参与权、表述权和监督权",已成为亟待解决的课题。

正如两千多年前古希腊政治家伯利克里所说,"最坏的事情莫过于在结果尚未适当讨论之前就匆匆地付诸行动"❶。由于环境问题具有很强的公共产品性质,事关特定区域内每位公民的身体健康这一切身利益;因此,政府在上马可能带来环境污染的项目时,必须遵循"重大情况让人民知道,重大问题经人民讨论"❷的原则:

一是建立重大工程社会稳定风险评估机制。将可能带来环境污染的工程项目等涉及群众切身利益的重大事项列入评估范围,最终形成的评估报告应当作出无风险、有较小风险、有较大风险和有重大风险的评价,提出可实施、可部分实施、暂缓实施、不实施的建议。二是事关环境保护的重大事项须经最终各级地方人大讨论决定。可能带来污染问题的重大项目属于涉及面广的"重大事项",地方政府在启动相关工程时理应在进行社会稳定风险评估之后,提交人民代表大会讨论、决定。三是在公共决策过程中扩大公众知情权和参与度。通过大众传播工具将关系到环境问题的重大项目广而告之,必要时采取发放调查问卷、举行座谈会和听证会等方式,广泛征求群众的意见和建议;在项目建设过程中,还应

---

❶ [英]戴维·赫尔德:《民主的模式》,燕继荣等译,中央编译出版社 2008 年版,第 16 页。

❷ 1987 年中国共产党第十三次全国代表大会报告:《沿着有中国特色的社会主义道路前进》。

吸收群众代表对污染情况进行全程监督，并发挥舆论监督的建设性作用。

"基于不满宣泄的群体性事件"背后，往往隐藏着人民群众对当地党委、政府长期积累的不满情绪和严重失衡的社会心理基础。这就需要搞清群众不满的现实根源以对症下药，因此从根本上化解此类事件颇费时日。以贵州"瓮安事件"为例，贵州省委书记石宗源将其中的深层次因素归结为"一些社会矛盾长期积累，多种纠纷相互交织，一些没有得到应有的重视，一些没有得到及时有效的解决，矿群纠纷、移民纠纷、拆迁纠纷突出，干群关系紧张，治安环境不好。一些地方、一些部门在思想意识上，干部作风上，工作方式方法上，还存在这样那样的问题，群众对我们的工作还不满意"❶。这些问题用贵州省委副书记王富玉的话来说就是"积案过多，积怨过深，积重难返"❷。事态平息后，当地从解决大量现实问题着手消除群众不满，这种正确的路径选择产生了良好效果，在三四年后赢得了媒体赞誉❸，相关报道记录了当地政府釜底抽薪式的化解之道。

对"基于价值追求的群体性事件"，则要弄清这种价值追求是否有法律依据。如果属于法律明确赋予的"合法权利"，则应切实予以维护，以取信于民彻底平息事态。如在2011年广东"乌坎事件"中，在省工作组支持下依法产生了新一届村党支部和村委会，满足了群众的"权利诉求"，为进一步解决属于"利益诉求"的土地问题奠定了组织基础。此外，还要看到，对于那些追求法外权利和对执政方式提出异议的群体性事件，由于其价值追求涉及到法律修订和政策调整，从根本上化解则需要基于政治、经济、社会、文化等方面综合因素的考量和抉择。

（二）审慎介入民事纠纷避免过度干预

许多群体性事件特别是"基于不满宣泄的群体性事件"，其导火索常为看似细微的偶发因素。一般来说，平等民事主体之间的日常纠纷完全可以通过协商或诉讼的方式来解决，政府部门不宜介入。但是，对中国这个深受封建传统影响的国度来说，百姓既有"遇事儿找政府"的情结，官员也有"为民做主"的惯性。

❶ 刘子富：《新群体事件观——贵州瓮安"6·28"事件的启示》，新华出版社2009年版，第23页。
❷ 黄勇、王丽、刘文国、何云江："瓮安事件始末　石宗源三次向百姓道歉"，新华网2008年7月5日。
❸ 参见何平、朱国贤、徐江善、王丽："在痛定思痛中浴火重生——从瓮安之乱到瓮安之变警示录"，《人民日报》2011年10月24日；毛浩、董伟、白皓："瓮安答卷"，《中国青年报》2012年4月27日。

因此,一些普通民事纠纷也常需政府出面化解,但在能否介入、如何介入上却要拿捏分寸。

对一般民事纠纷来说,政府及其工作人员不应介入,以防"惹火烧身"。由于日常纠纷多呈静态,通常不会引起人群聚集,在当事人没有主动找上门的时候不必介入,即使找上门了也应劝说其通过自主协商、法院诉讼或司法调解的渠道解决问题。但对治安纠纷来说,警方在出警后应以维持社会秩序为重点,将当事人迅速带离现场到公安机关依法公正处理,在现场时尤其需要保持中立态度,防止自身"不当举止"刺激当事方和围观者,导致人员大规模聚集酿成事端。

如:在 2004 年重庆"万州事件"中,临时工胡某与其妻曾某因街头碰撞殴打搬运工余继奎,由于双方已发生肢体冲突、警察也在接警后出动,这一偶发事件其实已超出了民事纠纷的范畴而具有治安案件的性质。但是民警与胡某握手这一看似平常的举动却引起公众对两个人原本熟识的猜测,加上之前胡某冒充公务员的言辞,这更加重了围观群众对案件能否公正处理的怀疑。而且,从 2004 年 10 月 18 日 13 时许当事人发生摩擦到当天 17 时被带离现场,长达 4 个小时,在此期间围观者越聚越多,群情也越来越激忿,最终一起简单的治安案件演变成为主要针对当地政府的暴力事件:万州区政府大楼遭打砸烧、多辆警车被毁。

尤其需要注意的是,"死人"与社会抗议有强烈的相关性。借助死人是民众表达抗议的一种传统手法,经常被人使用,这早已为中外历史所证明。停尸抗议、抬尸游行、集体送葬、拒绝下葬,往往都是抗议行为的一部分;借助死人在煽动群众情绪、争取同情者、动员集结队伍等方面发挥着显而易见的便捷作用。在老百姓看来,它就是争取、赢得旁观者和社会舆论同情、支持的利器。❶ 在 2006 年浙江"瑞安事件"、2007 年四川"大竹事件"、2008 年贵州"瓮安事件"和 2009 年湖北"石首事件"中,非正常死亡个案成为承载民众不满的发酵器,围绕死因的各种传言将民众静态的不满逐渐激发成直接攻击行为。

正是因为如此,基层政府对"非正常死亡事件"高度敏感,"快速处置、及时安葬"已成为很多地方政府的行为准则甚至到了"草木皆兵"的地步。"6·28"事件之后,瓮安确定了"党政或部门主要领导第一时间必须赶到现场,高度关注

---

❶ 参见单光鼐:"尽快开启越来越逼近的制度出口——2009 年群体性事件全解析",《南方周末》2010 年 2 月 4 日。

善后处理,协调确保 5 天内处理尸体"的非正常死亡事件处置工作程序,至 2008 年 12 月 31 日止已化解 81 起 88 人的非正常死亡事件。❶

但是,基层政府组织人员与死者家属对尸体的争夺有时也会激化矛盾、引发冲突。如:在湖北"石首事件"中,当地政府和警方主导的最终以失败而告终的两次"抢尸行动"直接激起了民众不满,导致事件性质迅速发生变化。在 2010 年初发生于四川内江的"死而复活"案中,当地政府组织特警前往医院"抢尸"虽获成功,却将一起医疗纠纷变成死者家属与当地政府之间的官民冲突,而受到舆论的广泛质疑。❷

应当认识到,非正常死亡事件发生后,对于当地政府相关部门而言,最为关键和迫切的是查明死因并公之于众,努力获得家属认可后尽快将死者安葬。如果在事实尚未查清、家属疑问未消、民众猜测不断的情况下贸然采取"抢尸行动",只会加重这种疑问和猜测,直接置自己于群众的对立面,激发干群矛盾甚至导致官民或警民冲突。

(三)主动公布事实真相谨防谣言扩散

"集体行动"具有较强的目标指向和凝聚力、组织性,甚至有"领头人"策划活动、发动成员;而在"基于不满宣泄的集群行为"中,由于缺乏组织性,谣言常扮演着激发民众情绪并促其展开行动的"发动者"角色。无论是重庆"万州事件"、安徽"池州事件",还是四川"大竹事件"、湖北"石首事件"和贵州"瓮安事件",都可在其中看到谣言的强大威力。

在现有的政治生态下,一个地方发生群体性事件这样的所谓"负面问题"时,基层官员往往从维护地方形象和个人官位的角度出发,捂盖子、择责任,试图"大事化小,小事化了"。如果说这种处理方式在信息闭塞时代还能达到掩人耳目的目的,那么在通讯手段高度发达的现今"信息社会"无异于掩耳盗铃。官方的失语只能给谣言的滋长蔓延提供时间和空间,于是"不明真相的群众"会越来越多,事态也会越来越严重,等群体性事件爆发才意识到发布准确消息的重要性,为时已晚,谣言已完成其大众动员的功能。

---

❶ 参见《2008 年瓮安县人民政府工作报告》。
❷ 参见冉金:"抢尸背后的维稳逻辑",《南方周末》2010 年 1 月 14 日。

网上有一句名言,"当真相还在穿鞋,谣言已经跑遍半个世界"。面对谣言,政府置若罔闻还是尽快澄清?在"瓮安事件"发生前后不同的处理方式产生了天壤之别的结果。李树芬"非正常死亡"后,各种关于"女中学生死因"的传言迅速扩散,3天后与"李秀中被打死"的传言一起充塞着整座县城,民众对警方破案不力、"官员包庇疑犯"的不满随之放大,而此时瓮安官方却对铺天盖地的谣言听之任之,最终事态恶化。2009年全国"两会"期间,贵州省委书记石宗源面对媒体坦率总结了"瓮安事件"的经验教训,并称"坚持信息透明是迅速平息'瓮安事件'的最重要原因"❶:要在第一时间把真实、准确的信息全面地让媒体知道,并借助媒体力量披露事件真相和细节,这样做是大有益处的。"瓮安事件"发生之初,网上有许多谣言,群众也认为官方是自圆其说;但是通过媒体披露事件真相后,群众的质疑得到了回应。

但是,在一年后的湖北"石首事件"中,人们却未看到官员应对谣言的水平有多大长进,反而更为低劣。"石首事件"的起因同样是一起非正常死亡案,面对诸多疑问,警方的解释未能成功说服死者家属和公众。在长达约80个小时内,一方面是政府的新闻发布语焉不详;一方面是网友借助非正式媒体发布信息、探寻真相。据不完全统计,在这段时间里,体现政府立场的新闻稿只有3篇;而一网站的帖吧中就出现了近500个相关主帖,在一些播客网站,出现了不止一段网友用手机拍摄的视频❷。当地政府的"失声"使得各种谣言通过口口相传的人际传播和借助手机短信、互联网等现代通讯工具的大众传播迅速扩散,"如果流言蜚语来势凶猛,那么即使它同事实存在明显出入,谣言的内核还是难以动摇"❸。

令人啼笑皆非的是,2009年6月19日民众开始在石首街头"设置路障,阻碍交通",湖北荆楚网竟然在次日发布了这样的消息——《石首市多部门联合举办公交车火灾事故处置演习》。新华网、中新网等多家网站予以转载,该报道称,"6月19日上午9时,湖北石首市汽运公司联合消防、交警、医疗等部门举办了一次公交车火灾事故处置演习,市政府相关领导现场观摩了此次演习"。这

❶ 参见刘薇:"贵州省委书记石宗源谈瓮安事件迅速平息原因",《京华时报》2009年3月7日。
❷ 参见陆侠:"由石首事件看政府如何应对群体性事件",《人民日报》2009年6月24日。
❸ [美]罗伯特·门斯切:《市场、群氓和暴乱——对群体狂热的现代观点》,上海财经大学出版社2006年版,第43页。

种欲盖弥彰的做法在人人都可成为信息发布者的"麦克风时代"已难有市场，只能陷当地政府于更加被动尴尬的处境，不仅对处理群体性事件本身于事无补，还极大损害了党政机关的形象和威信。

谣言止于公开。"如果在突发事件和敏感问题上缺席、失语、妄语，甚至想要遏制网上的'众声喧哗'，则既不能缓和事态、化解矛盾，也不符合十七大提出的保障人民知情权、参与权、表达权、监督权的精神"。❶ 地方政府应对围绕一些偶发事件或日常纠纷滋生的传言保持高度警惕，在进行详细调查的基础上及时将经得起考验的权威消息发布出去，以正视听。这样才能抢占舆论制高点，取得压缩谣言生长空间的主动权，防止事态恶化，在群体性事件发生后也能为迅速平息事态创造有利条件。

（四）发现民众聚集及时采取疏散措施

相比于特定群体，由不特定多数人组成的"偶合群体"因为缺乏目的性和组织性，其行为更易失控。"群体感情的狂暴，尤其是在异质类群体中间，又会因责任感的彻底消失而强化。意识到肯定不会受到处罚——而且人数越多，这一点就越是肯定——以及因为人多势众而一时产生的力量感，会使群体表现出一些孤立的个人不可能有的情绪和行动"。❷ 因此，在发现群众聚集后尤其因一些"偶发事件"大规模聚集时，当地政府应根据事态发展采取不同的处置方式，如通过封闭、拦截、阻断等策略防止人群越聚越多后产生"法不责众"心理。在人群聚集阶段，应尽量组织人员进行疏散，引导群众有序离开，避免形成规模后局势失控造成人身伤害。"只要大量人员聚集，在场群众就可能因为受感染性和模仿性增大集群行为的力度，无责任感意识也会增大集群行为的强度"。❸

处置群体性事件，不是绝对禁止使用强制措施和警械，关键是在坚持"三个慎用"（慎用警力、慎用警械武器、慎用强制措施）原则基础上，把握好确需运用的时机、方式和力度。对行为方式较为理性、平和的大规模聚集，可派出警力到

---

❶ 陆侠："由石首事件看政府如何应对群体性事件"，《人民日报》2009 年 6 月 24 日。

❷ ［法］古斯塔夫·勒庞：《乌合之众——大众心理研究》，冯克利译，广西师范大学出版社 2007 年版，第 67 页。

❸ 周保刚：《社会转型期群体性事件预防、处置工作方略》，中国人民公安大学出版社 2008 年版，第 477 页。

现场维持秩序,静观事态变化、避免激化矛盾。对超过限定时间、经反复劝说仍不肯离开的人群,应当采取一定的强制措施促其解散,必要时可以使用驱逐性或制伏性警械强行驱散,但应努力避免伤亡。对已发生暴力活动的人群,则要调用优势警力迅速驱散,但应尽量避免发生流血事件。

鉴于"瓮安事件"的教训之一:事件爆发前民众的游行示威和聚集请愿活动未能得到当地主要领导的回应,最终群情激忿,民众不满在打砸抢烧过程中得以集中释放。"6·28"事件后,"主要领导亲临现场"成为很多地方处置群体性事件的要求。但是,必须认识到,"主要领导亲临现场"还要掌握好时机和言语、举止分寸;倘若时机不好、言语欠妥、举止不当,反而会激化矛盾。

在2009年湖北"石首事件"中,6月19日石首市市长张善彩来到永隆大酒店对面"健康门诊"的四楼,用高音喇叭对下面的人群喊话:"大家不要闹,死者是跳楼自杀的,不要被一小撮人蒙蔽……"❶此举没能缓和局势,反引来楼下民众的群起谩骂和攻击,啤酒瓶朝市长纷飞砸去。且不说此时民众已聚集了两天之久,并开始阻拦警察、砸烧警车,领导亲临现场的最佳时机(应在人群开始聚集、情绪还未失控时)已过;单就其"不要闹"、"跳楼自杀"、"一小撮人蒙蔽"等带有强烈定性色彩和管制意味的话语,就足以引起众怒。

其实,在人群开始聚集时,当地主要领导亲临现场时应放低身段、"柔性"为宜,以平等的姿态与群众代表对话,表明尽快查清真相、妥善解决问题的决心和诚意,力求达成共识、疏散人群。而在暴力活动已经开始后,领导亲临现场其实已无协商的可能,与情绪失控的群体接触反而会给自己带来伤害、使事态扩大,此时应显示力量、"刚性"为主,靠前指挥,组织人员采取切合实际的处置方式尽快平息事态。

四、治本之策:法治与民主

必须认识到,"一个国家内社会运动的发展规律以及发生颠覆性革命活动的可能性,从根本上说取决于该国将一般社会运动纳入体制轨道的能力。如果

---

❶ 欧阳洪亮:"石首的愤怒",《财经》2009年第14期。

一个国家把社会运动纳入体制的能力很强，该国家发生极端事件的可能性就会很小。反之，社会运动的参与者就有可能铤而走险，把整个社会搅得天翻地覆"❶。

面对种类繁多、层出不穷的群体性事件，执政者应摆脱"就事论事"的思维，不能因为"基本可控"而被动应付、消极无为，而要自觉加大这方面的制度整合力度，有意识地逐步将其纳入体制化轨道，成为推动经济社会发展的良性力量。而这就要求在更高层面、更广范围的国家制度上谋求变革。

(一)对中国社会稳定形势的基本判断

对于中国的经济社会发展形势，既早就有未能应验的"中国崩溃论"，也有中国社会"很稳定"、"更稳定了"的说法。笔者认为，这两种论调都失之偏颇，本人对中国社会形势的基本判断是"总体稳定，但也蕴含着较大风险"。

之所以说中国社会"总体稳定"，主要原因有四：

第一，高层在思想路线、执政理念上没有产生根本性分歧或冲突，由路线差异造成的高层分裂还未现端倪。中国是有着几千年封建传统的国度，中央集权一直是历朝历代难以舍弃的执政惯性。中国共产党从建党伊始，就非常重视意识形态的整合和统一，2007年中共十七大又提出了"中国特色社会主义理论体系"并将其写入《党章》。为保证重大路线、方针、政策的贯彻落实，中共历来强调严格执行"党的政治纪律"，要求"在思想和行动上与党中央保持高度一致"。

由于掌握着足够的社会资源和管控方式，在中国共产党高层未发生重大分裂的情况下，底层的抗议活动很难形成气候，群体性事件发生后也很容易被强力或柔性平息。正如1992年邓小平南方谈话所说的那样，"中国要出问题，还是出在共产党内部"，"说到底，关键是我们共产党内部要搞好，不出事，就可以放心睡大觉"❷。在中国的政治框架下，底层抗议与高层分裂相互呼应、结合起来，才能产生"改朝换代"的后果。

第二，中国群体性事件表现出明显的地域性、被动性特征，还没有向社会运动发展的苗头。尽管多发、易发的群体性事件每年数以万计，但从整体上看它们

❶ 赵鼎新：《社会与政治运动讲义》，社会科学文献出版社2006年版，第6页。
❷ 《邓小平文选》第三卷，人民出版社1993年版，第380、381页。

仍多为"利益之争",还远未上升到社会制度和政治体制层面的"价值冲突"。而且,基本上局限在特定的村庄、乡镇、县区范围内,还未见引起连锁反应的全民性、全局性群体性事件。从动力机制来看,它们基本遵循着"压迫——反应"或"不满——刺激——攻击"的运行逻辑,行为较为被动,亦未形成内聚力很强的对抗性组织。

此外,中国群体性事件的参与者还缺乏具有意识形态色彩话语体系的支撑,这就使得更大范围内的力量凝聚和社会动员不大可能,整个社会面的动荡便难以出现。"在缺乏大型话语和意识形态的支持下,只要政府在各类集体行动前表现得不要太糟糕的话,这些集体行动就只会停留在经济和利益层面上。"❶而仅属经济利益范畴的群体性事件,是无法动摇社会稳定的根基的。

第三,改革开放造就了一个相对庞大的中产阶层,掌握话语权的知识分子整体上属于"既得利益者"。两千多年前古希腊著名学者亚里士多德在谈到政体问题时认为,中产阶层是社会稳定的基础,"凡是有着庞大的中产阶层的城邦,都有可能得到良好的治理","如果一个政体中缺少中产阶层,穷人在数量上占绝对优势,那么很快就会发生内乱,城邦也有可能随即归于解体"❷。这种观点已在实践中得到应验,有利于社会稳定的两头小、中间大的"橄榄型"阶层结构成为各国执政者的施政目标。

当今,中国以知识分子为主体的中产阶层正在加快崛起。据社会学家陆学艺所带团队的研究,2000年后中产阶层崛起的速度在加快,2001年中产阶层的规模为15%左右,2006年上升至23%,远远高于2000年之前的成长速度。❸ 平均收入水平和收入增长速度的持续快速提高表明,中产阶层是21世纪以来明显获益的群体。这种态势显然不同于20世纪80年代"脑体倒挂"的时期,而是有利于增强他们对现状的满意度和对政权的认同感,"求稳惧变"的群体心理使其对大幅度的社会变革难以产生兴趣。

第四,各级政府在促进经济发展的同时对民生问题更加关注,明显加大了对"弱势群体"的扶持力度。进入21世纪后,面对持续扩大的贫富差距和日渐增多的社会矛盾,中央加快了民生领域内的政策调整,各级政府在教育、医疗、住房

❶　赵鼎新:《社会与政治运动讲义》,社会科学文献出版社2006年版,第299页。
❷　[古希腊]亚里士多德:《政治学》,姚仁权编译,北京出版社2007年版,第79页。
❸　参见陆学艺主编:《当代中国社会结构》,社会科学文献出版社2010年版,第402页。

等方面的投入不断加大，国有企业下岗职工基本生活保障制度、失业保险制度和城市居民最低生活保障制度等"社会保障线"趋于完备，社会和谐稳定的"安全阀"逐渐拧紧。到 2020 年，中国将基本建立覆盖城乡居民的社保体系，将各类人员纳入社会保障覆盖范围，实现城乡统筹和应保尽保。

值得一提的是，2006 年中国全面取消农业税，数亿农民彻底告别延续了两千六百多年的"皇粮国税"，并享有多种补贴。在到基层调研过程中，许多干部向笔者反映，现在的农民在免税后没有义务意识，且种粮补贴就像"撒胡椒面"，应该集中起来交给基层政府办大事儿。这种"只算经济账"的狭隘观点需要警惕，尽管种粮补贴分摊在每个农户家庭数目微小，但普惠制、全覆盖的做法却赢得了"民心"。在现代政治中，扮演着关键性"钟摆角色"❶的农村理应成为执政者竭力争取的对象。

综上所述，在中国这个有着几千年中央集权传统的单一制国家，高层在思想和行动上的统一、人民生活水平的整体改善能够维持相对稳定的社会局面。

但是，在另一方面，也应看到，中国经济社会发展还面临着许多矛盾和挑战，2010 年 10 月中共中央《关于制定国民经济和社会发展第十二个五年规划的建议》作出了"社会矛盾明显增多"的判断。实际上，中国已经进入社会矛盾多发期或"风险社会"，主要表现为"城乡收入差距、地区收入差距以及社会阶层收入差距持续拉大。劳动争议案件高位增长，各种群体性事件不断发生。社会安全形势比较严峻，矿难事故不断，食品药品安全问题频发，环境灾难事件急剧增加、危害日益凸显"❷。

而且，从更为宏观的视野来考量，这种"社会风险"还表现在：第一，在社会急剧变动、各种思潮起伏的情况下，执政党高层内部在意识形态上发生分歧甚至冲突的可能性仍然存在；第二，在经济取得长足发展的情况下，政治体制改革日显迫切，如果方向和路径选择出现偏差，就将对社会稳定带来不良后果；第三，在世界一体化和经济全球化的情况下，中国经济发展很难独善其身，倘若经济停滞甚至倒退、人民生活水平下降，建立在经济绩效基础上的执政合法性就会受到挑

---

❶ ［美］塞缪尔·P. 亨廷顿：《变化社会中的政治秩序》，王冠华、刘为等译，上海世纪出版集团 2008 年版，第 241 页。

❷ 汝信、陆学艺、李培林主编：《2011 年中国社会形势分析与预测》"前言"，社会科学文献出版社 2010 年版。

战,社会矛盾就很有可能激化。一个值得重视的现象是:中国出现了以新富阶层、知识精英等"高端人群"为主力军的"移民潮"❶,这在很大程度上是出于对未来的不确定性和不安全感。

此外,中国正处于将对国家和民族未来产生重大影响的"全面转型期"——政治上,从"专制政治"向"民主政治"转变;经济上,从"计划经济"向"市场经济"转变;社会上,由"农业社会"向"工业社会"转变;文化上,由"臣民文化"向"公民文化"转变。这种全面转型尽管已在数年前启动,但当前及将来一段时间却属关键时期。在这一"大发展大变革大调整"的过程中,"经济体制深刻变革,社会结构深刻变动,利益格局深刻调整,思想观念深刻变化",既面临着前所未有的发展机遇,也面对着前所未有的挑战。

从根本上化解中国明显增多的社会矛盾,实现经济社会的持续发展,需要政治体制改革的推进和保障;但是,在政改上的操作失误则又有可能造成经济倒退、社会动荡。今后,在政治体制改革过程中如何做到"既积极、又稳妥"已属迫切需要解决的重大课题。

(二)着眼长远寻求国家治理方式变革

考察中国的群体性事件,梳理其动力机制和运行逻辑,不难发现大多数群体性事件潜藏着的"二律背反":一方面是社会层面(公民、法人或其他组织)的合法权益易受侵害,显示着国家权力的强势和公民权利的薄弱;另一方面是作为国家权力象征的党政机关常成攻击对象,又表现出社会力量的强劲和国家权力的忍让。

进一步探究,造成这种矛盾和冲突的根本原因在于:一方面,在"由上至下"的权力来源结构中,地方官员很难对维护民众权益具有天然动力,这就容易造成公权力对私权利的侵害;另一方面,这种侵害又难以在现有体制框架内得以纠正,因而相关当事人不得不在体制外采取行动、谋求权利救济。

在 2004 年四川"汉源事件"、2008 年贵州"瓮安事件"和 2011 年广东"乌坎事件"中,事态的最终平息都有赖于省级甚至中央"工作组"的介入。这在很大程度表明了基层治理的失灵,这种失灵一方面引发了事端,另一方面在事件发生

---

❶ 参见潘晓凌、阎靖靖:"多少精英正在移民海外 他们寻求什么",《南方周末》2010 年 6 月 3 日。

后又常难以采取有效措施及时化解。而要从根本上实现公权力与私权利之间的平衡，克服基层治理的失灵，实现社会长治久安，则需"法治"和"民主"的保障。

1.真正将依法治国落到实处

法治，即法律之治，指根据法律治理国家，使权力和权利得到合理配置。2012年11月，中共十八大提出"全面推进依法治国"，确保到2020年实现全面建成小康社会宏伟目标时，"依法治国基本方略全面落实，法治政府基本建成，司法公信力不断提高，人权得到切实尊重和保障"。当前，法治建设的目标已定，关键是怎样贯彻落实的问题。在这里，有必要对一些问题予以梳理，以明确下一步的努力方向和工作重点。

（1）对"法治"认识的深化

1997年9月，中共十五大在党的报告中第一次完整地提出"依法治国，建设社会主义法治国家"。将以往的"建设社会主义法制国家"改为"建设社会主义法治国家"，虽然只是"制"与"治"的一字之差，却标志着执政理念和执政方式的根本性变化。

1999年3月，九届全国人大二次会议通过的宪法修正案写道："中华人民共和国实行依法治国，建设社会主义法治国家。"此后，中共历次全会对"依法治国"均予以重申和进一步拓展深化。"依法治国是党领导人民治理国家的基本方略"作为执政党的政治宣言，正在深入人心。

但是，近二十年间，实事求是地讲，"法治"的落地并非坦途，而是有起有伏。尤其是在中共十八大之前的一些年头，将信访职能向权利救济方面的强化，以及"信访排名"等压力型体制的传导，直接导致"人治"的抬头和"法治"的矮化。其结果，却是旧矛盾的积累和新问题的滋长，与加强信访的初衷背道而驰，直接损害了法治精神。

2012年，中共十八大在党的报告中首次将法治确立为"治国理政的基本方式"，首次要求"更加注重发挥法治在国家治理和社会管理中的重要作用"。随后，2013年中共十八届三中全会将"推进法治中国建设"作为全面深化改革的重要内容，2014年中共十八届四中全会更是在党的历史上首次以"法治"为主题，通过了《关于全面推进依法治国若干重大问题的决定》。

（2）"依宪治国"的提出

2004年9月15日，时任中共中央总书记胡锦涛在纪念全国人民代表大会成立 50 周年大会上的讲话中提出："依法治国首先要依宪治国,依法执政首先要依宪执政。"

2012 年 12 月 4 日,在首都各界纪念现行宪法公布施行 30 周年大会上,新任中共中央总书记习近平再次强调:"依法治国,首先是依宪治国;依法执政,关键是依宪执政","宪法的生命在于实施,宪法的权威也在于实施","全面贯彻实施宪法,是建设社会主义法治国家的首要任务和基础性工作"。2013 年 11 月,中共十八届三中全会通过的《关于全面深化改革若干重大问题的决定》提出"维护宪法法律权威",明确要求"进一步健全宪法实施监督机制和程序,把全面贯彻实施宪法提高到一个新水平"。

宪法是"一张写着人民权利的纸",是以公民权利制约国家权力的约法。应该说,现行宪法是符合中国实际的,当前应按照中央精神,切实将"文本意义"上的宪法条文变成"现实存在",首要任务是须尽快建立宪法实施及监督机制。2014 年中共十八届四中全会通过的《关于全面推进依法治国若干重大问题的决定》,明确提出"健全宪法实施和监督制度",进一步要求"完善全国人大及其常委会宪法监督制度,健全宪法解释程序机制"。这些,都为如何在操作层面贯彻"依宪治国"指明了方向。

（3）"法治"建设的当务之急

中共十八大以来,国家对"法治"的重视前所未有,诸多重要文件反复强调了法治建设的重要性和紧迫性。在干部考核和选任上,甚至要求"把法治建设成效作为衡量各级领导班子和领导干部工作实绩重要内容,纳入政绩考核指标体系。把能不能遵守法律、依法办事作为考察干部重要内容,在相同条件下,优先提拔使用法治素养好、依法办事能力强的干部"❶。当前,法治建设应把握以下三个重点环节:

首先,"依宪治国"要有新抓手——在全国人大下设宪法委员会。

如上所述,宪法的实施及监督,是社会主义法治国家建设的第一要务。自1982 年全面修宪以来,在这方面的呼声一直不断,当然也有一些不同意见。但有一条必须清楚,"健全宪法实施和监督制度"应在中国根本政治制度框架内进行,不能脱离党的领导和全国人大的范畴。而且,现行宪法明确规定由全国人大

---

❶　2014 年中共第十八届四中全会通过的《中共中央关于全面推进依法治国若干重大问题的决定》。

及其常委会监督宪法的实施。那种设立一个高于或平行于全国人大常委会的专门机构，以及单独设置宪法法院的主张，都是有悖国情、不切实际的。

因此，比较可行的做法是，在全国人民代表大会下设一个专门委员会性质的宪法委员会，在全国人大及其常委会的领导下负责监督宪法实施的相关工作。其职责包括：对法律法规、规范性文件或者特定行为进行违宪性审查；向委员长会议提出宪法解释的议案，由委员长会议决定是否提请人大常委会审议决定；处理委员长会议交办的与监督宪法实施有关的其他事项。

其次，"法治政府"建设要有推动器——科学的评估标准和考核体系。

2013 年 11 月，《中共中央关于全面深化改革若干重大问题的决定》在第四部分"加快转变政府职能"中，提出了"建设法治政府和服务型政府"的目标。贯彻依法治国基本方略，推进依法行政，建设法治政府，是治国理政理念和方式的革命性变化，具有划时代的意义。

其实，早在 2004 年 3 月，国务院就发布了《全面推进依法行政实施纲要》，明确提出建设法治政府的奋斗目标。这是在中央文件中首次出现"法治政府"的字样。文件要求"全面推进依法行政，经过十年左右坚持不懈的努力，基本实现建设法治政府的目标"，并将这一目标从五个方面进行了分解。也就是说，按照这一设想，2014 年左右就要"基本实现建设法治政府的目标"。现在看来，当初的愿望显然过于乐观。

2012 年 11 月，中共十八大报告将"依法治国基本方略全面落实，法治政府基本建成"，作为 2020 年实现全面建成小康社会宏伟目标的一项重要内容。也就是说，"法治政府"的建成时间，从国务院文件中的 2014 年左右延长至 2020年。无疑，这是实事求是的科学态度，但要实现这一目标仍然需要做出艰辛努力。

"法治政府"建设最重要的衡量指标应该是"依法行政"的能力和水平，也就是政府机关及其工作人员能否在法律框架内运作，其行政违法行为能否得到及时有效的纠正。当前，尤显紧迫的是应尽快建立"科学的法治建设指标体系和考核标准"，为各地法治政府建设提供参照、树立标尺。

近年来，中国政法大学法治政府研究院在这方面做出了有益探索，该院研发的"中国法治政府评估指标体系"由机构职能及组织领导、制度建设和行政决策、行政执法、政府信息公开、监督与问责、社会矛盾化解与行政争议解决、公众满意度调查等 7 个一级指标组成。该院连续两年(2013 和 2014 年度)发布的评估报告显示,在被评估城市中还未出现得分率超过 80% 的地方,均未达到良好标准,很多城市所得总分在及格线以下。

目前,距 2020 年已为时不多,但是国家层面仍未出台“法治政府”的指标体系和考核标准,易使地方政府陷入无从下手、难以操作的境地,结果很可能会敷衍了事。因此,应抓紧组织力量调查研究,集中各方面智慧,尽快制定既符合当前实际、又有一定前瞻性的《法治政府指标体系和考核办法》,将“法治政府”建设成效作为对各级领导干部的重要政绩考核项目。

第三,“司法公正”应有大进展——在增强独立性的同时拓宽外部监督渠道。

在中共十八大报告“确保审判机关、检察机关依法独立公正行使审判权、检察权”的精神指引下,目前,在“省以下地方法院、检察院人财物统一管理”,“建立领导干部干预司法活动、插手具体案件处理的记录、通报和责任追究制度”,“探索设立跨行政区划的人民法院和人民检察院”、“完善主审法官、合议庭办案责任制”、“实行办案质量终身负责制和错案责任倒查问责制”等方面,正在取得进展。

针对多年来积重难返的司法行政化、地方化、工具化问题,此轮司法体制改革的核心内容是“确保依法独立公正行使审判权检察权”。目前的改革思路是,一方面着重从体制机制上排除外界干扰,以“独立性”促进“公正性”;另一方面,增强透明度,推出“判决书上网”等司法活动公开举措,以“公开性”监督“公正性”。随着地方法院、检察院独立性和主审法官自主性的增强,也要注意防止司法机关自身裁判行为的随意性。

当前,在法官权力增强的情况下,仅通过程序公开来规避权力滥用还远远不够。还应当加强以下两个方面带有权力属性的外部监督:一是人大监督。对“一府两院”的监督是人大及其常委会的法定职责,应明确询问、质询、特定问题调查、备案审查等方面的启动程序,加大对法院、检察院司法行为的监督力度。二是纪检检察监督。对“两院”人员的枉法裁判、人为制造错案的行为,各级纪委和检察机关也应依照相关规定及时介入调查,依法依规惩处触犯党纪国法者。

特别值得一提的是舆论监督。司法机关常用“新闻审判”、“干预司法”来指责媒体对司法活动的报道活动,这其实是个“伪命题”,对事实和法律负责是司法人员应有的基本素养。但是，如果排斥了舆论监督，就会带来更多的冤假错案。应切实保障媒体对司法活动的报道权和监督权，这与维护社会公平正义的司法宗旨其实是统一的，曾轰动一时的"呼格吉勒图案"❶就是明证。倘若，记者对诉讼过程中出现的疑点不闻不问，非得等到终审之后才开始报道，也许届时已经"人头落地"酿成冤案。当然，媒体如果给案件当事方造成了名誉损害，也可通过民事诉讼解决纷争。

只有在增强司法机关独立性的同时，形成相对完备的监督体系，"让人民群众在每一个司法案件中都能感受到公平正义"才有可能变成现实。

2.大力发扬社会主义民主

民主，即"人民的统治"。"民主政治的实质是保证个人自由的实现，使人民群众当家作主或'自我做主'（self-mastery）"，"从程序意义上说，所谓民主政治，也就是全体公民广泛分享参与决策的机会，就是对政府权力的制约和对政府决策过程的控制"❷。

经过人类社会的长期实践，"现代意义上的民主已经不是反对者所简单化的'多数决定'论，也不是片面的'选举式民主'，它不仅是一种国家权力产生权力结构和公民权利保护的国家制度，也是公民享有充分自由、广泛参与社会和公共事务决策管理的生活方式"❸。

从对于民主内涵的上述解读和中国的基本政治制度出发，我们所说的"民主"与西方国家定期更换领导人的"选举式民主"有很大不同，而是重在强调公民对公共政策制定和实施过程中的参与度。今后一段时间，应争取在以下两大方面有所突破：

（1）扩大党内民主。对于民主的实现路径，中国共产党对此已有明确表述。2002年中共十六大首次将"党内民主是党的生命"写入党代会报告，把党内民主的重要性提到前所未有的高度。之后，中共十七大、十八大报告又对此予以重申，进一步提出"以党内民主带动人民民主"，这表明了执政党发展党内民主的坚强决心。

---

❶ 苏晓明："'呼格案'内参记者：一场冤案的非典型平反"，《中国新闻周刊》2014年12月25日（总第690期）。
❷ 俞可平：《民主与陀螺》，北京大学出版社2006年版，第24页。
❸ 蔡定剑：《民主是一种现代生活》，社会科学文献出版社2010年版，第12~13页。

（2）加强人民民主。2007 年中共十七大首次将"人民民主是社会主义的生命"写入党代会报告。2012 年中共十八大报告对此再次强调，并提出了"社会主义协商民主"的概念，要求"完善协商民主制度和工作机制，推进协商民主广泛、多层、制度化发展"。"协商民主"作为我国社会主义民主政治的特有形式和独特优势，将是发展民主的重点路径。

其实，无论是"扩大党内民主"，还是"加强人民民主"，其核心内容应是"扩大公民的有序政治参与"。在制度设计上应注重发挥普通党员（通过党代表）和人民群众（通过人大代表）的作用，增强其对权力来源、配置、运行及监督的发言权。其中的关键是进一步改进和完善权力来源方式，努力实现"对上负责"与"对下负责"的统一。

"谁产生权力，权力就对谁负责，这是政治学的公理。是上级领导给了我权力，我当然首先就对上级领导负责，是老百姓给了我权力，我首先对老百姓负责。如果民意在干部心中的分量重了，干部就会想方设法增加老百姓的利益，通过增加老百姓的利益获得选民的支持。"❶当然，也要防止"唯票选人"、只重形式的做法，这就要求首先把好干部人选的"提名关"，将一定比例的差额人选交由党代会或人代会投票决定，实现组织意图与人民意愿的结合。

此外，还应在权力运行过程中增强民众的参与度。在决策涉及经济社会发展重大问题和群众切身利益时，应在全社会开展广泛协商，坚持协商于决策之前和决策实施之中。拓宽国家政权机关、政协组织、党派团体、基层组织、社会组织的协商渠道，深入开展立法协商、行政协商、民主协商、参政协商和社会协商，等等。总而言之，要更加注重健全民主制度、丰富民主形式，从各层次各领域扩大公民有序政治参与，为"全心全意为人民服务"提供根本性的制度保障。

如果能够在执政党的领导下，通过在权力产生和运行等环节增强人民群众的发言权，解决"对下负责"的问题，那么，就可使官员有天然的动力去维护公民的合法权益。公权力侵害私权利的现象就会大大减少，群体性事件也会在很大程度上失去发生的基础和条件。

3.法治与民主的优先次序

法治与民主尤如一枚硬币的两面，是一个国家达到善治的两大基石。理想

---

❶　俞可平："好的地方改革应上升为国家制度"，凤凰网访谈 2010 年 5 月 3 日。

的状态是法治与民主"双轮驱动"、"两翼齐飞",共同支撑起一个国家的良性运转。但是,具体到某个国家的某个特定阶段,却也面临着何者优先的抉择。

当前,中国的世情、国情、党情继续发生深刻变化,面临的发展机遇和挑战前所未有。全面改革正处于深水区和攻坚期,繁重的改革发展任务尤其需要和谐稳定的国内环境,法治的保障作用更显紧要。从另一个方面讲,民主制度的有效运转,同样有赖于规则意识和程序观念的深入人心,这亦需要法治精神的滋养和培育。

在民主选举方面,近年来中国发生的"南充贿选案"❶和"衡阳贿选案"❷震惊国内外。前者为地方党委换届选举,涉案金额1600多万元,涉案人员477人,其中被"双开"并移送司法机关的33人,受党纪政纪处分的344人;后者为地方人大代表选举,涉案金额达1.1亿余元,有518名市人大代表和68名大会工作人员收受钱物,事后68人被立案侦查、466人被党纪政纪处分。

这两起大案在一些人眼中成为中国不宜推行民主的有力例证,其实与其说它们是民主选举带来的结果,还不如说是法治不彰的必然现象。明显违法违规的大面积拉票贿选行为,却不能得到及时纠正和查处,这正说明了民主一旦缺乏法治保障的脆弱性和危险性。

而且,从国际经验来看,"凡是先搞民主,后搞法律的国家,都是长期政治混乱的,革命一个接一个"、"民选的政权,如果没有法治的把控,就可能走向腐败",因此"千万不能法治还没有建立,就搞起民主了,没有法治的民主,就像没有法治的经济繁荣一样,越民主、越繁荣,就越是灾难"❸。

总之,在中国推进国家治理体系和治理能力现代化的过程中,理性的选择应是"法治优先于民主"。在初始阶段,法治的步子大一些,民主的步子小一点,由强有力的法治建设为民主进程提供保障,逐渐达至两者的相互促进、互为依托,进而水乳交融。

尽管在中国的话语体系中,"法治"、"民主"的内涵和外延与西方国家有较大差异,可根据具体国情做出有"中国特色"的探索,但是其限制国家权力、保障公民权利、扩大决策参与的精神内核却是一致的。处于改革开放攻坚期的中国,

---

❶ 参见邓全伦:"南充贿选窝案起底",《长江商报》2015年9月15日。
❷ 参见刘长:"中国最大贿选案始末",凤凰新闻2014年12月11日。
❸ 王振民:"法治没建立起来就搞民主是灾难",凤凰网大学问第85期,2013年12月28日。

理应在迈向民主法治的道路上有所作为。

4.不断加强制度建设

2012 年 11 月 17 日,中共中央总书记习近平在十八届中共中央政治局第一次集体学习时说:"应该看到,中国特色社会主义制度是特色鲜明、富有效率的,但还不是尽善尽美、成熟定型的。中国特色社会主义事业不断发展,中国特色社会主义制度也需要不断完善。"

习近平特别提到,"邓小平同志 1992 年在视察南方重要谈话中指出:'恐怕再有三十年的时间,我们才会在各方面形成一整套更加成熟、更加定型的制度。'党的十八大强调,要把制度建设摆在突出位置,充分发挥我国社会主义政治制度优越性。我们要坚持以实践基础上的理论创新推动制度创新,坚持和完善现有制度,从实际出发,及时制定一些新的制度,构建系统完备、科学规范、运行有效的制度体系,使各方面制度更加成熟更加定型,为夺取中国特色社会主义新胜利提供更加有效的制度保障"❶。

寻求社会冲突的治本之策,实现长治久安,需要国家层面的制度创新和制度保障;从根本上遏制群体性事件易发、多发势头,还有赖于中国特色社会主义制度的不断完善。习近平的讲话强调了"顶层设计"的重要性和紧迫性。相信中国能够在"法治"和"民主"等各方面的制度建设上始终顺应时代要求,人民期待!

---

❶ 习近平:"紧紧围绕坚持和发展中国特色社会主义 学习宣传贯彻党的十八大精神",《人民日报》2012 年 11 月 19 日。

主要参考资料

一、专著类

1.[德]马克斯·韦伯:《社会科学方法论》,杨富斌译,华夏出版社 1999 年版。

2.[法]米歇尔·克罗齐耶、埃哈尔·费埃德伯格:《行动者与系统——集体行动的政治学》,张月等译,世纪出版集团、上海人民出版社 2007 年版。

3.[法]古斯塔夫·勒庞:《乌合之众——大众心理研究》,冯克利译,广西师范大学出版社 2007 年版。

4.[美]曼瑟尔·奥尔森:《集体行动的逻辑》,陈郁、郭宇宽、李崇新译,上海人民出版社 1995 年版。

5.[美]埃里克·霍弗:《狂热分子》,梁永安译,广西师范大学出版社 2008 年版。

6.[美]罗伯特·门斯切:《市场、群氓和暴乱——对群体狂热的现代观点》,上海财经大学出版社 2006 年版。

7.[美]阿伦森等:《社会心理学》,侯玉波等译,中国轻工业出版社 2005 年版。

8.[美]博登海默:《法理学:法律哲学与法律方法》,邓正来译,中国政法大学出版社 1999 年版。

9.[美]塞缪尔·P.亨廷顿:《变化社会中的政治秩序》,王冠华、刘为等译,上海世纪出版集团 2008 年版。

10.[古希腊]亚里士多德:《政治学》,姚仁权编译,北京出版社 2007 年版。

11.[英]戴维·赫尔德:《民主的模式》,燕继荣等译,中央编译出版社 2008 年版。

12.于建嵘:《底层政治——对话与演讲》,中国文化出版社 2009 年版。

13.于建嵘:《抗争性政治:中国政治社会学基本问题》,人民出版社 2010 年版。

14.汝信、陆学艺、李培林主编:《2005 年中国社会形势分析与预测》,社会科学文献出版社 2004 年版。

15.汝信、陆学艺、李培林主编:《2009 年中国社会形势分析与预测》,社会科学文献出版社 2008 年版。

16.汝信、陆学艺、李培林主编:《2010 年中国社会形势分析与预测》,社会科学文献出版社 2009 年版。

17.汝信、陆学艺、李培林主编:《2011 年中国社会形势分析与预测》,社会科学文献出版社 2010 年版。

18.刘子富:《新群体事件观——贵州瓮安"6·28"事件的启示》,新华出版社 2009 年版。

19.杨和德:《群体性事件研究》,中国人民公安大学出版社 2002 年版。

20.周保刚:《社会转型期群体性事件预防、处置工作方略》,中国人民公安大学出版社 2008 年版。

21.王伟光主编:《提高构建和谐社会能力》,中共中央党校出版社 2005 年版。

22.邱志勇等:《群体性涉访事件处置研究》,群众出版社 2006 年版。

23.宋维强:《转型期中国农民群体性事件研究》,华中师范大学出版社 2009 年版。

24.赵鼎新：《社会与政治运动讲义》，社会科学文献出版社 2006 年版。

25.朱力、韩勇、乔晓征等：《我国重大突发事件解析》，南京大学出版社 2009 年版。

26.吴江霖等：《社会心理学》，广东高等教育出版社 2004 年版。

27.张明楷：《刑法学》，法律出版社 2003 年版。

28.全国 13 所高等院校《社会心理学》编写组编：《社会心理学》，南开大学出版社 2008 年版。

29.孙立平：《博弈——断裂社会的利益冲突与和谐》，社会科学文献出版社 2006 年版。

30.孙立平：《守卫底线》，社会科学文献出版社 2007 年版。

31.宋林飞：《西方社会学理论》，南京大学出版社 1997 年版。

32.吴思：《潜规则：中国历史中的真实游戏》，复旦大学出版社 2011 年版。

33.封丽霞：《政党、国家与法治——改革开放 30 年中国法治发展透视》，人民出版社 2008 年版。

34.高尚全：《政府转型》，经济科学出版社 2008 年版。

35.迟福林主编：《建言中国改革》，中国经济出版社 2008 年版。

36.陆学艺主编：《当代中国社会结构》，社会科学文献出版社 2010 年版。

37.李强：《社会分层十讲》，社会科学文献出版社 2008 年版。

38.王绍光：《安邦之道：国家转型的目标与途径》，生活·读书·新知三联书店 2007 年版。

39.季金华：《宪政的理念与机制》，山东人民出版社 2004 年版。

40.杨海坤、章志远：《中国行政法基本理论研究》，北京大学出版社 2004 年版。

41.俞可平：《民主与陀螺》，北京大学出版社 2006 年版。

42.蔡定剑：《民主是一种现代生活》，社会科学文献出版社 2010 年版。

43.武和平：《打开天窗说亮话——新闻发言人眼中的突发事件》，人民出版社 2012 年版。

二、论文类

1.徐勇："接点政治：农村群体性事件的县域分析"，《华中师范大学学报（人文社会科学版)》2009 年第 6 期。

　2.于建嵘:"当前我国群体性事件的主要类型及其基本特征",《中国政法大学学报》2009 年第 6 期。

　3.于建嵘:"利益、权威和秩序——对村民对抗基层政府的群体性事件的分析",《中国农村观察》2000 年第 4 期。

　4.于建嵘:"集体行动的原动力机制研究——基于 H 县农民维权抗争的考察",《学海》2006 年第 2 期。

　5.于建嵘:"当前农民维权活动的一个解释框架",《社会学研究》2004 年第 2 期。

　6.于建嵘:"社会泄愤事件中群体心理研究——对'瓮安事件'发生机制的一种解释",《北京行政学院学报》2009 年第 1 期。

　7.于建嵘:"'信访悖论'及其出路",《南风窗》2009 年第 8 期。

　8.王国勤:"社会网络视野下的集体行动——以村镇群体性事件为案例的研究",中国人民大学博士论文,2008 年。

　9.王国勤:"西方关于当代中国集体行动研究述评",《国外科学前沿(2008)》第 12 辑。

　10.王国勤:"'集体行动'研究中的概念谱系",《华中师范大学学报(人文社会科学版)》2007 年第 5 期。

　11.王国勤:"当前中国'集体行动'研究述评",《学术界》2007 年第 5 期。

　12.叶姝静:"从群体性事件看当前党群关系",《湘潮(下半月)》2011 年第 10 期。

　13.中国行政管理学会课题组:"我国转型期群体性突发事件主要特点、原因及政府对策研究",《中国行政管理》2002 年第 5 期。

　14.邱泽奇:"群体性事件与法治发展的社会基础",《云南大学学报》2004 年第 5 期。

　15.苏振华:"集体行动理论范式的比较研究——从社会契约论到社会选择",浙江大学博士后研究工作报告,2006 年。

　16.冯仕政:"西方社会运动研究:现状与范式",《国外社会科学》2003 年第 5 期。

　17.刘燕舞:"基于利益表达的农民集体行动研究——以豫东曹村的土地纠

纷为个案"，《三农中国》2009 年 1 月 14 日。

18.张宇燕："经济增长与社会动荡的'托克维尔效应'"，《上海证券报》2006 年 5 月 16 日。

19.燕继荣："诊断群体事件的政治学依据"，《学习时报》2009 年 11 月 16 日。

20.刘能："怨恨解释、动员结构和理性选择——有关中国都市地区集体行动发生可能性的分析"，《开放时代》2004 年第 4 期。

21.刘能："当代中国转型社会中的集体行动：对过去三十年间三次集体行动浪潮的一个回顾"，《学海》2009 年第 4 期。

22.郭景萍："集体行动的情感逻辑"，《河北学刊》2006 年第 2 期。

23.应星："'气'与中国乡村集体行动的再生产"，《开放时代》2007 年第 6 期。

24.李连江、欧博文："当代中国农民的依法抗争"，载于吴国光主编：《九七效应》，香港太平洋世纪研究所 1997 年版。

25.翁定军："冲突的策略：以 S 市三峡移民的生活适应为例"，《社会》2005 年第 2 期。

26.应星："草根动员与农民群体利益的表达机制——四个个案的比较研究"，《社会学研究》2007 年第 2 期。

27.于建嵘、单光鼐："群体性事件应对与社会和谐"，人民网访谈 2008 年 12 月 29 日。

28.单光鼐："尽快开启越来越逼近的制度出口——2009 年群体事件全解析"，《南方周末》2010 年 2 月 4 日。

29.张兆端："关于集群行为和群体性事件研究若干观点述评"，《新华文摘》2002 年第 5 期。

30.童世骏："大问题和小细节之间的'反思平衡'——从'行动'和'行为'的概念区分谈起"，《华东师范大学学报》2005 年第 4 期。

31.孙惠柱："社会表演学与和谐社会"，《解放日报》2006 年 4 月 3 日。

32.孙立平："'不稳定幻象'与维稳怪圈"，《人民论坛》2010 年第 13 期。

33.刘作翔："强化和提高规则意识是法律实施的关键"，《人民法院报》2012 年 3 月 30 日。

34. "当代中国社会结构变迁研究"课题组:"新阶段社会建设的核心任务:调整社会结构",陆学艺、宋国恺、胡建国、李晓壮执笔,中国社会学网。

35. 张千帆:"上访体制的根源与出路",《探索与争鸣》2012 年第 1 期。

36. 张千帆:"宪政民主应成为基本共识",《炎黄春秋》2012 年第 6 期。

37. 俞可平:"好的地方改革应上升为国家制度",凤凰网访谈 2010 年 5 月 3 日。

38. 崔亚东:"从贵州瓮安'6·28'事件看新形势下群体性事件的预防与处置",《公安研究》2009 年第 7 期。

三、报道类

1. 赵鹏、刘文国、王丽、周芙蓉、杨琳:"'典型群体性事件'的警号",《瞭望》新闻周刊 2008 年第 36 期。

2. 李良旭、潘英:"提升幸福指数 实现持续发展——红色历史激励瓮安加快建设步伐",《贵州日报》2011 年 6 月 21 日。

3. 丁补之:"瓮安溯源",《南方周末》2008 年 7 月 10 日。

4. 钱真、王维博等:"瓮安事件调查",《中国新闻周刊》2008 年第 25 期。

5. 本报记者:"通报瓮安'6·28'事件调查情况",《贵州都市报》2008 年 7 月 2 日。

6. 万群:"省委召开瓮安'6·28'事件阶段性处置情况汇报会",《贵州日报》2008 年 7 月 4 日。

7. 万群:"查究严重失职领导干部责任",《贵州都市报》2008 年 7 月 4 日。

8. 李忠将:"贵州瓮安两黑社会性质组织犯罪案件一审宣判",新华网 2009 年 9 月 12 日。

9. 李忠将:"爱和宽容感召违法青少年——贵州帮教'瓮安事件'涉案青少年纪实",新华网 2009 年 5 月 13 日。

10. 杨龙:"为了捍卫新闻的真实——贵州'瓮安事件'采访亲历",《新闻实践》2008 年第 9 期。

11. 杨龙:"初步分析瓮安'6·28'事件发生的深层次原因",《贵州日报》2008 年 7 月 3 日。

12. 罗华山:"'6·28'事件专案组通报工作进展情况",《贵州日报》2008 年

7 月 14 日。

13.杨华云:"贵州涉案青少年有望被'消罪'",《新京报》2010 年 3 月 13 日。

14.董伟、白皓:"从'刁民'到人大代表",《中国青年报》2012 年 5 月 10 日。

15.毛浩、董伟、白皓:"瓮安答卷",《中国青年报》2012 年 4 月 27 日。

16.任波:"石首问责未了局",《时代周报》2009 年 7 月 30 日。

17.黄勇、王丽、刘文国、何云江:"'瓮安事件'始末 石宗源三次向百姓道歉",新华网 2008 年 7 月 5 日。

18.何平、朱国贤、徐江善、王丽:"在痛定思痛中浴火重生——从瓮安之乱到瓮安之变警示录",《人民日报》2011 年 10 月 24 日。

19."汪洋:乌坎选举无创新 纠正了走过场形式",凤凰网 2012 年 3 月 5 日。

20.欧阳斌:"四川汉源数万民众保地维权调查",《凤凰周刊》2004 年第 32 期。

21.刘亢、田刚、黄豁:"'权力资本化'的畸变轨迹",《瞭望》新闻周刊 2005 年第 22 期。

22.文玉伯:"万州突发万人骚动事件",《凤凰周刊》2004 年第 31 期。

23.周远征:"万州事件:恶性循环下产业空心化的现象折射",《中国经营报》2004 年 10 月 25 日。

24.王吉陆:"池州群体性事件调查:汽车撞人何以变成打砸抢?",《南方都市报》2005 年 7 月 1 日。

25.吴志宏、唐馥娴:"一起普通案件引发打砸抢烧 池州市昨发生严重群体性暴力事件",《池州日报》2005 年 6 月 27 日。

26.谢修斌:"安徽马鞍山干部打学生引数千人围观 被就地免职",《金陵晚报》2010 年 6 月 13 日。

27.殷红:"云南孟连事件回顾:一意孤行动用警力酿冲突",《中国青年报》2008 年 9 月 17 日。

28.段宏庆:"云南孟连'7·19'事件溯源",《财经》2008 年第 16 期。

29.宋常青:"直击陇南事件",《瞭望》新闻周刊 2008 年第 47 期。

30.崔木杨:"甘肃陇南群体事件:冲突背后游离的政府搬迁",《新京报》2008 年 11 月 27 日。

31.任硌、陈凯:"四川大竹事件反思:地方忙于换届错过处置良机",《瞭望》新闻周刊 2007 年 3 月 1 日。

32.尹鸿伟:"四川大竹群体事件背后的官场逻辑",《南风窗》2007 年 3 月 5 日。

33.欧阳洪亮:"石首的愤怒",《财经》2009 年第 14 期。

34.陈江:"石首:群体事件后的静默",《南方周末》2010 年 1 月 1 日。

35.夏晓柏、彭立国:"湘西 70 亿非法集资调查",《21 世纪经济报道》2008 年 9 月 9 日。

36.何忠洲:"吉首非法集资案:被地产商裹挟的官员们",《南方周末》2010 年 2 月 4 日。

37.马纪朝:"退烧的安阳:集资狂热后遗症",《第一财经日报》2011 年 10 月 24 日。

38.李哲:"安阳非法集资爆煲　政府部门拆招",《证券时报》2011 年 11 月 8 日。

39.黎广、甄宏戈:"乌坎事件调查",《中国新闻周刊》2012 年第 1 期。

40."省委副书记朱明国带队进驻陆丰乌坎村",《南方农村报》2011 年 12 月 22 日。

41.林洁:"广东省工作组进村处置乌坎事件",《中国青年报》2011 年 11 月 22 日。

42.杨江:"林祖銮:还原一个真实乌坎",《新民周刊》2012 年第 11 期。

43.新华社电:"拉萨'3·14'事件真相",《羊城晚报》2008 年 3 月 24 日。

44.新华社记者:"乌鲁木齐'7·5'事件台前幕后",《人民日报(海外版)》2009 年 10 月 16 日。

45."汉源事件　中共中央强调维护移民利益",联合早报网 2004 年 11 月 10 日。

46.谭新鹏:"开发商把良田说成高山峡谷　大渡河移民巨资流失",《中国青年报》2004 年 10 月 28 日。

47.王鹤、应立敏、黄轩:"设身处地为底层群众着想",《广州日报》2011 年 12 月 27 日。

48.钟岚:"珍惜来之不易大好形势　维护改革发展稳定大局",《四川日报》

2004 年 11 月 14 日。

49.周远征:"万州事件:恶性循环下产业空心化的现象折射",《中国经营报》2004 年 10 月 25 日。

50.欧阳洪亮、张伯玲:"通钢悲剧与国企改制陷阱",财经网 2009 年 7 月 27 日。

51.陈统奎:"苏州'通安事件'善后",《南风窗》2010 年第 17 期。

52.张呈凡:"广东潮州增城连发群体事件 本地的'资'和外地的'劳'棍棒对抗",《新闻晨报》2011 年 6 月 15 日。

53.于松:"广州增城打砸烧事件调查:棍棒下 20 年的治安积怨",《东方早报》2011 年 6 月 20 日。

54.邓媛雯、陈彦儒:"广东中山市迅速妥处一起外来人员聚集事件",广东新闻网 2012 年 6 月 26 日。

55.詹勇:"流动时代唱好融合大戏",《人民日报》2011 年 6 月 15 日。

56.熊伟、杨志敏、李正超:"浙江前黄村选举风波",《中国改革(农村版)》2002 年第 7 期。

57.李钧德:"上访该不该被判刑:河南唐河县五名上访村民被判刑的调查",《瞭望》新闻周刊 2003 年第 14 期。

58.覃爱玲:"'散步'是为了避免暴力——中国社会科学院社会学所研究员单光鼐专访",《南方周末》2009 年 1 月 14 日。

59.贾云勇:"四川'大竹事件'追记:传言未澄清 公众走向失控",《南方都市报》2007 年 2 月 4 日。

60.黄豁、朱立毅、肖文峰、林艳兴:"体制性迟钝",《瞭望》新闻周刊 2007 年第 4 期。

61.曹勇:"被'维稳'的法院裁决",《南方周末》2010 年 11 月 5 日。

62.本报评论部:"倾听那些'沉没的声音'",《人民日报》2011 年 5 月 26 日。

63."和谐中国要拆除'社会墙'",《人民日报》2010 年 1 月 14 日。

64.李钧德:"河南平顶山法院为阻被害人亲属上访承诺判死刑",《半月谈(内部版)》2012 年第 6 期。

65.龙志、杨艺蓓:"安元鼎:北京截访'黑监狱'调查",《南方都市报》2010 年 9 月 24 日。

66.洪启旺:"官员雷语滚滚来,谁比谁更雷?",《羊城晚报》2010 年 11 月 4 日。

67.徐松:"周永康会见阿根廷最高法院院长",《人民日报》2011 年 5 月 5 日。

68.冉金:"抢尸背后的维稳逻辑",《南方周末》2010 年 1 月 14 日。

69.刘薇:"贵州省委书记石宗源谈'瓮安事件'迅速平息原因",《京华时报》2009 年 3 月 7 日。

70.陆侠:"由'石首事件'看政府如何应对群体性事件",《人民日报》2009 年 6 月 24 日。

71.潘晓凌、阎靖靖:"多少精英正在移民海外 他们寻求什么",《南方周末》2010 年 6 月 3 日。

72.袁越:"厦门 PX 事件",《三联生活周刊》2007 年第 37 期。

73.杨传敏:"上海'散步'反建磁悬浮事件本末",《中国市场》2008 年第 11 期。

74.邓益辉:"大连 PX 事件阴霾初散",《民主与法制时报》2011 年 8 月 24 日。

75.储皖中、施怀基:"环保执法借鉴醉驾入刑",《法制日报》2011 年 5 月 17 日。

76.崔文官、王力凝:"什邡事件:钼铜梦魇",《中国经营报》2012 年 7 月 7 日。

77.白天亮:"行业工资差距在缩小",《人民日报》2012 年 7 月 10 日。

78.朱明国:"莫让'权利维稳'变成'权力维稳'",《人民日报》2012 年 7 月 18 日。

四、文献类

1.贵州省瓮安县地方志编纂委员会编:《瓮安县志》,贵州人民出版社 1995 年版。

2.中国人民政治协商会议瓮安县委员会编:《风雨兼程铸辉煌——瓮安改革开放 30 年纪实》,贵州人民出版社 2008 年版。

3.《邓小平文选》第三卷,人民出版社 1993 年版。

4.《建国以来毛泽东文稿》第6册,中央文献出版社1992年版。

5.薄一波:《若干重大决策与事件的回顾(下)》,中共中央党校出版社1993年版。

6.罗干:"政法机关在构建和谐社会中担负重大历史使命和政治责任",《求是》2007年第3期。

7.贺国强:"认清形势 坚定信心 深入推进党风廉政建设和反腐败斗争",《人民日报》2012年5月21日。

8.1987年中国共产党第十三次全国代表大会报告:《沿着有中国特色的社会主义道路前进》。

9.2012年中国共产党第十八次全国代表大会报告:《坚定不移沿着中国特色社会主义道路前进 为全面建成小康社会而奋斗》。

10.习近平:"紧紧围绕坚持和发展中国特色社会主义 学习宣传贯彻党的十八大精神",《人民日报》2012年11月19日。

后　记

本书再次装订成册时,我还能很清晰地想起 10 年前自己对中国群体性事件的认识——懵懂之中隐藏着肤浅甚至无知。

回想起 2006 年我因工作关系就群体性事件问题采访于建嵘老师的情景,仍然历历在目:于老师对事实细致入微的把握和极具条理性的归纳、提升让我折服,除丰富的学识外其言谈举止中透出的忧患意识和赤子情怀也令我动容⋯⋯而这些正是我所追寻并渴望拥有的东西。

很庆幸自己 2007 年获得了在华中师范大学继续深造的机会。之前,我对华中师范大学政治学研究院和中国农村问题研究中心的名号早有耳闻,也时常拜读徐勇、唐鸣、项继权等诸位老师的论著,受益匪浅。我很钦服政治学研究院和中国农村问题研究中心立足乡野调查的实证研究路径,而这种在对中国现实问题准确把握基础上寻求破解之道的努力,与我在人民日报社的工作内容和方式有很大的相似之处。

中国历来不缺少闭门造车、夸夸其谈的"专家",在对"是什么"还没搞清的情况下轻率发出"为什么"和"怎么办"的声音,结果只能是南辕北辙、贻笑大方,因此，扎根乡土、扎实研究的学者及其成果显得弥足珍贵，令我十分敬重。

后来，因工作需要，2002 年以来我调查了多起群体性事件，并对这一问题产生了浓厚兴趣。而将其确定为自己终身的研究对象，则源自 2008 年 7 月我和同事柴哲彬对贵州"瓮安事件"的调查，这起明确针对党政机关的打砸抢烧活动一度震惊国内外。在调查前期，我们没有和瓮安有关部门联系，而是以旅游者的身份探访乡村、城镇，与社会各个层面的群众聊天，之后又亮明身份对多个部门负责人进行了访谈。

随着对事实逐渐清晰的把握，我的心情也趋于沉重，苦苦思量着"瓮安事件"背后的发生机制及深层原因……在于建嵘老师的鼓励和指导下，便有了对"瓮安事件"作进一步探讨的愿望，于是开始撰写《基于不满宣泄的集群行为——对 2008 年贵州"瓮安事件"的考察分析》一稿。整个写作过程可谓"痛并快乐着"：不仅有通宵达旦、苦思冥想的艰辛，还有攻克难题后豁然开朗的欢畅。

随后，中国又发生了多起具有典型意义的群体性事件。根据不断发展变化的社会现实，结合自己进一步的思考，在工作空隙我又对文稿不断进行了充实和完善，于是便成了今天所呈现的模样。在书稿的修改过程中，人民出版社法律编辑室主任李春林老师提出了很好的意见和建议，其学养和眼界亦令我钦敬和感谢。

在这里，我要特别感谢西南财经大学公共管理学院副院长廖宏斌教授。廖宏斌教授兼任中国领导科学研究会理事，四川省人民政府职能转变协调小组专家组成员，长期从事中国社会风险与治理问题研究，目前正全面主持和负责建设西南财经大学重点研究基地"社会风险与政府危机管理"中心的建设工作。在他的支持下，本书出版被纳入"四川省哲学社会科学重点研究基地资助项目"和"西南财经大学中央高校基本科研业务费资助项目"，并成为西南财经大学"光华公管论丛"丛书之一。

中国正处于急剧的社会变动中，机遇与风险并存，各种新情况新问题不断涌现。由于功力所限，本人对中国群体性事件的研究定有疏漏之处，恳请各位方家和读者批评指正！

学业未有穷期，本人仍需努力。

王赐江

2015 年 10 月 26 日

责任编辑:李春林
装帧设计:周涛勇
责任校对:高　敏

图书在版编目(CIP)数据

冲突与治理:中国群体性事件考察分析/王赐江 著. —北京：
　　人民出版社,2013.2(2015.11 重印)
ISBN 978－7－01－011514－6

Ⅰ.①冲…　Ⅱ.①王…　Ⅲ.①治安管理-群体性-突发事件-研究-中国
　　Ⅳ.①D631.4

中国版本图书馆 CIP 数据核字(2012)第 286087 号

冲突与治理:中国群体性事件考察分析
CHONGTU YU ZHILI:ZHONGGUO QUNTIXING SHIJIAN KAOCHA FENXI

王赐江　著

人民出版社 出版发行
(100706　北京市东城区隆福寺街 99 号)

北京市大兴县新魏印刷厂印刷　新华书店经销

2013 年 2 月第 1 版　2015 年 11 月北京第 2 次印刷
开本:710 毫米×1000 毫米 1/16　印张:14.75
字数:231 千字

ISBN 978－7－01－011514－6　定价:31.00 元

邮购地址 100706　北京市东城区隆福寺街 99 号
人民东方图书销售中心　电话 (010)65250042　65289539